KB249128

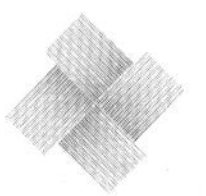

차이와 차별의 로컬리티

|필자|

하용삼 河龍三 Ha, Yong-sam 부산대학교 한국민족문화연구소 HK연구교수, 독일 근대철학 전공
배윤기 裵潤基 Bae, Yoon-gi 부산대학교 한국민족문화연구소 HK연구교수, 영미문화, 소설 전공
문재원 文載媛 Mun, Jae-won 부산대학교 한국민족문화연구소 HK교수, 한국 현대문학 전공
박수경 朴修鏡 Park, Su-kyung 부산대학교 한국민족문화연구소 HK교수, 일본어학 전공
조정민 趙正民 Cho, Jung-min 부산대학교 한국민족문화연구소 HK교수, 일본 근현대문학 전공
이상봉 李尙峰 Lee, Sang-bong 부산대학교 한국민족문화연구소 HK교수, 지역정치 전공
신지은 辛智恩 Shin, Ji-eun 부산대학교 한국민족문화연구소 HK교수, 문화사회학 전공
류지석 柳智錫 Ryu, Ji-seok 부산대학교 한국민족문화연구소 HK교수, 프랑스철학 전공
장세용 張世龍 Jang, Se-yong 부산대학교 한국민족문화연구소 HK교수, 서양 근현대사상사와 역사이론 전공
니할 페레라 Nihal Perera 미국 볼 스테이트 대학교 교수, 도시계획 전공

부산대학교 한국민족문화연구소 로컬리티 연구총서 07

차이와 차별의 로컬리티

초판인쇄 2013년 5월 10일 **초판발행** 2013년 5월 20일
엮은이 부산대학교 한국민족문화연구소
펴낸이 박성모 **펴낸곳** 소명출판 **출판등록** 제13-522호
주소 서울시 서초구 서초동 1621-18 란빌딩 1층
전화 02-585-7840 **팩스** 02-585-7848 **전자우편** somyong@korea.com **홈페이지** www.somyong.co.kr

값 23,000원 ⓒ 부산대학교 한국민족문화연구소, 2013

978-89-5626-864-4 94300

978-89-5626-802-6 (세트)

잘못된 책은 바꾸어드립니다.
이 책은 저작권법의 보호를 받는 저작물이므로 무단전재와 복제를 금하며,
이 책의 전부 또는 일부를 이용하려면 반드시 사전에 소명출판의 동의를 받아야 합니다.

이 저서는 2007년 정부(교육과학기술부)의 재원으로 한국연구재단의 지원을 받아 연구되었음(NRF-2007-361-AL0001).

부산대학교 한국민족문화연구소
로컬리티 연구총서 07

차이와 차별의 로컬리티

Difference and Discrimination in the perspective of Locality

부산대학교 한국민족문화연구소 엮음

소명출판

차이와 차별 그리고 연대하기

로컬은 내셔널과 로컬, 글로벌과 로컬의 관계맺기가 가져온 관계성의 산물이다. 현실의 로컬에서 갈등의 양상은 근대의 국가 중심주의가 배태한 갈등, 즉 국가 ― 로컬 또는 중심 ― 주변의 역학관계에 기인한 내부적 갈등이 먼저 부각되지만, 전지구적 글로벌과 로컬 사이의 글로컬한 관계가 생성하는 이동성mobility의 산물인 이주migration와 이산diaspora과 혼종성hybridity 역시 중요한 요소이다. 이 총서는 후자를 중심으로 전개되는 차이와 차별의 현상과 그것을 극복하려는 연대solidarity가 내포한 의미의 층위에 주목한다. 그동안 중심(국가)의 논리는 차이를 인정하지 않고 끊임없이 동화를 강요해 왔으며, 여의치 않으면 억압과 배제의 차별전략을 구사해 왔다. 그것은 국가 내부 차원뿐 아니라 전지구화 시대에 글로벌과 로컬이 연계 작동하는 글로컬 환경에서 종족적, 인종적 혼종의 문화 갈등 현상에서도 작동한다. 그러면 차이란 무엇이고 차별은 무엇인가. 본래 차이difference는 실체entity가 다른 것을 말했지만 이때의 차이는 성적, 문화적, 종족적, 인종적 정체성에서 상대적으로 다른 타자가 내포한 요소를 말하는 점에서 의미meaning 개념과 정체성 개념을 합친 구성적constitutive인 것이다. 그리고 이러한 차이를 이유로 사회정치 및 경제적으로 정당한 지위와 대우를 받지 못하는 것을 차별discrimination이라고 한다. 그리고 차별의 대상이 되는 이들을 소수자minority라고 부른다. 이 책에서는 차이에서 비롯된 차별의 다양한 양상들을 전체적으로 조망하면서 차별을 지양하고 차이를 인정하면서, 차이를 인정하는 대상인 소수자들의 연대로 나아갈 길을 모색했다. 그 모색의 대상은 크게 인간과 사물이라는 두 측면 곧 구체적으로는 소수자와 공간에 두어졌다. 전자는 소수자 차별을 넘어서 차이의 권리 인정을 요청했고 후자는 차별받는 공간들의 가치를 재인식하고 공간에서 구현하는 독자적 권리를 인정하는 연대에 주목했다.

제1부 '소수자 차별과 차이의 권리'에서는 소수자에 대한 차별의 근거를 철학적으로 탐색하고 그것을 로컬 차원에서 제동을 걸 수 있는 방도를 모색했다. 「경계의 불일치와 사이 공간에서 사유하기―G. 아감벤의 국민·인민, 난민을 중심으로」에서 필자는 조르조 아감벤을 통해서 추상적 공간으로서 국가는 본질적으로 인간과 시공간을 동질성이란 이름으로 구분하고 차별하는 존재로 규정한다. 자본과 국가의 공모에 의해서 집시, 난민, (로컬) 소수자가 국가나 로컬리티의 '의미로서 경계'로부터 배제된다. 국가는 말과 서류에 의해서 확정된 경계이고 국가의 '물리적 경계'와 '의미로서 경계'는 다수자 국민 또는 주권자 인민의 '사유하기'와 무관하게 이미 규정되어 있다. 여기서 필자는 인민의 '사유하기'가 국가·공동체의 사유의 결과물과 차이를 가져오며 그것이 '삶의 형태'와 '벌거벗은 생명'을 가르는 심연이라고 평가한다.

그러면 이런 조건을 어떻게 벗어날 수 있는가? 필자는 소수자가 '사유하기'를 통해서 국가·공동체의 시스템으로부터 의미를 부여받는 '벌거벗은 생명'이 아니라, 스스로 삶에 형태와 의미를 부여할 수 있는 존재가 될 수 있다고 기대한다. 그것이 가능한 조건을 설명하는 필자의 논리가 독특하다. 다름 아닌 집시, 난민, (로컬) 소수자에게 국가와 로컬리티는 공동체 사이 공空-간間이 되기 때문이다. 따라서 (로컬) 소수자는 국가나 로컬공동체의 시공간을 의심하고, 괄호에 넣고, '사유하기'를 할 수 있는 조건을 가진다. 이런 조건에서 (로컬) 소수자는 '사유하기'를 통해서 더 이상 국가 또는 공동체의 시스템에 의해서 의미를 부여받는 '벌거벗은 생명'이 아니라, 스스로 삶에 형태와 의미를 부여할 수 있다는 것이다. 필자들이 차이로 말미암아 차별 받는 존재가 스스로 사유하기를 요청하는 것은 제1부의 기본 방향과 일치한다.

이런 철학적 전망과 함께 「재일코리안 디아스포라 정체성 정치－차별에서 차이의 정치로」는 재일코리안 문제를 중심으로 차이와 차별 및 차이의 인정과 연대의 문제를 검토했다. 필자는 구체적으로 재일코리안청년연합Organization of United KorEan Youth in Japan을 통해 디아스포라 공간에서 진행되는 문화적 실천과 이를 매개로 한 정체성의 정치identity politics를 살핀다. 오늘날 오랜 차이와 차별의 대상인 재일코리안 3, 4세들은 1, 2세의 역사적 경험을 이어가면서도 글로벌한 상황에서 더욱 중층적이고 복합적으로 자신을 구성해야 하는 위치에 직면해 있다. 그러나 지금까지 재일코리안 디아스포라를 검토하는 시선은 제국／식민의 체제에서 출발된 민족 논리가 주도했고, 이것은 논의를 강력한 이분법적 체계에 갇히도록 만들었다. 필자들은 재일코리안 3, 4

세가 중심이 된 KEY는 차별에 맞서 국적을 상대화하고, 복합적 정체성을 주장하며 주권자로서 적극적인 참가를 추구하는 형태로 나타나고 있다고 평가한다. 특히 이는 과거에 집착한 민족 네트워크에서 벗어나 일상성, 친밀성, 지역성에 바탕을 둔 새로운 네트워크의 존립양상을 보여준다. 일상적 프레임 안에서 국가 정체성, 민족 정체성, 시민적 정체성 구성의 불일치 곧 차이라는 구조적 속성을 과거 세대와 달리 오히려 '재일'을 구성하는 사회문화적 자원을 확장시킬 수 있는 것으로 채택하는 지점에서 이들의 출발에 의미를 부여한다. 그리고 이들이 이분법적 차별의 기제를 도리어 차이를 구성하는 요소로 적극 호출하여 새로운 정체성의 정치로 나아가고 있다고 긍정적으로 평가한다.

한편 「로컬리티 기호로서의 혼혈아—오키나와 아메라시안AmerAsian의 경우」는 '기지의 섬'으로 명명되는 오키나와에서 미군과 오키나와 여성의 국제결혼에서 태어나 차별과 멸시의 대상이 되는 혼혈아 문제에 주목한다. 그동안 오키나와 혼혈아 담론의 양상은 부정과 긍정이 교차하는 가운데 혐오, 동정, 연민, 매력 등의 대상으로 정형화되어 반복되었다. 그러나 혼혈아 담론은 그들을 고정된 존재로 간주하고 어느 한 주장의 논거 증명용으로 동원되는 경우가 많다. 필자는 오키나와 혼혈아의 주체적인 자기 정의 시도에 주목한다. 그리고 오키나와Okinawa 기노완Ginowan시의 '아메라시안 스쿨 인 오키나와The AmerAsian School in Okinawa'를 대안적인 학교 제도나 언어 교육 등을 통한 능동적인 주체되기의 가능성을 보여주는 대표적인 사례로 든다.

「초국가시대 시티즌십의 재구성과 로컬 시티즌십」은 디아스포라의 산물이거나 혹은 국제결혼의 산물인 소수자들에게 차별을 넘어서 차이를 인정하는 시민권 부여를 둘러싼 새로운 전망을 모색한다. 국민국가의 영역성에 기반을 둔 시티즌십은 국민과 비국민을 나누는 중요한 차별의 근거로 작동해 왔다. 하지만 국경을 넘나드는 이주민들이 만들어내는 다문화적 상황의 확산은 이들이 가진 문화적 차이를 권리로서 수용하거나 인정하려는 새로운 시티즌십의 모색으로 이어졌다. 국민국가 이후의 새로운 시티즌십에 관한 논의는 주로 EU나 글로벌 시티즌십과 같은 국가를 넘는 공간 단위에 치우치고 있다. 그러나 필자는 새롭게 국가 하위의 로컬 공간이 가진 정주성에 주목한 '로컬 시티즌십'의 의미와 필요성을 주장하는 논리가 이런 소수자들로 하여금 차이의 연대를 유지시킬 가능성을 모색한다.

제2부 '공간 차별과 차이의 연대'에서는 소수자의 공간이 공공성, 국가공간 또는 개발공간이란 이름으로 차별받는 공간으로 취급받는 양상에 초점을 두고, 차이의 연대를 통해서 새로운 차이공간으로 대두할 가능성을 검토한다. 「공공 공간에 대한 사적 개입과 전환―도쿄 공공공원의 사유화와 공원 홈리스의 공간 실천을 중심으로」는 공공 공간을 '도시에 대한 권리', '거주권', '공공성' 등의 개념을 통해 재고한다. 공공 공간을 규정하는 공공성의 논리는 '정상 시민'을 모델로 삼은 것으로 결과적으로 소수자적 가치들을 무시하고, 또한 소수자의 욕망이 공적으로 표출될 수 없도록 만든다. 소수자란 단지 소수의 이해 집단일 뿐, 이들이 주장하는 자율성은 공공의 가치를 손상시킬 수 있다고 보기 때문에 언제나 배제와 추방의 대상이 되었다. 따라서 실체로서의 공공성은 부분적이나마 집단의 폐쇄적인 공공성을 가정하고 소수자

를 배제하는 근거로 사용된다고 본다. 필자는 홈리스들의 소수자적 욕망이 근대의 다수자적 공공성을 재편 혹은 확장할 것을 요청하는 국면을 도쿄의 공공 공원의 사례로써 살피고 이들의 공간적 실천은 국민국가와 정상 사회 개념에 바탕을 둔 근대 사회질서 구조뿐만 아니라 근대의 가치와 상식에 관해서도 전면적인 반성을 촉구하고 있다고 본다.

한편 「지역 문화정책과 로컬 정체성—루베의 문화예술정책을 중심으로」는 황폐해진 공간이 새롭게 재구성되는 양상에 주목하였다. 19세기에 이미 프랑스의 맨체스터라고 불릴 정도로 섬유산업의 중심지로 명성을 떨친 공업도시였으나 섬유산업의 몰락과 함께 제일 가난한 도시로 전락한 루베시가 그 대상이다. 공장폐쇄에 따른 인구감소로 황폐화된 도심에서 높은 실업률과 범죄율이 전개되었다. 특히 외국인 노동자의 유입과 정착으로 루베의 이민자 비중은 매우 높았으며 이는 70~80년대를 거치면서 심각한 갈등과 차별의 요소로 작동한다. 루베시는 다양한 도시재생 프로그램을 시도하였고 그 가운데서 문화정책이 매우 중요한 위치를 차지하였다. 시립수영장을 리모델링하여 미술관으로 변화시킨 라 삐신 미술관은 수영장이 갖는 장소성과 의미, 미술관으로서의 문화예술적 기능이 조화를 이루면서 큰 성공을 거두었고 프랑스의 주요 미술관으로 부상한다. 루베시는 재난도시에서 예술과 역사 도시로 다시 태어나 새롭게 긍정적인 지역정체성을 형성하여 10만 인구에 100여 개국 출신의 사람들이 모여 사는 혼종성의 도시이고 문화적 다양성을 생성하는 도시가 되었다.

「멕시코 오아하카Oaxaca 주 원주민의 남캘리포니아 이주와 트랜스로컬 연대」는 종족적 차이로 말미암아 차별받는 원주민들의 본향과 위성공동체가 연대로서 새로운 로컬리티를 구성하는 양상에 주목했다. 북미 자유무역협정(NAFTA)의 발효로 멕시코 경제의 신자유주의화와 경제통합의 가속화는 오아하카 주 중부산악계곡 원주민 사포텍Zapotecos부족과 믹스텍Mixtecos부족 공동체 구성원들도 역시 경제위기로 내몰았다. 그 결과 불법 월경 이주를 거쳐 남캘리포니아 특히 LA와 샌 디에고 인근에 정착하여 통칭 '히스패닉 아메리칸 인디언'으로 불린다. 이들은 출신지역과 종족적 정체성에 바탕을 두고 위성공동체를 형성하여 본향 공동체와 사회경제는 물론 정치문화적 연결망을 유지하고 순환이동하며 본향의 로컬거버넌스와 정치문화에 큰 영향을 끼치고 있다. 필자는 위성공동체와 본향공동체가 문화의 혼종화와 '정치문화적 정보와 교통과 참여행동의 연결망' 공간을 형성하고 양국간 조직을 통하여 원주민 종족성을 확장하고 특히 원주민 공동체의 관습법에 따라 본향의 로컬거버넌스에 제3공간 구성원으로 참여하여 로컬리티를 재구성하는 트랜스로컬translocal 이주 현상에 주목한다.

끝으로 「미래를 향한 경쟁—레지빌리티, 저항 그리고 다라비 재개발」은 인도 뭄바이에 소재한 지구상의 가장 큰 '슬럼가' 가운데 하나인 다라비Dharavi의 재개발을 두고 전개된 논쟁을 소개한다. 현재 다라비는 도시의 광역 성장으로 뭄바이의 신흥 비즈니스 구역 반드라 쿠를라Bandra Kurla 인근 '중심부'에 위치한다. 필자는 다라비를 상이한 공간들과 공간의 질서들을 창조하면서 자기네 일상 활동을 수행하는 거주민들에 의해 계속 지각되고 재해석되는 하나의 복합적인 '다중 코드화된 공간', 공간들의 의미와 공간적 질서를 완전히 꿰뚫을 수 있는 하나의 우월적인 담론이 없는 공간으로 규정한다. 다라비 재개발 방식에 의견

일치는 어렵고, 국가가 무자비한 프로젝트를 수행하지 않는 한 완전히 변형시킬 수는 없다. 이런 정황은 국가의 허약함, 인도에서 작동되는 민주주의의 유형, 인민들의 사회적 힘을 분명히 드러낸다. 필자가 강조하는 것은 슬럼 다라비의 이해불가능성이다. 거주민의 사회적 유동성과 거기서 쉼 없이 일어나는 변화는 다라비를 이해가능하게 만들려는 중산층과 관계 당국들의 능력을 좌절시킨다.

이 책을 기획하면서 나름대로 중요한 의미를 두고자 한 바는 다음과 같다. 우선 방법론적 측면에서, 로컬을 둘러싼 내셔널과 글로벌 차원에서 차이와 차별이 전개되는 양상을 구체적으로 분석하기 위해 현장조사와 구술조사를 포함한 관계사적 방법을 시도했다. 총서『차이와 차별의 로컬리티』에서 소수자 차별에 관한 관심은 로컬리티 연구가 '가치'의 문제와 연관시켜 주목해야할 주제 가운데 하나이다. 이어서 공간 차별에 관한 관심은 로컬리티 연구의 전망을 확장했다. 공간의 배치와 재구성은 신자유주의적 글로벌화 및 국가권력의 로컬 포섭과 이를 바탕으로 차이와 차별을 전개하는 영역이지만 인문학에서 상대적으로 소홀히 다루었기에 새로운 관심을 촉구한다. 끝으로 시민권과 트랜스로컬 연대의 문제를 강조했다. 차별받는 로컬 주체의 권리 인식, 즉 주체화는 타자들의 존재와 존엄성을 인식시키며 글로벌화와 국가권력이 차별하는 로컬을 구출하여 대안적 재구성을 위한 연대에 관심을 가진다. 이것이 차이와 차별의 로컬리티가 지향하는 방향이며, 이론과 실천의 결합을 모색하는 로컬리티 인문학의 전개방향이다. 로컬의 시선에서 국가중심주의와 전지구화가 배태한 병폐들을 드러내고 소수자의

차이를 긍정하는 연대를 모색한 이 책이 로컬리티 연구에 관심을 더욱
심화시키기를 기대한다.

2013년 5월
부산대학교 한국민족문화연구소
로컬리티의인문학연구단

차례

책머리에 3

1부 — 소수자 차별과 차이의 권리

경계의 불일치와 사이 공간에서 사유하기　　　　　　**하용삼 · 배윤기**
　　G. 아감벤의 국민 · 인민, 난민을 중심으로

　　1. 누구의 경계인가? 19
　　2. '물리적 경계'와 '의미로서 경계' 23
　　3. '벌거벗은 생명'으로서 국민 · 인민, 소수자 30
　　4. 국가 · 로컬의 '의미로서 경계'의 해체와 국가 · 로컬공동체 사이 공간 35
　　5. '아무 할 일 없는 존재'의 '사유하기' 48

재일코리안 디아스포라 정체성 정치　　　　　　**문재원 · 박수경**
　　차별에서 차이의 정치로

　　1. 디아스포라의 역설 54
　　2. KEY의 실천적 개입과 재조정되는 재일코리안 위치성 57
　　3. *K-Magazine*에 나타난 정체성의 정치 67
　　4. 재일코리안의 중층성과 디아스포라 공간의 새로운 주체성 79
　　5. 다문화담론의 허구성을 넘어 84

로컬리티 기호로서의 혼혈아　　　　　　　　　　　　　　　　　　　　　　조정민
　　오키나와 아메라시안의 경우

　　1. 오키나와 혼혈아의 '정의되기'와 '정의하기'　90
　　2. 오키나와라는 콘텍스트　92
　　3. '혼혈'의 두 가지 의미―결여 혹은 매력의 이분법　98
　　4. 'AmerAsian'의 (불)가능성　112
　　5. '규정'된 로컬리티에서 '교란'하는 로컬리티로　123

초국가시대 시티즌십의 재구성과 로컬 시티즌십　　　　　　　　　　　　　이상봉
　　1. 시티즌십과 국민국가　128
　　2. 초국가시대 시티즌십의 변용　135
　　3. 다문화주의와 시티즌십―차이의 수용방식　143
　　4. 로컬 시티즌십　150

2부 — 공간 차별과 차이의 연대

공공 공간에 대한 사적 개입과 전환　　　　　　　　　　신지은 · 조정민
도쿄 공공 공원의 사유화와 공원 홈리스의 공간 실천을 중심으로

1. '공공성'에 대한 공간적 접근　165
2. 공공 공원에서 공 / 사의 충돌　172
3. '소수자 공간'으로서의 고미니티　184
4. 공공성 전환과 공간 실천　199

지역 문화정책과 로컬 정체성　　　　　　　　　　　　　　류지석
루베의 문화예술정책을 중심으로

1. 루베—공업도시에서 재난도시로　204
2. 라 삐신의 탄생—미술관과 수영장의 만남　209
3. 지방분권적 문화정책　217
4. 라 삐신 미술관과 로컬 문화정책　222
5. 새로운 로컬 정체성의 형성—차별에서 다양성으로　224

멕시코 오아하카 주 원주민의 남캘리포니아 이주와 트랜스로컬 연대　　**장세용**

　1. 오아하카 주 원주민의 남캘리포니아 이주　234
　2. 북미자유무역협정 이후 오아하카 주 원주민의 이주 배경　240
　3. 오아하카 주 원주민의 이주 경로와 문화정체성　249
　4. 오아하카 주 이주민의 트랜스로컬 연대와 로컬리티의 재구성　260
　5. 트랜스로컬 참여와 새로운 정치문화　270

미래를 향한 경쟁　　**니할 페레라**
레지빌리티, 저항 그리고 다라비 재개발

　1. 슬럼 '다라비'　277
　2. 다라비 맥락화하기　279
　3. '슬럼' 재개발안　286
　4. 다라비를 둘러싼 투쟁―경합하는 목소리들　292
　5. 행위자로서의 민중　306
　6. 잠정적인 결과들　309

필자소개　315

1부

소수자 차별과 차이의 권리

하용삼·배윤기 경계의 불일치와 사이 공간에서 사유하기
G. 아감벤의 국민·인민, 난민을 중심으로

문재원·박수경 재일코리안 디아스포라 정체성 정치
차별에서 차이의 정치로

조정민 로컬리티 기호로서의 혼혈아
오키나와 아메라시안의 경우

이상봉 초국가시대 시티즌십의 재구성과 로컬 시티즌십

경계의 불일치와 사이 공간에서 사유하기[*]

G. 아감벤의 국민 · 인민, 난민을 중심으로

하용삼 · 배윤기

1. 누구의 경계인가?

공간은 생산된다.[1] 공간의 생산은 목적의식적 행위이다. 그것이 추상적이든 구체적이든, 공간은 어떤 목표에 도달하고 그 목표 성취의

---

[*] 이 글은 필자들의 논문 「경계의 불일치와 사이 공간에서 사유하기—G. 아감벤의 국민 인민, 난민을 중심으로」(『대동철학』 62, 대동철학회, 2013)를 수정하여 수록한 것이다.

[1] 제1장의 논의는 H. Lefevre, Trans. by Donald Nicholson-Smith, *The Production of Space*, Oxford : Blackwell, 1991; M. 슈뢰르, 정인모 · 배정희 역, 『공간, 장소, 경계—공간의 사회학 이론 정립을 위하여』, 에코리브르, 2010; Z. 바우만, 『쓰레기가 된 삶들—모더니티와 그 추방자들』, 새물결, 2008; R. p. Marzec, "Enclosures, Colonization, and the Robinson Crusoe Syndrome : A Genealogy of Land in a Global Context", *boundary* 2. 29 : 2, 2002; 배윤기, 「경계, 근대적 공간, 그리고 그 너머—로컬리티 연구에서 로컬리티—기반의 이해와 관련하여」, 『인문과학연구』 제34집, 강원대 인문과학연구소, 2012; 하용삼. 「자본주의적 종교와 로컬리티의 세속화—G. 아감벤의 성스러운 것과 세속적인 것을 중심으로」, 『철학논총』 제69집 제3권, 새한철학회, 2012 등을 참고하여 작성되었음을 밝혀둔다. 이하에서 한 번 표기된 문헌은 저자와 출판연도만 표시하고, 외국문헌에 대한 한글번역본이 있는 경우에 외국문헌에 표기된 저자, 출판연도, 외국문헌 페이지 : 한글번역본 페이지 순서로 줄여서 표시한다.

과정에 쓰이기 위해 만들어진다. 또한 합리적인 공간 사용의 요구는 과정적인 효율을 꾀하도록 하고, 결과적으로 시간적인 단축을 추구하게 만든다. 한편, 공간은 그 용도에 따라 구획되고 구분될 수밖에 없다. 구획이란 경계를 만드는 행위이므로, 공간과 함께 경계도 생산된다. 목적의식적으로 구획된 공간에서 그 목적에 정합한다고 간주되는 중심과 그에 동일시하는 주체들을 제외하고, 자투리, 나머지, 잉여, 주변, 혹은 쓰레기 등과 더불어 재현되는 구역이 경계다. 다른 공간과의 관계를 두고 본다면, 경계는 갈등, 충돌, 교류, 교통 따위가 일어나는 사이 혹은 틈새 공간이다. 많은 경우, 다양한 정체성들이 의미화 하는 주체들의 환상 혹은 판타스마고리아는 호명된 주체들로 하여금 거주 위치의 도착을 만들어낸다. 다시 말해 경계에 살면서 쓰레기 취급을 받는다 하더라도 정체성의 호출에 따라 주체화된다면, 그(녀)는 더 이상 사이 공간에 거주하지 않는다. 경계를 넘어 사이 공간에서 사유하기를 시도할 필요성은 여기서 비롯된다.

일정하게 구획되는 공간은 언제나 그것의 용도와 목적을 표방한다. 주차장, 시장에서부터 배타적인 군사지역, 국가에 이르기까지 저마다의 기원을 이야기하고 지향을 소개한다. 공간은 여타의 공간과 다르게 표방되는 목적을 중심으로 동질적이라고 가정된다. 특히 민족, 국가, 계급, 성 등과 같은 추상적 공간은 언제나 '동질성'('순수성'이나 '투명성'이란 말도 유사한 맥락에서 쓰인다)을 강조하는데, 그런 의미화(과정)는 목적뿐만 아니라 시간적 기준에 또한 의존한다. 공간은 일정한 시간적 발전 단계 위에 놓이고, 그런 시간성을 기준으로 해석되며, 시간적으로 다음 단계를 향하여 작동하도록 운영되기 때문이다. 추상적 공간은 언어적으로 가정되고 설명되는 까닭에, 기표가 지시하는 필연성과 기의의 수행성 사이의 모순, 차이, 혹은 연기를 가리기 위해 반복되는 의미화 과정에 놓인다. 언제나 미리 전제되는 자명한 목적의 절대성과 연동하여 구축되는 배타성의 정도에 따라 공간의 대타적인 경계는 뚜렷하게 혹은 흐릿하게 연출된다.

공간은 특수하면서도 보편적이라고 공언되는 '목표를 성취하기 위한 용도로' 인해 팽창 혹은 / 그리고 압축되는 경향을 갖는다. 이를테면 우리는 '세계의 문명화'라는 목표로 포장된 서구의 근대적 '산업주의'라는 추상적 공간을 생각해 볼 수 있다. 여기서 산업화 혹은 근대화 과정은 글로벌통합성globality을 성취하기 위해 글로벌 범위로 펼쳐지는 공간의 영토적 팽창과 동시에, 그 공간의 효율적 작동을 제고하기 위하여 압축을 지속적으로 진행해왔다고 볼 수 있다. 글로벌 공간의 팽창과 압축의 동시 진행은 서구가 세계 전역을 시간적으로 선도하고 궁극적으로 시간적 동질성의 성취 혹은 근대적 관념에서 구성된 역사적 시간의 완성 혹은 "시간의 종결end of days"[2]을 이루고자 하는, 이른바 백인들이 자임하는 인류의 보편적 발전을 위한다고 선전되는 자기들의 '명백한 운명'의 실천 과정으로 해석되고 있다.

역사적으로 보면, 영토적 팽창은 식민지 정복에서부터 글로벌 범위에서 과학기술적이고 문화정치적인 동질화를 수반하는 표준화된 기계와 기술, 행정 및 정치체계, 법체계 등 하드웨어의 파급 혹은 이식을 설명한다. 그리고 이른바 '글로벌 스탠더드global standard'라는 다층위의

2　E. Fromm, "Afterword," George Orwell, *1984*, New York : New American Library, 1961, p.313.

기준으로 동질화되는 물질적, 정신적 기반을 이용하는 소프트웨어적 작동의 측면에서, 우리는 실시간 함께 뭔가를 도모한다고 광고되는 글로벌 통합과 이로 인한 혹은 이를 가능케 만드는 공간적 압축을 이야기할 수 있다. 예를 들면, 국제통화기금(IMF), 세계무역기구(WTO) 따위의 기구들뿐만 아니라 유럽통합(EU), 자유무역협정(FTA) 등은 그런 팽창과 압축을 매개하는 장치들인 셈이다.

통합, 자유, 동등, 정의 따위의 가치를 내세우는 위와 같은 장치들에 의한 공간적 과정이 언제나 시간적 단계들로 배치 및 편성되는 위계를 항구화시키는 데서 문제가 발생한다. 근대적 문명을 선도하는 영역과 이를 따라가기 위해 식민성으로 보호 육성되어야 하는 전근대적 영역은 항상 인위적으로 나뉜다. 글로벌 차원의 국가들 간의 관계에서, 국가 내부의 로컬리티들 간의 관계에서, 또한 개인들 간의 관계에서도, 근대화 과정은 이런 거의 추월 불가능한 계단들을 통해 위계를 만들어 왔다. 그리고 목적론적인 위계를 바탕으로 운영되는 그런 근대적 공간은 늘 위로부터의 처방과 명령으로 아래로부터의 '왜?'라는 물음의 소통 혹은 교통을 가로막는다. 왜냐하면 국가, 지역, 그래서 글로벌 범위의 목적에 부합하는 발전 때문이다. 바로 이런 처방과 명령이 효율적이고 실시간으로 작동하는 지점에서, 공간은 자유 / 예속이라는 이중적 의미를 실현하는 동시에, 순수하고 투명해진다.

그렇다면 우리는 '누구의 경계인가? 그리고 '경계는 왜, 어떻게 만들어지는가?'라고 물을 필요성에 직면한다. 이 물음은 바로 공간을 분할하는 경계들 중에서 가장 견고한 국가의 경계에 대해서 '사유하기'와 연결되어있다. 사실 국가의 '물리적 경계'는 미리 그곳에 뿌리내리고 있다. 그러나 동물(철새, 어류 등), 식물(씨앗 등), 무생물(먼지, 바람, 물 등)은 국가의 '물리적 경계'를 넘어서 자유롭게 이동한다. 이런 점에서 국가·로컬 경계는 인간의 의미에 의해서 확정된다. 의미는 의식과 사유에 의해서 발생하지만, 의식과 사유는 언어라는 지반에 근거하고 있다. 다시 말해 국가의 '의미로서 경계'는 말과 서류에 의해서 확정됨으로써, 국가의 구성원이 다른 국가에 거주하더라도 말과 서류에 의해서 '의미로서 경계'에 속하게 된다. 그러나 다시 생각해보면 국가의 '물리적 경계'가 국민의 '사유하기'와 무관하게 이미 그곳에 있고, 또한 국가의 '의미로서 경계'도 '사유하기'에 의해서 의미를 부여하기 전에 그렇게 되어 있다.[3]

2. '물리적 경계'와 '의미로서 경계'

근대 이후 국가경계는 국민국가의 모델에 따라서 물리적으로 견고하게 확정되었다. 그러나 글로벌시대에 죽은 노동으로서 자본은 국가경계에 구애받지 않고 자유롭게 넘나들고 있지만, 이에 반해 살아있는 노동으로서 노동자는 설사 목숨을 걸고 국경을 넘었다고 하더라도 난민 혹은 불법체류자가 된다. 이 경우에서 알 수 있듯이 국가경계는 단지 '물리적 경계'일 뿐만 아니라 '의미로서 경계'로서 작용함에 따라서 국가의 동일자와 비동일자를 국민과 비국민으로 나눈다.

---

3 국가와 로컬리티는 다소간 크기에 있어서 차이가 있지만, 동일하게 그것의 '물리적 경계'와 '의미로서 경계'를 포함하고 있다. 따라서 국가와 로컬리티는 넓은 의미에서 공동체에 속한다.

국가의 '물리적 경계'가 미리 그곳에 확정되어있듯이, 국가의 '의미로서 경계'가 국민의 의식과 무관하게 미리 국민의 내면에 각인되어있다. 사정이 이렇다면, 국가의 주권자로서 국민은 '사유하기'를 하지 않는 존재이고, 국민은 아우슈비츠의 칼 아돌프 아이히만Karl Adolf Eichmann처럼 무사유의 인간일 뿐이다.[4] 다시 말해 국가의 '의미로서 경계'는 국민의 '사유하기'와 무관하게 국가의 시스템에 의해서 미리 사유된 결과물을 국민의 의식에 각인시킨 것이 된다. 이런 점에서 인간이 '의미로서 경계'를 선험적transzentental[5] 주관성에서 사유하지 않는 한에서 인간은 '삶의 형태form of life'를 가질 수 없고, 단지 '벌거벗은 생명naked life'일 뿐이다.[6]

---

4 아이히만은 독일의 나치스 친위대 장교로서 제2차 세계대전 중에 독일 및 독일점령하의 유럽 각지에 있는 유대인의 체포, 강제이주를 계획·지휘하였다. 그는 1960년 이스라엘의 비밀정보 모사드에 의해 체포당하여 이스라엘로 압송되었다. 한나 아렌트는 1961년 12월 예루살렘에서 아이히만 재판을 직접 재판정에서 지켜보고, 「예루살렘의 아이히만」이라는 보고서를 작성한다. 그녀는 이 보고서에서 아이히만으로 하여금 그 시대의 엄청난 범죄자들 가운데 한 사람이 되게 한 것은 결코 어리석음과 동일한 것이 아닌 순전한 무사유sheer thoughtlessness였다고 말한다.

5 'transzentental'은 선험적과 초월론적으로 번역되고 있다. '나'의 선험적 주관성은 '나'가 초월적·공동체적·신화적으로 의미 부여된 외부사물을 의심하고, 괄호에 넣는 경우에 '나'의 '사유하기'에 의해서 드러난다. 이런 의미에서 선험적이라는 용어는 초월적transzentent과 대립되는 의미를 가진다. 외부사물들이 우리의 주관성과 상관없이 객관적인 것으로 주어져 있는 경우에 이 외부사물은 초월적(공동체·신화적)인 것이고, 이와 반대로 외부사물이 우리의 주관적 의식과 관계에서 의미 부여되는 경우에 이 외부사물은 우리에게 선험적인 것 혹은 우리의 '사유하기'에 의해서 의미 부여된 것이 된다. 우리가 자연적 태도에 근거하는 초월적 외부사물을 의심하면서 괄호에 넣고, 우리가 외부사물을 지각하고, 사유하게 되면, 우리는 선험적 순수자아의 인식작용을 통해서 외부사물을 주관성과 관계하는 인식대상으로 통찰하게 된다. "존재자가 모두 우리에게 있어서의 존재자로 되고 의식과의 상관관계 속에서 형성되는 의미로 될 때, 요컨대 존재자의 의미 형성의 장이 세계로부터 주관성으로 옮겨질 때, 그 '의식 주관성'은 지금까지의 자연적 자아처럼 세계 속에서 나타날 수 없게 된다. 자아는 세계에 귀속하는―내세계적mundan인― 대신에 세계를 초월하며, 세계 속의 객체로부터 세계에 있어서의 주체로 된다. 이러한 변신이 '초월론적(선험적)'이라고 불린다."(기다 겐 외, 「초월론적 현상학」, 『현상학 사전』, 386~387쪽)

6 아감벤은 '벌거벗은 생명'과 '삶의 형태'를 "모든 생명체(동물, 인간 혹은 신)에 공통되는 살

우리는 삶의 형태를 (삶을 그 형태로부터) 분리할 수 없는 맥락으로, 즉 삶
-의-형태로 구성하는 관계를 사유thought라고 부른다. 우리는 한 기관이나
정신적 능력을 개인적으로 행사하는 것을 사유라고 부르지 않는다. 사유란
삶과 인간 지성의 잠재적 성격을 그 대상으로 하는 경험, 실험experimentum이
다. 사유한다는 것은 단순히 이런저런 사물, 현실태로 존재하는 이런저런
사유의 내용에 의해 (자신이) 이 변용됨을 의미하는 것이 아니다. 오히려 자
기 자신의 수용성에 의해 변용되는 동시에 각자의 사유 속에서 사유하기
thinking라는 순수한 역량을 경험하는 것을 의미한다. (…중략…) 단지 내가
항상 그저 현실태로 존재하는 것이 아니라 가능성과 역량을 가질 수 있다
면, 그리고 단지 내가 겪고 이해한 것 속에서 매번의 삶과 이해 자체가 있을
수 있다면, 달리 말해 이런 의미에서 사유가 있을 수 있다면, 삶의 형태는 그
자신의 사실성과 사물성에 있어서 삶-의-형태가 될 수 있을 것이며, 이런
삶-의-형태에서는 벌거벗은 생명 같은 뭔가를 고립시키는 일이 전적으로
불가능해질 것이다.[7]

사유는 최소한 두 사람의 관계에서 발생하고, 그리고 사유의 현실태
는 공동체의 사유결과물일 뿐이다. 즉 사유가 '사유하기'의 결과로서
드러난다면, 이 사유는 더 이상 사유의 잠재태·가능성·역량을 드러
낼 수 없다. 이런 의미에서 공동체의 사유결과물로서 사유는 개인의

아 있다는 단순한 사실을 표현하는 조에zoē와 한 개인이나 집단에 고유한 살아가는 방식이
나 형태를 의미하는 비오스bios"라고 말한다.(G. Agamben, trans. by Vincenzo Binetti and
Cesare Casarino, *Means without End*, Minneapolis · London : University of Minnesota Press,
1996, p.3. G. 아감벤, 김상운·양창렬 역, 『목적없는 수단』, 난장, 2010, 13쪽)
[7]   G. Agamben, 1996, p.9 : 20~21쪽.

삶을 다양한 형태로 구성할 수 없게 한다. 그래서 사유의 잠재태는 '사유하기'라는 형태로 드러날 수밖에 없다. 또한 벌거벗은 생명이 '사유하기'를 하는 한에서 벌거벗은 생명은 삶의 형태를 구성하게 된다. 즉 벌거벗은 생명이 '사유하기'를 하는 과정이 삶의 형태로 드러난다. 일상적으로 말하자면 무인 비행기가 정찰한다고 하지 않고, 무인 비행기를 원격조종하는 (국가)조직이 정찰한다고 말한다. 이와 같이 감각기관(몸과 감각기관은 의미를 만들 수 없다)을 포함하는 내 몸이 사유한다고 하지 않고, '나' 혹은 '나'의 의식이 사유한다고 말한다. 그런데 '나'의 의식이 스스로 사유하지 않고, 국가(가정, 학교, 군대, 병원, 공장 등)의 사유결과물이 의식에 주입되어서, 의식에 내면화되는 과정을 '나'의 '사유하기'인 것처럼 착각한다면, 나는 '사유하기'를 한다고 할 수 없다. 따라서 '사유하기'는 외부사물과 인간에 대해서 국가의 사유결과물에 동화되어서, 마치 '나'의 '사유하기'로 착각하는 것이 아니다.

내가 '사유하기'를 멈추고, 국가가 '나'를 대신해서 '사유하기'를 한다면, 자본주의적 국가에 의한 폭력과 경제발전에 대한 약속에 의해서 정치권력과 자본의 사유결과물로서 '나'의 사유가 비국민과 난민을 적 혹은 나의 일자리를 위협하는 사람으로 규정한다.

타자 집단을 일괄해서 "저 녀석들은 우리와 다르다. 저 녀석들은 이렇다"라고 그 집단의 성격을 규정하는 것이 인종주의의 특징입니다. 나치는 이런 생각을 바탕으로 유대인을 비롯한 마이너리티를 대량 학살했습니다. (…중략…) 전쟁은 인간이 인간을 죽이는 행위로, 특히 본 적도 없고 알지도 못하는 상대를 '적국의 국민'이라는 이유만으로 죽이는 것입니다. 구체적인 이유도 없이 사람을 죽이는 것은 간단한 일이 아닙니다. 그래서 전쟁 수행을 위해 국민에게 이러한 적의나 차별 의식을 갖게 하는 일이 행해진 것입니다. 바꿔 말하면 이러한 차별 의식은 전쟁으로 이어지는 위험한 것입니다.[8]

식민지 지배의 본질은 차별racism입니다. '이 사람이 나와 같은 일을 해도 나의 절반밖에 안 되는 월급을 받는 것이 당연하다'고 생각하는 윤리관, 가치관과 같은 것이죠. (…중략…) 이런 차별이 있어야 지배 국가의 기업들이나 사람들이 이익을 볼 수 있어요.[9]

국가와 기업의 '공범관계'에 의해 만들어진 이권구조 안에 있는 국민은 피해자에 대한 정치적인 '책임'이 있으며, 그 '책임'이 있다는 것을 인식하면서 이권구조의 떡고물에 매달리기 위해 책임을 회피하는 것이라면, 이는 범죄라고 할 수 있다.[10] 사실 다른 국가의 사람들을 차별받아야 되는 타자(비국민·난민·무국적자, 미개인 등)로 만들기 위해서 국가는 한편으로 공권력을 사용해서 비국민(식민지의 인민)을 국민으로 동화시키고자 하고, 혹은 국민 중에서 일부(유대인, 팔레스타인인, 집시 등)를 비국민으로 배제시키고, 다른 한편으로 동화될 수 있는 국민 혹은 배제하고 남은 국민에게 경제적으로 더 나은 미래를 약속하는 경우에 비로소 국민은 스스로 '물리적 경계'에 상응하는 '의미로서 경계'를 내면

---

8   서경식, 형진의 역, 『역사의 증인, 재일조선인』, 반비, 2012, 33~34쪽.
9   서경식, 『고통과 기억의 연대는 가능한가?』, 철수와영희, 2009, 26쪽.
10 서경식, 권혁태 역, 『언어의 감옥에서』, 돌베개, 2011, 309~310쪽.

화하고, 타자를 차별·적대하게 된다. 이러한 과정을 거쳐서 국민은 정치권력과 자본에 의한 폭력과 사유의 결과물로서 국가정책과 국가 정체성을 맹목적으로 자신들과 동일시하면 "스스로 사실을 알고, 생각하고, 입장을 결정할 수" 없게 된다.[11] 스스로 사유하지 않는 국민은 필사적으로 다수자에 편입되고자 할뿐이고, 자신의 사유·권리·힘의 자유를 정치권력·자본에 의한 공권력·시장의 자유에 예속시킨다.

이렇게 '사유하기'와 국가·공동체의 사유결과물의 차이는 '삶의 형태'와 '벌거벗은 생명'을 가르는 심연이다. 우리는 도대체 양자를 어떻게 구별할 수 있는가? 현상학적으로 말하자면 '우리' 혹은 '나'가 공동체의 외부자로서 국가·공동체에 의해서 의미 부여된 외부사물들(민족, 국민, 국가, 국어 등)을 의심하면서 괄호에 넣고, 순수자아das reine Ich로 '나'가 외부사물을 지각하고, 사유한다면, '나'는 '사유하기'를 통해서 외부사물에 의미를 부여하고, 외부사물에 '삶의 형태'를 부여할 수 있다. 다시 말해 '나'가 나의 자연적 태도와 초월적 외부사물을 의심하면서 괄호에 넣는 경우에 '나'는 선험적 주관성으로서 '사유하기'를 하는 존재가 된다. 이제 '나'는 '사유하기'를 통해서 더 이상 국가·공동체의 시스템에 의해서 의미 부여되는 '벌거벗은 생명'이 아니라, 스스로 '나'의 삶에 형태와 의미를 부여할 수 있다.

데카르트는, 여행하는 이방인으로서 우리가 생각하는 것은 각 공동체에 고유한 관습에 불과한 것이 아닐까, 우리는 스스로 생각하고 있는 것이 아

---

11 서경식, 2012, 72쪽.

니라 어떤 체계에 따라 생각하도록 만들어져 있는 것이 아닐까 라고 묻고 의심했다. 이와 동일하게 데카르트는 스스로 꿈을 꾸고 있는 것이 아닐까 하고 의심했다, 바로 이 의심이 '정신(사유하기)'을 구성한 것이다. 그렇다면 분명히 정신이란 외부성이다. 후설이 말하듯이 데카르트의 코기토(나는 생각한다)는 심리적인 자기自己를 괄호에 넣은 '초월론적(선험적)' 자기였다. 그러나 '초월론적'이라는 것은 외부적인 것이다. 거기에 '나我'가 있으며 또 거기에만 '나'가 있을 수 있는 것이다. 데카르트의 코기토는 내적인 확실성과는 이질적이다. 역으로 그것은 그러한 내적 현존성을 의심하는 그것에 존재한다. (…중략…) 하지만 스피노자는 한편으로 의지 = 지성을 인정하고 있다. 그것은 주체가 무의식적인 구조와 공동체적 시스템에 구속되고 있음을 확인하고자 하는 주체이자 '초월론적인' 주체인 것이다. 다시 말해 외부성으로서의 코기토이다. 그것이 정신이다.[12]

자기 충족적인 국가공동체·시스템의 내부자로서 내가 사유하는 것이라면, 나는 스스로 '사유하기'를 하는 것이 아니라, 공동체에 의해서 의미 부여되는, 공동체에 의해서 통용되는 의미(공동체의 규칙·관

---

12 가라타니 고진, 이경훈 역, 『유머로서의 유물론』, 문화과학사, 2002, 55쪽. 가라타니 고진에 의하면 공동체적 사유로서 철학은 외부사물을 초월적인 존재로 한정하는 형이상학이 된다고 말한다. 따라서 철학은 공동체의 경계에서 초월적인 존재를 괄호치고, 선험적으로 '사유하기'를 하는 학문이다. "철학도 원래 공동체 속이 아니라 언어가 교착交錯하는 '세계', 즉 타자를 설득하는 것으로밖에 강제할 수 없는 장소에서 발생했다. (…중략…) 실제로 공동체를 벗어난 말, 따라서 대상이나 주술의 힘에서 해방된 말속에서만 철학적 사고가 시작된다. 말이 그것이 지시하는 대상이나 일의적인 의미와 필연적인 관련을 갖고 있지 않다는 인식이야말로 철학적 물음을 낳는 것이다. 만약 그렇지 않다면 유혹자(상인)으로서의 사상가 역시 존재할 수 없었을 것이다. 이른바 철학(형이상학)은 이러한 상인 = 사상가에게 항상 따라다니는 의심스러운 흔적을 숨긴다. 그리고 이로부터 누구나 따를 수밖에 없는 공동적·규범적인 진리(동일성)를 끌어낸다. 이것은 이미 교통 공간을 배제하는 공동체의 사고이다."(가라타니 고진, 권기돈 역, 『탐구 2』, 새물결, 1998, 266쪽)

습 · 생활양식 그리고 공동체적 서사에 의해서 구성된 의미)로 규정된 사유가 나의 사유라는 것이다. 이런 의미에서 '나'의 '사유하기'는 공동체들 사이 공간空間에서 공동체적 사유(사유결과물)를 의심하는 것이다. '나'의 '사유하기'는 공동체적 사유를 의심하면서 괄호에 넣고, 공동체들의 경계 혹은 사이 공간에서 타자 · 난민으로서 '사유하기'이다.

3. '벌거벗은 생명'으로서 국민 · 인민, 소수자

근대 이전에 인간은 신분에 의해서 차별적으로 분화되었다. 그러나 근대의 인간은 상품(노동력 포함)의 교환에서 평등과 자유를 형식적 · 법적으로 보장받게 되었다. 그러나 법적 평등과 자유에도 불구하고 인간은 자본운동의 결과에 따라서 죽은 노동의 소유로부터 비 소유에 이르는 위계적 차별로서 부자 · 빈자, 자본가 · 노동자로 분화되었다. 이와 더불어 근대 이후의 인간은 평등과 자유를 내용적으로 보장받기 위한 투쟁을 전개하고 있다.

자본과 노동의 대립에서 국가는 '의미로서 경계(출생 · 언어 · 문화의 경계)'를 토대로 국가의 '물리적 경계'의 확대로서 식민지를 통한 부의 확대를 추구한다. 다시 말해 정치권력과 자본은 군사적 폭력(국가권력)을 통해서 자국노동자들의 착취를 기반으로 다른 국가의 자원과 노동자들을 착취함으로써 다수자와 소수자의 '의미로서 경계'를 동일화시키고자 시도한다. 사실 군대의 대부분이 남성노동자로 구성되어있다는 점에서 다수자(자본가)와 소수자(노동자)의 경계와 분리는 애국심으로 대체되어서, 서로 다른 소수자(자국노동자와 적국노동자)가 서로 적군과 아군으로 나누어져 정치권력과 자본이 초월적·공동체적·신화적으로 의미화한 가치로서 국가·애국심을 위해 목숨을 걸고 투쟁하는 비극이 발생한다. 근대국가가 노동자 군대를 동원해서 타국의 노동자를 착취하는 것은 '의미로서 경계'가 '물리적 경계'를 새롭게 재편하는 것이다. 즉 한 국가의 문화와 언어를 가진 노동자가 다른 국가의 문화와 언어를 가진 노동자를 적으로 간주한다. 언어적 주체가 심·물리적 주체를 탈주체화한다. 이런 맥락에서 '의미로서 경계'와 '물리적 경계' 그리고 언어적 주체와 심·물리적 주체가 상호 탈주체화시킨다.

제1차 세계대전의 막바지에 유럽의 여러 국가들이 붕괴되고, 그리고 평화조약에 의해 중부·동부 유럽의 인구와 영토가 새롭게 재편됨으로써 난민이 대규모로 발생한다. 일시에 약 4백만 명의 유럽인들이 조국을 떠나 다른 곳으로 이주한다. 그리고 이 난민들에게 다음과 같은 불리한 상황이 그들의 앞길에 놓여 있었다. 즉 이 상황은 국민국가의 모델에 따른 평화조약에 의해 새롭게 형성된 국민조직의 인구 중 1 / 3이 일련의 사문화된 국제조약에 의해 보호받아야 하는 소수민족으로 구성되어졌다는 것이다.[13] 이런 역사적 관점에서 볼 때 국민국가가 국민nation과 난민, 시민과 인간 그리고 '삶의 형태form of life'와 '벌거벗은 생명naked life'을 상호 분리시키는 경계가 된다. 국가의 '의미로서 경계' 안의 '국민–시민'은 국가에 의해서 인권이나 생존권을 보장받고, 귀속성과 정체성을 보존할 수 있다. 이와 반대로 국가의 '의미로서 경계' 밖의

---

13 G. Agamben, 1996, pp. 16~17 : 26~27쪽.

난민은 설사 합법적으로 국가의 '물리적 경계'를 넘었다고 하더라도 벌거벗은 생명으로 된다. 아렌트의 말처럼 우리는 경계를 넘어 두 번째 '삶의 형태'를 가질 수 없다. 그래서 비합법적으로 국가의 '물리적 경계'를 넘은 난민은 '의미로서 경계' 안의 '삶의 형태'를 가지지 못한 '벌거벗은 생명'이 된다. 마찬가지로 수용소에 갇힌 난민과 전쟁포로는 벌거벗은 생명이 된다.

그러나 경계 밖의 사람들만이 '벌거벗은 생명'인가? 이 물음에 대해서 1789년 권리선언은 다음과 같이 말한다. 제3조: 모든 주권의 근원은 본질적으로 국민에게 있다. 즉 권리선언은 주권자는 국민이라고 한다. 실상 국민nazione, nation의 어원 나티오natio, native가 출생을 의미함에 따라서 이 선언은 국민이 바로 벌거벗은 생명이라는 사실을 숨기지 않는다. 고대와 구체제ancien régime에서 벌거벗은 생명은 주권의 담지자가 될 수 없었다. 그러나 1789년 권리선언 전까지 분리되었던 주권과 국민(벌거벗은 생명의 출생)이 권리선언에서 결합되어서, 벌거벗은 생명(국민)이 국민국가의 토대를 구성한다. 이런 의미에서 국민과 난민은 벌거벗은 생명이라는 점에서 아무런 차이가 없게 된다. 따라서 난민은 국민국가의 주권과 국민의 동일성을 위험에 처하게 한다.[14] 다르게 말하면 난민은 국민국가의 숨겨진 토대를 드러내는 위험한 요소이다.

사실상 국민이라는 용어는 "인민people의, 인민에 의한, 인민을 위한

---

[14] G. Agamben, 1996, pp.20~22 : 30~32쪽. 일본 헌법의 인민people이 국민과 주민으로 상이하게 번역됨으로써 국민과 주권이 결합되기 이전의 분열이 일본의 정치적 현실에서 다시 폭로되고 있다. 즉 일본 헌법은 '맥아더 초안'에 의거해서 영어로 피플people을 국민과 주민이라는 상이한 용어로 번역하고 있다. 일본 국가는 영어로 인민people을 일본 헌법에 국민과 주민으로 다르게 표시하면서, 지금까지 국민이 아닌 사람들에게 그 권리를 줄 수 없다는 자세를 지켜왔다. (서경식, 2009, 21 · 39~41쪽)

정부"라고 에이브러햄 링컨이 게티즈버그 연설에서 말한 바와 같이 인민과 동등한 의미로 사용되고 있다. 국민과 더불어 인민이라는 용어는 사용에 있어서 이중성을 포함하고 있다. 즉 국민과 인민은 다수자와 소수자 그리고 대문자 인민과 소문자 인민으로 대립되는 의미를 내포하고 있다. 아감벤에 의하면 영어 피플·인민people에 해당하는 근대 유럽의 여러 언어로서 인민(이탈리아어 popolo, 프랑스어 peuple, 스페인어 pueblo)이 사용에 있어서 이중성을 내포하고 있다고 말한다. 즉 인민이라는 "동일한 하나의 용어가 구성적인 정치적 주체를 가리키는 동시에, 권리상은 아니더라도 사실상 정치로부터 배제된 계급을 가리키는 것이다." 인민이라는 의미의 양의성은 현실 정치의 장에서 인민의 본질과 기능의 양의성을 반영하고 있다. 다시 말해 한편으로 모든 주권은 국민에게서 나온다고 하는 경우에 "총체적이자 일체화된 정치체로서의 대문자 인민Popolo, People이 있고," 다른 한편으로 국가의 현실적 토대를 이루고 있는 "가난하고 배제된 자들의 부분적이자 파편화된 다수로서의 소문자 인민popolo, people이 있다."**15**

인민popolo, people이라는 개념에서 우리가 본래의 정치구조를 규정하는 짝패 범주들을, 벌거벗은 생명(소문자 인민)과 정치적 실존(대문자 인민), 배제와 포함, 조에zoē와 비오스bios를 손쉽게 알아볼 수 있다는 뜻이다. **인민이라는 개념은 그 안에 근본적인 생명정치적인 균열을 이미 언제나 담고 있다. 인민은 자신이 이미 언제나 포함되어 있는 전체에 속할 수 없는 것일**

---

15 G. Agamben, 1996, pp.29~31 : 38~40쪽.

뿐만 아니라, 자신이 한 부분을 이루고 있는 전체에 포함될 수도 없는 것이다. 그러므로 이와 같이 인민 개념은 정치 무대에 불려와 작동되는 매순간 모순과 아포리아를 발생시킨다.[16]

국가는 법적 · 형식적 자유와 평등에서 국적보유 소수자(홈리스, 비정규직 근무자, 소상인, 세입자 등)를 대문자 인민에 포섭되는 국민의 범주에 넣지만, 현실정치의 장에서 국적보유 소수자를 대문자 인민에서 배제되는 국민의 범주에 넣고, 실상 비국민 · 난민과 마찬가지로 경제적으로 차별하고, 정치적 폭력으로 통제한다. 즉 정치권력과 자본은 '물리적 경계' 안의 국적보유 소수자를 '의미로서 경계(주권과 결합된 국민)' 밖으로 밀어내고, '의미로서 경계' 밖의 존재(난민과 불법체류자 등)를 국가와 자본의 이해를 관철시키기 위해서 '물리적 경계' 안에 배제적 포섭을 한다.

프랑스 혁명과 더불어 인민이 주권의 유일한 수탁자가 됐을 때 (소문자) 인민은 처치 곤란한 존재가 됐으며, 빈곤과 배제는 처음으로 모든 면에서 참을 수 없는 추문으로 나타났다. 근대 시대에 빈곤과 배제는 경제적 · 사회적 개념일 뿐만 아니라 매우 정치적 범주이기도 하다.[17]

소문자 인민은 구체제에서는 신에 속했고, 고대에는 정치적 삶bios과 대립되는 벌거벗은 생명zoē이었다. 다시 말해 고대와 구체제에서 소문자 인민은 정치적 삶 · 삶의 형태를 구성할 수 있는 자격을 가질

---

16 G. Agamben, 1996, pp.31~32 : 41~42쪽. 강조는 원저자.
17 G. Agamben, 1996, p.33 : 43~44쪽.

수 없었다. 이에 반해 프랑스 혁명과 더불어 법적으로 주권이 모든 인민에게 속하게 되었음에도 불구하고, 현실의 소문자 인민은 빈곤하기 때문에 정치에 관심을 가지고 참여하기 위한 정신적·육체적 여유를 가질 수 없었다. 따라서 소문자 인민은 자신의 경제적인 조건으로 인하여 사회적으로 정치적 주권을 행사할 수 없었다. 좀 더 나아가서 소문자 인민으로서 국민과 난민을 내용적인 측면에서 본다면, 소수자로서 국민과 난민은 국적 보유와 상관없이 인권이나 생존권을 보장받을 수 없다는 점에서 동일한 처지에 놓이게 된다. 이런 의미에서 소수자로서 국민은 "'국민-시민'을 보호한다고 하는 근대의 약속 밖으로 쫓겨난 사람들의 진실한 모습"이고, "이른바 좁은 의미의 난민으로서, 국경 밖으로 흘러나간다거나 더 나은 생활을 찾아서 떼지어 이동한다거나 하는 일조차 불가능한 난민"이다.[18] 국가공동체 내부에서 국민이 소수자가 되고, 소수자는 난민과 유사한 처지이기도 하다. 소수자로서 국민에게 국가는 공동체 사이 공空-간間으로서 '교통 공간'이 된다.

4. 국가·로컬의 '의미로서 경계'의 해체와 국가·로컬공동체 사이 공간

　가라타니 고진에 의하면 논리적으로 '교통 공간(공동체 사이 공간)'에서 공동체가 발생한다고 말한다. 통상적으로 공동체가 '교통 공간'보

---

[18]　서경식, 임성모·이규수 역, 『난민과 국민사이』, 돌베개, 2006, 206쪽.

다 먼저 발생한 것이라고 하지만, 이것은 공동체가 자신을 합리화하기 위해서 원인과 결과를 전도시킨 것이다. 즉 교통 공간에서 타자들이 상호 계약에 의해서 공동체를 만들고, 이제 이 공동체가 앞의 사건을 의도적으로 망각하고, 공동체의 신화가 시작된다.

공동체가 확대된 후 다른 공동체와의 교통이 시작되었다는 것은 허위이며, 그 자체가 각 공동체의 기원 신화이다. 공동체가 성립함과 동시에 시스템 내부와 외부의 분할과 경계가 발생한다. 이때 그 이전의 교통 공간, 즉 안쪽도 바깥쪽도 없는 공간은 '외부', 달리 말해 제 공동체의 '사이'에 있다고 생각된다. 하지만 사실상 그 어떤 공동체도 완전히 자폐적일 수 없다. 미셀 세르의 비유를 빌어 말하면, 공동체(개체)는 이른바 액체液體 안에 떠 있으며, 액체에 삼투되어 있다.[19]

교통 공간과 공동체의 관계에서 볼 때, 난민이 국민보다 선행한다. 그러나 한편으로 공동체의 기원 신화에 상응하는 국민의 다수자(정관계 권력가, 자본가 등)는 공동체 내부의 타자(내부에 억압 받는 자)와 외부의 타자(난민)를 국가의 '의미로서 경계'에서 차별·배제하면서 동시에 국가의 '물리적 경계' 내부로 포섭을 한다. 다른 한편으로 내부와 외부의 타자는 공동체의 '의미로서 경계'에 포함되지 못하고 있기 때문에 교통 공간에 속해 있다. 다시 말해 국가공동체가 교통 공간에서 발생했고, 또한 교통 공간에 떠 있다고 한다면, 국민이 국가의 '물리적 경계' 안에

---

19 가라타니 고진, 2002, 40쪽.

거주한다고 하더라도 국가의 '의미로서 경계' 안에 속하지 않을 수 있다. 국민이 더 이상 국가의 '의미로서 경계'에 속하지 않는다면, 이제까지 공동체 사이 공간과 분리되어 있었던 국가공동체의 '물리적 경계' 내부도 교통 공간과 더 이상 구별되지 않게 된다.

나(재일조선인 서경식)에게는 모어(일본어)가 일본의 식민지 지배에 의해 힘으로 덧씌어진 '덫'이라는 생각이 머릿속에서 떠나지 않는다. 그 때문에 어떤 대상을 접하고 그 경험을 '아름답다' 또는 '무섭다'와 같은 일본어로 표현할 때 그 표현이 어디까지 나 자신의 것인지 의심스럽다는 감각이 있다. 정확하게 말하자면 '경험을 적절하게 표현하는 것이 불가능하다'는 감각과는 다르다. 무언가를 느끼는 감성, 그것을 표현하는 언어가 어떤 외적 폭력에 의해 주입된 것이라는 점을 알아차리는 데서 생기는 위화감이다. 말하자면 자신의 실존과 언어표현 사이의 '갈라진 틈새' 같은 것이다. (…중략…) '모어'란 태생적으로 부모로부터 주어지는 언어다. 누구든지 모어를 자신의 의사로 선택할 수는 없다. 바로 여기에 근원적이면서 피할 수 없는 모어의 폭력성이 도사리고 있다. (…중략…) 언어 내셔널리즘은 배타적 내셔널리즘의 강고한 기반이다. 따라서 언어 내셔널리즘을 비판하기 위해서 모어의 자명성 그 자체를 의심의 눈으로 보지 않으면 안 된다. 거의 대부분의 다수자는 이런 점을 알아차리지 못한다. 자신들의 감성이나 언어의 바탕에 대해 그 어떤 의심도 품지 않는 채 이를 근거로 해서 발언하고 행동한다. 그런데 소수자인 디아스포라는 다수자가 근원적이라고 믿고 있는 것조차 실은 관계의 산물에 지나지 않는 다는 사실을 깨닫고 있다.[20]

재일 조선인 서경식에게 국가의 '물리적 경계'가 국가의 '의미로서 경계'와 일치되어있지 않고, 마찬가지로 아우슈비츠에 수용되었던 유대계 지식인 파울 체란도 적국의 언어(독일어)를 '모어'로 가졌다.[21] 또한 식민지 지배국으로서 적국이 식민지의 피지배 인민들에게 적국의 언어를 강요하게 되면, 피지배 인민은 적국의 언어를 '모어'로 가질 수 있다. 이런 경우에 식민지에서 해방되어도, 적국의 언어를 '모어'로 가진 인민들은 무의식적으로 적국의 문화에 동조하고, '물리적 경계'는 모국에 속하지만, '의미로서 경계'는 적국에 속하게 된다. 자신이 자발적으로 선택하지 않았음에도 불구하고 '물리적 경계'와 '의미로서 경계'가 일치하지 않는 개인은 '물리적 경계'에서 국민이지만, '의미로서 경계'에서 비국민·적국인·난민이 될 것이다. 다시 말해 식민지의 피지배 인민, 디아스포라, 아우슈비츠의 유대인, 국가 없는 팔레스타인인은 적국의 언어를 모어로 사용할 수 있다. 이런 점에서 '의미로서 경계'와 '물리적 경계'가 일치하지 않게 되고, 국민국가의 국가·국민·국어라는 연결고리가 깨어지게 된다. 사실 국가는 국민·국어라는 '의미로서 경계'에 의해서 '물리적 경계'를 확정하게 된다. 그러나 국가·국민·국어의 연결고리가 깨어지면, 국가는 공동체 사이 공간이 되고, 국민은 난민·무국적자가 되고, 국어는 문법(언어)이 아니라, 은어가

---

20 서경식, 2011, 33~34쪽.
21 '모어mother tongue'와 '모국어native language' 그리고 국어에 관하여 서경식, 2011, 35쪽을 참조. 파울 첼란은 1920년 동유럽 부코비나 체르노프치에서 태어났다. 첼란이 태어난 것은 루마니아령이 된 지 후였다. 부코비나는 여러 민족이 대립하면서도 공존하는 다민족·다언어·다문화 지역이었다. 그중에서도 상대적으로 다수파는 유태인이었다. 부코비나 지방의 유대인 언어는 독일어였다. 그리고 어머니로부터 첼란에게 주입된 독일어는 그의 '가장 근원적인 언어', 즉 문자 그대로 '모어'가 되었다.(서경식, 2011, 127~129쪽)

된다. 즉 국민국가는 한편으로 현실의 정치적·경제적 토대로서 비국민을 '의미로서 경계'에서 배제하고, 동시에 '물리적 경계'의 내부로 포섭하고, 다른 한편으로 국적 보유 소수자를 '의미로서 경계' 내부에서 비국민과 동일하게 타자로서 차별한다. 이런 경우에 국적보유 소수자는 국가공동체를 공동체 사이 공간으로 체험할 수밖에 없다. 그래서 국민국가는 이념적으로 '물리적 경계'와 '의미로서 경계'를 끊임없이 결합시키려고 하지만, 현실적으로 결합시킬 수 없는 딜레마에 빠진다.

이와 관련해서 아감벤은 1419년 최초로 보고된 프랑스 영토의 집시 집단을 통해서 교통 공간에 삼투된 공동체에 관한 역사적 자료를 제공한다. 집시 집단은 여러 국가공동체를 가로지르면서 국가공동체가 교통 공간이었다는 것을 증언한다. 이 집시 집단은 여러 국가공동체를 가로지르면서 아르고argot(집시의 말)를 사용했다. "아르고가 엄밀히 말해 언어가 아니라 은어인 이상, 집시는 인민이 아니라 다른 시대로부터 유래하는 무법자 계급의 마지막 후예라는 것이다."[22] 아감벤은 집시 집단과 인민, 아르고와 언어의 관계를 비교하면서,

모든 인민은 패거리이자 '코키유(도적떼)'이며, 모든 언어는 은어이자 '아르고'(라고 말한다).[23] 인민들이 다수성의 사실의 다소 성공적인 가면인 것처럼, 언어들이 언어활동의 순수 경험을 가려버리는 은어라 하더라도, 우리의 임무가 분명히 인민들을 국가 정체성으로 재코드화하거나, 은어를 문법으로 구축하는 것일 수는 없다. 오히려 이와는 반대로 언어활동-문법

---

22 G. Agamben, 1996, p.65 : 75쪽.
23 G. Agamben, 1996, p.67 : 77쪽.

(언어)-인민-국가라는 존재 사이의 연결망을 어떤 임의의 지점에서 끊을 때에만 사유와 실천은 시대에 대처할 수 있게 될 것이다.[24]

바로 집시와 인민, 아르고와 언어의 관계는 교통 공간과 국가공동체의 관계를 등치시키는 것이고, 더 나아가서 국가·국민·국어라는 근대국민국가의 토대를 근본적으로 의심하는 것이다. 또한 공동체 사이 공간에서 타자로서 '나'·'우리'의 '사유하기'가 국민국가의 토대를 의심하고, '의미로서 경계'로서 국가·국민·국어의 연결을 괄호에 넣는다.

집시가 다른 시대로부터 유래한 집단이라면 국가 내부 수용소의 난민은 현대의 다른 국가 혹은 교통 공간으로부터 넘어왔다. 집시와 난민은 국가의 '의미로서 경계'에서 차별·배제된다. 이런 의미에서 한편으로 국가공동체는 시공간의 기원으로서 다른 시공간(국가·공동체 이전, 원시, 미개)을 차별·배제하고, 다른 한편으로 집시와 포로수용소의 난민은 국가공동체의 시공간을 의심하고, 괄호에 넣고, 국가·공동체 시스템에 대한 '사유하기'를 가능하게 한다.

모든 증언자들, 심지어는 가장 극한의 상황에 내몰린 사람들(예컨대, 특수작업반원들)조차도 한계 상황이 습관이 되어버리는 믿기 힘든 경향이 있었다고 회상한다("그러한 일을 하는 사람은 첫날 미쳐버리든지 아니면 익숙해진다"). (…중략…) 아우슈비츠는 바로 예외 상태가 상시常時와 완벽하게 일치하고, 극한 상황이 바로 일상생활의 범례가 되는 장소이다. 한계

---

[24] G. Agamben, 1996, p.70 : 80~81쪽.

상황이 흥미로운 것은, 한계 상황이 반대의 것으로 뒤집어지는 이러한 역설적인 경향 때문이다. 예외 상태와 정상 상황이 시공간적으로 계속해서 분리되어 있는 한(보통은 이렇다) 양자는 둘 다, 비록 서로가 서로를 은밀히 조장할지언정 불투명한 상태로 남아있다. 하지만 오늘날 점점 더 자주 일어나듯이 그것들이 서로 공모하고 있음을 보여주자마자 양자는 서로를, 말하자면 내부로부터 비추어준다.[25]

현실적으로 수용소와 같은 예외 상태가 점점 정상 상황으로 변화함에 따라 국민이 난민으로 되고 있다. 이런 점에서 수용소는 국가의 "감추어진 모체matrix이자 노모스"이다.[26] 바로 집시·난민과 인민, 아르고와 언어의 관계는 교통 공간·수용소와 국가공동체의 관계를 등치시키는 것이고, 더 나아가서 지금·여기에서 난민, 수용소 그리고 예외 상황이 정상 상황의 국가·국민·국어라는 근대국민국가의 토대를 근본적으로 의심하게 하고, 괄호에 넣게 한다.

다시 말해 타자·난민으로서 '나'는 국가의 '의미로서 경계'를 의심하면서 괄호에 넣고, 그리고 '사유하기'로서 '나'는 삶에 형태를 부여하

---

25 G. Agamben, trans. by Daniel Heller-Roazen, *Remnants of Auschwitz-The Witniss and the Archive*, New York : Zone Books, 2002, pp.49~50. G. 아감벤, 정문영 역, 『아우슈비츠의 남은 자들—문서고와 증인』, 새물결, 2012, 73~75쪽.

26 G. Agamben, 1996, p.37 : 47쪽. 아감벤은 "수용소의 본질이 예외 상태의 물질화이자 또 그 결과로서 벌거벗은 생명 자체를 위한 공간을 창출하는 것"이라고 말한다. 수용소에서 인간은 '국민-시민'으로서 권리와 특권이 박탈된 예외 상태에 놓인 존재로서 '벌거벗은 생명'이 된다. "수용소의 거주민이 모든 정치적 지위를 빼앗기고 벌거벗은 생명으로 완전히 환원된다는 사실 자체 때문에 수용소는 지금까지 실현된 것 중에서 가장 절대적인 생명정치적 공간이기도 하며, 이 공간에서 권력이 대면하는 것은 그 어떤 매개도 없는 순수한 생물학적 생명에 다름 아니다. 이 때문에 수용소는 정치가 생명정치로 되고 호모 사케르(성스러운 인간)가 시민과 잠재적으로 구별될 수 없게 된다는 점에서, 정치 공간의 패러다임 자체이다."(Agamben, 1996, p.40 : 51쪽. 강조는 원저자)

는 정치적 삶을 수행할 수 있다. '사유하기'로서 '나'는 국어·문법(언어)·정상 상황을 의심한다. 이런 '나'는 국가공동체를 괄호에 넣고, 선험적 주관성과 관계에서 국가공동체를 공동체 사이 공간으로 사유한다. 그러므로 국가의 '의미로서 경계'와 '물리적 경계'가 불일치됨으로써, 또한 국가·국민·국어의 연결고리가 해체됨으로써 국가공동체가 공동체 사이 공간이 된다.

이 지점에서 우리는 로컬공동체와 국가공동체를 상호 비교해 볼 수 있다. 사실 로컬리티의 '물리적 경계'는 국가의 '물리적 경계'보다 더 임의적이지만, 그 경계가 끊임없이 변화함에도 지도·서류·표지에 의해서 확정될 뿐만 아니라, 그 구획의 의도에 따라 해석되고, 처방되며, 또 변경되기도 한다. 이런 가운데, 우리는 일국 내에서 로컬리티의 '의미로서 경계'는 로컬리티의 '물리적 경계'와 일치하는가? 라고 물어볼 수 있다. 아니면, 다른 로컬리티의 '의미로서 경계'와 그것을 구별할 수 있는가? 우리는 이런 물음에 대해서 영화 〈보더타운Bordertown〉(2006)[27]을 하나의 사례로서 살펴보고자 한다. 그 영화는 다음과 같은 자막으로 시작한다.

NAFTA의 결과로 미국 국경을 따라 멕시코 땅에 세계전역의 기업들이 공장들을 건설했다. 값싼 노동력과 무관세의 이득을 취함으로써, 이 기업들은 미국에서 판매될 상품들을 저비용으로 생산한다. '마낄라도라maquiladoras(외국인 소유의 노동집약적 조립공장)'라 불리는 이런 공장들이 1,000개가 넘

---

27 영화 〈보더타운(Bordertown)〉(2006)의 논의는 배윤기, 「〈보더타운〉 —지구화와 로컬화의 현장」, 『문학과 영상』 제11권 1호, 문학과영상학회, 2010을 토대로 내용을 수정, 보완하여 작성하였음을 밝힌다.

게 들어선 후아레스에서는 3초마다 TV 한 대씩, 7초마다 컴퓨터 한 대씩이 생산된다. '마낄라도라'는 주로 어린 여성들을 고용하는데, 그들은 장시간 가혹한 작업 조건에서 저임금을 받더라도 불평이 적기 때문이다. 대부분의 '마낄라도라'는 하루 24시간 가동된다. 다수의 여공들이 늦은 밤과 이른 아침에 출퇴근하는 중에 범죄 세력의 공격을 받는다. 회사들은 이런 처지의 여성들을 위한 어떤 안전조치도 제공하지 않는다……

영화는 멕시코 북부 국경 도시 후아레스Ciudad Juárez에 조성된 미국 거대자본의 조립 공장들인 마킬라도라에서 일하는 여성 노동자들의 세계로 관객들을 데려간다. 주인공 에바 히메네스Eva Jimenez는 원주민 출신 여성노동자로서 신자유주의 글로벌화로 인해 자신의 거주지에서 거의 강제적으로 추방당해서 '마낄라도라'에서 일하다가, 살인자들에게 폭행과 강간당하고 거의 죽음에 이르렀다가 탈출하여 범인을 잡기 위해 적극 나선다. 그리고 이 사건의 심층취재를 위해 미국 언론사에서 후아레스로 파견된 이주노동자 출신 부모에게서 태어난 멕시코계 미국인 여성 기자 로렌 아드리앤Lauren Adrian은 사건 당사자인 에바와 함께 범인을 추적한다.

미국과 멕시코 사이 접경지역 후아레스에는 농촌에서 밀려온 사람들이 움막 같은 곳에서 살고, 전기를 훔치다가 감전 사고가 빈발하고, 그로 인한 화재 또한 끊이지 않는다. 불이 나더라도 소방서도 없고, 관청에서는 신경도 쓰지 않는다. 공장 폐수로 오염된 강에서 아이들은 그물로 고기 잡는다. 이와 대조적으로 공장 안은 깨끗하게 정리된 최첨단의 현대식 기계 장치들로 작동된다. 모든 작업이 감시되고 방송으로 흘러나오는 명령에 의해 통제된다. 마치 기계처럼 어린 여성노동자들이 작업을 끝내고, 공장을 비우면, 다시 교대를 위해 몰려드는 일군의 노동자들이 라인을 채운다.

이런 작업의 반복 속에서 주로 깊은 밤과 새벽에 퇴근하는 여성 노동자들이 범죄의 표적이 된다. 잉여 노동력 과잉 현상은 기업체들로 하여금 24시간 교대근무에도 불구하고 충분히 예측 가능한 여성노동자들의 출퇴근 안전문제 조치에 둔감하게 만든다. 세계 최악의 치안불능 도시로 유명한 후아레스에서, 어린 여성 노동자들은 폭력에 무방비로 노출되는 상황이다. 물론 미국 입장에서는 멕시코 여성의 죽음과 인권문제가 미국 내에 알려지지만 않으면, 문제가 없다. 여기에 멕시코 정관계 인사들에 대한 각종 로비는 미국 기업들의 각종 횡포에 대한 국가 시스템의 불감증을 낳는 한 원인이 된다.

영화 속 에바와 로렌의 대화는 초국적 자본과 국가의 공모에 의해서 소문자 인민과 소수자의 인권과 생존권이 억압됨으로써 로컬 소수자가 로컬리티의 '의미로서 경계'로부터 구체적으로 배제되고, 또한 정치경제적 토대(노동착취와 군사적 폭력에 동원)로서 로컬리티의 '물리적 경계' 내부에 추상적으로 포섭되는 것을 보여준다.

"누가 고향땅을 빼앗아 갔죠?"

"정부가요. (…중략…) 우리가 세금을 낼 수 없으니까, 정부에서 국경의 마낄라도라에 가서 일하라고 말했어요. 고향땅을 지키려면 돈을 벌라고. 하지만 여기선 돈을 못 벌어요. 정부와 공장들이 전부 빼앗아 가니까요. 돈은 전부 그들에게 가죠. 우리에겐 아무 것도 없어요. 우리 아버지는 미국에 일하러 가셨어요. 여러 해 동안 보질 못했죠. 하지만 우리가 뭘 어쩌지요? 이제 우린 땅도 없고, 고향에 돌아가지도 못해요. 아무 것도 없어요.”

멕시코 정부에 의해 멕시코 국민이란 이름을 부여받은 사람들이 자신의 로컬공동체(로컬리티의 ‘물리적 경계’와 ‘의미로서 경계’가 일치했던 생활거주지)에서 쫓겨나 후아레스의 접경지 공장으로 거의 강제적으로 이주당한다. 후아레스는 소문자 인민·국민의 소수자를 국가의 ‘의미로서 경계’로부터 배제와 국가의 ‘물리적 경계’ 내부로 포섭하여서 초국적으로 활동하는 정관계 권력자와 자본 그리고 국가와 로컬리티의 유력 인사와 자본 등이 자기들 이익을 위해서 서로 공모하는 공간이 되었던 것이다.

죽음을 무릅쓴 험난한 취재를 끝낸 여기자 로렌의 르포 기사는 “후아레스 여성들의 비명소리는 잠잠해졌다. 아무도 귀 기울이려 하지 않기 때문”이라고 시작한다. 그 기사는 “그들의 노동으로 수익을 얻는 거대 기업들도 그랬고, 자유무역협정으로 이익을 보게 되는 멕시코와 미국의 정부도 그랬다”고 현장 분위기를 설명하면서, “여성들을 보호하기보다 은폐 쪽이 비용이 더 적게 든다. 모든 것이 손익계산을 따진 결과”라고 진단한다.

그러나 결국 그 기사는 게재될 수 없다. 신문사를 소유한 출판그룹 경영진과 정치권력의 처방과 명령 때문이다. 또한 ‘합리적’이며 ‘호혜적’이라고 포장된 북미자유무역협정과 그에 관련된 세력들이 누리는 이익관계의 유지가 어떻게 구체적인 현장 사람들을 억압하고 착취하며 무차별적 살해의 조건에 방치되는가를 노출시키는 그 기사는 자유무역지대를 확대하려는 미 의회의 정치적 노력에 좋지 않은 여론을 조성할 수 있는 까닭이다. 특파원 파견이라는 파격적인 제안에도 순응하지 않는 그 기자에게 편집국장이 멕시코와 미국 정부뿐 아니라 자유무역협정까지 비난하는 내용을 지적하자, 그녀는 "그건 자유무역이 아니죠! 노예무역이지요, 사기라고요"라고 저항한다. 바로 이렇게 저항하는 순간, '불순'해서 '이해될 수 없는' 그 기자와 옛 동료였던 편집국장 사이엔 경계가 그어진다.

> 폭로 기사나 내보내던 시절은 이제 지나갔어, 로렌. 이젠 뉴스가 더 이상 뉴스가 아니야. 옛날에 쓰던 타자기처럼 죽은 물건이라고! 이젠 미국의 대기업들이 세상을 돌아가게 한다고. 그리고 그들이 원하는 뉴스는 자유무역, 글로벌화, 연예 뉴스뿐이라고. 그게 **우리의 찬란한 미래야!**(강조─인용자)

편집국장은 자신이 귀속되어 주체화된 공간의 목적을 깔끔하게 정리하여 후배 기자에게 최종적으로 처방한다. 그는 로렌에게 '우리'가 표상하는 주체의 구역으로 들어오도록 유혹·위협한다. 그는 살아남기 위해 '모두를 위한다'고 전제되기 때문에, '하지 않을 수 없다'고 믿는, 그 과정을 추상적이고, 어쩌면 영원히 도래하지 않을 그 '찬란한 미래'가, 바로 구체적인 사람들에게 교정과 순응을 명령할 수 있는 정당한 근거가 된다는 사실을 뚜렷하게 보여준다.

우리는 후아레스의 사례를 통해서 국가와 로컬리티의 '의미로서 경계'와 '물리적 경계'를 비교해 볼 수 있다. 우선 난민은 국가의 '의미로서 경계'에서 배제되지만 국가의 '물리적 경계' 내부에 포섭된다. 그리고 후아레스로 퇴거당할 수밖에 없었던 로컬 소수자는 국가의 '물리적 경계' 내부에 자본과 국가의 필요에 의해서 포섭되지만, 자신들의 생활거주지로부터 강제 이주되어서, 다른 로컬리티의 '의미로서 경계'로부터 배제와 동시에 다른 로컬리티의 '물리적 경계' 내부로 포섭된다. 로컬 소수자의 다른 로컬리티의 '의미로서 경계'로부터 배제는 로컬공동체에서 자신의 '삶의 형태'를 구성할 수 없다는 것을 보여준다. 즉 다른 로컬리티의 '의미로서 경계'로부터 배제는 국가와 (초국적) 자본의 공모를 통해서 국가의 '의미로서 경계'로부터 배제를 노골적으로 보여준다.

난민은 언어를 모르기 때문에 국가공동체의 사유결과물을 내면화할 수 없다. 이런 이유로 난민은 국가공동체의 타자로서 '사유하기'를 할 수 있다. 그러나 후아레스의 소수자는 언어를 알기 때문에 국가공동체의 사유결과물을 내면화함으로써 초국적 자본의 명령을 청취하지 않을 수 없다. 즉 로컬 소수자는 어느 날 갑자기 국가가 제시하는 '찬란한 미래상'을 위해 목숨을 거는 모험을 강요당한다. 로컬 소수자는 국가와 자본의 명령을 일방향으로 청취해야 한다. 그러나 로컬 소수자는 말하지만, 그들의 말과 사건은 보도되지 못하고, 사회정치적 목소리를 구성할 수 없다. 바로 이곳에서 로컬 소수자는 역사 없는 존재, 언어 없는 존재, 국가·로컬공동체 없는 존재로 순수하게 벌거벗겨지는 것이다.

일반적으로 볼 때, 로컬 소수자는 로컬리티의 '의미로서 경계'에서 배제된 '벌거벗은 생명'이지만, '사유하기'를 통해서 정치적 삶(삶의 형태)을 구성하기 어렵다. 로컬 소수자는 국가·로컬공동체에 대해서 타자이지만, 다수자·주류에 편입하기 위해서 난민과 불법체류자를 차별하기도 한다. 그래서 로컬 소수자는 타자로 취급됨에도 불구하고, 자신이 타자로서 '사유하기'를 하지 못하도록 유도되거나 그것을 모르기 때문에, '자신'을 가정된 '찬란한 미래'에 귀속시키고 거주 위치의 도착에 순응하는 경우가 생긴다. 그러므로, 어떻게 보면, 그들은 난민보다 더 열악한 처지에서 로컬공동체 사이 공간에서 타자로서 '사유하기'를 할 필요가 있고, 또 가장 잘 할 수 있는 위치와 조건에 있다. 로컬 소수자가 국가·로컬공동체의 사유결과물을 의심하고 괄호에 넣어서 정치적 삶·삶의 형태를 구성할 가능성은 그 위치와 조건에 스스로를 귀속시킬 때 확보된다. 영화 속 에바와 로렌의 저항과 실패와 결과적인 '무능'은 현실 속에서 그런 '사유하기'의 (불)가능성을 극적으로 보여준다.

5. '아무 할 일 없는 존재'의 '사유하기'

공간의 생산은 목적의식적 행위이다. 공간은 여타의 공간과 다르게 표방되는 목적을 중심으로 동질적이라고 가정된다. 특히 민족, 국가, 계급, 성 등과 같은 추상적 공간은 언제나 '동질성'을 강조한다. 추상적 공간은 언어적으로 가정되고 설명되는 까닭에, 기표가 지시하는 필연성과 기의의 수행성 사이의 모순, 차이, 혹은 연기를 가리기 위해 반복되는 의미화 과정에 놓인다. 마찬가지로 국가경계는 말과 서류에 의해서 확정됨으로써 국민·인민이 다른 국가에 거주하더라도 '의미로서 경계'에 속하게 된다. 이런 경우에 국가의 '물리적 경계'와 '의미로서 경계'는 인민의 '사유하기'와 무관하게 이미 확정되어 있다. 그러므로 국가공동체의 사유결과물로서 사유는 인간을 삶의 형태로 구성할 수 없게 한다. 스스로 사유하지 않는 인민은 필사적으로 다수자에 편입되고자 할뿐이고, 자신의 사유·권리·힘의 자유를 정치권력·자본에 의한 공권력·시장의 자유에 예속시킨다. 이렇게 '사유하기'와 국가·공동체의 사유결과물의 차이는 '삶의 형태'와 '벌거벗은 생명'을 가르는 심연이다.

집시와 (수용소)난민은 국가의 '의미로서 경계'에서 차별·배제된다. 마찬가지로 (초국적) 자본과 국가의 공모에 의해서 소문자 인민과 소수자의 인권과 생존권이 억압됨으로써 로컬 소수자가 로컬리티의 '의미로서 경계'로부터 배제된다. 그리고 로컬 소수자는 정치경제적 토대로서 로컬리티의 '물리적 경계' 내부로 포섭된다. 이런 의미에서 국가·로컬공동체는 시공간의 기원으로서 다른 시공간을 차별·배제한다. 대립되는 입장에서 '벌거벗은 생명'으로서 소문자 인민과 로컬 소수자에게 국가와 로컬리티는 공동체 사이 공空-간間이 된다. 집시·난민, 소문자 인민과 로컬 소수자는 국가·로컬공동체의 시공간을 의심하고, 괄호에 넣고, 국가·로컬공동체 시스템에 대한 '사유하기'를 할 수 있는 조건을 가진다.

이런 조건에서 소수자로서 '나'가 자연적 태도와 초월적 외부사물을 의심하면서 괄호에 넣는 경우에 '나'는 선험적 주관성으로서 '사유하기'를 하는 존재가 된다. '나'의 '사유하기'는 공동체적 사유를 의심하면서 괄호에 넣고, 공동체들의 경계 혹은 사이 공간에서 타자·난민으로서 '사유하기'이다. 이제 '나'는 '사유하기'를 통해서 더 이상 국가·공동체의 시스템에 의해서 의미 부여되는 '벌거벗은 생명'이 아니라, 스스로

'나'의 삶에 형태와 의미를 부여할 수 있다.

아리스토텔레스는 폴리스에서 인간의 기능을 '이성logos에 따른 영혼의 활동'이라고 규정했다. 이에 반해 아감벤은 인간의 기능을 '아무 할 일 없는argōs 존재', '일을 하지 않는 무위inoperosità적인 것'이라고 말한다.[28] 먼저 '아무 할 일 없는argōs 존재'는 '이성에 따른 영혼의 활동'의 토대를 이루는 존재이다. 그러므로 '아무 할 일 없는 존재'는 국가공동체 사이 공간의 존재로서 공동체적 기능(고대 그리스의 폴리스에서 피리 연주자, 조각가, 목수, 제화공, 모든 기술자로서 기능)을 가지지 않은 존재이다. 즉 '아무 할 일 없는 존재'는 공동체적 기능을 가지지 않았기 때문에 공동체 사이 공간에서 공동체적 기능·사유의 잠재태로서 존재이다. '아무 할 일 없는 존재'는 공동체 사이 공간에서 공동체의 관습·문화·언어·기능·국민으로서 동일자와 동일자의 사유결과물을 의심하고, 그리고 공동체와 공동체 시스템을 괄호에 넣고, 이것을 선험적 주관성과 관계에서 지각하고, '사유하기'(사유의 잠재태)를 한다. 공동체 사이 공간에서 떼거리로서 방언·은어를 말하는 존재는 국어·국민·국가공동체에서 '아무 할 일 없는 존재'이다. '아무 할 일 없는 존재'는 국가공동체·국민·국어를 의심하고, 괄호에 넣기 때문에 이 존재는 공동체의 잠재태와 질료로서 존재이다. '아무 할 일 없는 존재'로서 '나'는 더 이상 국가공동체·국민·국어의 동일자가 아니고, 이것의 타자로 있기 때문에 '나'는 공동체 사이 공간에서 난민·은어사용자이고, 사유

---

28 '이성logos에 따른 영혼의 활동', '아무 할 일도 없는argōs 존재', '일을 하지 않는 무위inoperosità 적인 것'에 관하여 아리스토텔레스, 강상진·김재홍·이창우 역, 『니코마코스 윤리학』, 길, 2011, 1097b / 29쪽, 1099b / 37쪽; G. Agamben, 1996, pp.140~141 : 152~153쪽; 하용삼, 2012, 352~354쪽을 참조.

의 잠재태로서 '사유하기'의 존재이다. '나'는 국가공동체의 '물리적 경계'와 '의미로서 경계' 외부의 타자이고, 타자로서 '나'는 더 이상 국민으로서 인권을 보장받지 못하기 때문에, 타자로서 '나'는 타자로서 난민을 환대하고, 환대받을 수밖에 없고, 타자·타자의 방언·타자의 공간을 배려하는 윤리적 존재로 될 수 있다.

참고문헌

배윤기, 「〈보더타운〉—지구화와 로컬화의 현장」, 『문학과 영상』 제11권 1호, 문학과 영상학회, 2010.

______, 「경계, 근대적 공간, 그리고 그 너머 : 로컬리티 연구에서 로컬리티—기반의 이해와 관련하여」, 『인문과학연구』 제34집, 강원대 인문과학연구소, 2012.

하용삼, 「자본주의적 종교와 로컬리티의 세속화—G. 아감벤의 성스러운 것과 세속적인 것을 중심으로」, 『철학논총』 제69집 제3권, 새한철학회, 2012.

서경식, 『고통과 기억의 연대는 가능한가?』, 철수와영희, 2009.

가라타니 고진, 권기돈 역, 『탐구 2』, 새물결, 1998,

____________, 이경훈 역, 『유머로서의 유물론』, 문화과학사, 2002.

기다 겐 · 노에 게이이치 · 무라타 준이치 · 와시다 기요카즈, 이신철 역, 『현상학사전』, 도서출판b, 2011.

바우만, Z., 『쓰레기가 된 삶들—모더니티와 그 추방자들』, 새물결, 2008.

서경식, 임성모 · 이규수 역, 『난민과 국민사이』, 돌베개, 2006.

______, 권혁태 역, 『언어의 감옥에서』, 돌베개, 2011.

______, 형진의 역, 『역사의 증인, 재일조선인』, 반비, 2012.

슈뢰르, M., 정인모 · 배정희 역, 『공간, 장소, 경계—공간의 사회학 이론 정립을 위하여』, 에코리브르, 2010.

아감벤, G., 김상운 · 양창렬 역, 『목적없는 수단』, 난장, 2010.

________, 정문영 역, 『아우슈비츠의 남은 자들—문서고와 증인』, 새물결, 2012.

아리스토텔레스, 강상진 · 김재홍 · 이창우 역, 『니코마코스 윤리학』, 길, 2011.

Fromm, Erich, "Afterword", George Orwell, *1984*, New York : New American Library, 1961.

Marzec, Robert P., "Enclosures, Colonization, and the Robinson Crusoe Syndrome : A Genealogy of Land in a Global Context", *boundary 2*. 29 : 2, 2002.

Agamben, Giorgio, trans. by Vincenzo Binetti and Cesare Casarino, *Means without End*, Minneapolis · London : University of Minnesota Press, 1996.

__________, trans. by Daniel Heller-Roazen, *Remnants of Auschwitz—The Witniss and the Archive*, New York : Zone Books, 2002.

Lefevre, Henri, trans. by Donald Nicholson-Smith, *The Production of Space*, Oxford : Blackwell, 1991.

⟨*Bordertown*⟩, Dir. Gregory Nava, ThinkFilm, 2006.

재일코리안 디아스포라 정체성 정치[*]

차별에서 차이의 정치로

문재원 · 박수경

1. 디아스포라의 역설

오늘날 디아스포라는 민족 이산을 뜻하는 부정적 의미로부터 유랑자, 망명자, 망명자 공동체, 국외로 추방된 난민, 이주노동자, 이주민, 소수민족공동체, 유학생, 식민자에 이르기까지 여러 종류의 경계적인 존재를 전체적으로 아우르는 포괄적인 개념으로 확장시키면서, 특히 분산한 동족들과 그들이 거주하는 장소와 공동체를 강조한다.[1] 최근

---

[*] 이 글은 필자들의 논문 「재일코리안 디아스포라 공간과 정체성의 정치—KEY의 문화적 실천활동을 중심으로」(『日本文化研究』 39, 2011)를 수정하여 수록한 것이다.

[1] 윤인진, 『코리안 디아스포라—재외한인 이주 적응 정체성』, 고려대 출판부, 2004, 5쪽; 90년대 이후 '디아스포라' 개념의 확산은 정의와 용법에서 혼선을 낳고 있다. 디아스포라 개념에 대해서는 사이 에이카戴エイカ의 정리를 참고로 하여 여기서는 홈랜드에서 이산하면서도 경제, 정치, 문화적으로 교류하는 '사회형태'로서의 측면과 동시에 이동적인 '정체성 획득'identification 과정의 측면으로서의 이중적인 의미를 포함시키고 있다. 野口道彦・戴エイカ・島和博, 『批判的ディアスポラ論とマイノリティ』, 明石書店, 2009, 제1장 참조.

디아스포라 연구에서는 국가 경계 넘기의 다양한 현상들이 만들어 내는 새로운 관계의 장소, 생활기반을 중심으로 한 디아스포라 현장에 주목하면서, 디아스포라 연구의 문제틀을 재설정해야 한다는 논의들이 제기되고 있다.[2] 이는 기원지, 혹은 모국에 무게중심을 두는 것이 아니라, 디아스포라 공간 자체에 가치, 의미를 둠으로 이것을 중심으로 일어나는 제반 관계나 공간의 변화에 초점을 둔다.

브라Avtar Brah는 디아스포라를 단순한 이주와 구분하면서 전자는 흩어져 이주하게 된 그룹의 다양한 성분들 사이에서 어떤 '공동단체를 구축하게 하는 경제적·정치적·문화적 상호관련성의 메트릭스'[3]를 특정하게 지칭한다고 했다. 옹Aihwa Ong은 디아스포라문화와 주체성에 초점을 둔 문화연구를 제안하면서 '억압적인 민족주의 이데올로기에 비판적이고 진보적인 정치적 주체의 탄생을 추구한다'[4]는 정치화한 개념을 제안한다. 또한 아파두라이Arjun Appadurai는 디아스포라는 '초국가적 연합과 연대라는 새로운 사회적 기획을 위한 하나의 시안'[5]으로서 기능한다[6]는 점을 지적했다. 바바Homi Bhabha도 양가성 개념을 설

---

2 박경환, 「디아스포라 주체의 비판적 위치성과 민족 서사의 해체」, 『문화역사지리지』 19권 3호, 5쪽, 2007; 박배균, 「초국가적 이주와 정착을 바라보는 공간적 관점에 대한 연구―장소, 영역, 네트워크, 스케일의 4가지 공간적 차원을 중심으로」, 『한국지역지리학회지』 15권 5호, 2009; 문재원, 「이주의 서사와 로컬리티」, 『한국문학』, 한국문학회 54쪽, 2010; 이상봉, 「디아스포라와 로컬리티 연구―재일코리안을 보는 새로운 시각」, 『한일민족문제연구』 18, 2010 등 참조.

3 Avtar Brah, *Cartographies of Diaspora : Contesting Identities*, London : Routledge, 1996, p.196.

4 Aihwa Ong, *Flexible citizenship : the cultural logics of transnationality*, Durham & London : Duke, 1999, p.9.

5 Arjun Appadurai, *Modernity At Large : Cultural Dimensions of Globalization,* Minesota : U of Minesota, 1996, p.15.

6 반면, 이러한 혼종과 다문화의 새로운 혁신지로서 해방의 언설만이 강조됨으로 디아스포라 담론이 내포하는 지나친 상상과 유토피아적인 확대도 경계된다. 레이초우Rey Chow는 제3세계 지식인에게 디아스포라의 유혹을 경고한다. "그들이 마이너리티 담론에 의존하

명하면서 디아스포라의 혼종성이 보편적인 문화 비판의 토대가 될 수 있음을 지적한다. 이처럼 최근의 디아스포라 담론은 민족과 국가의 경계를 넘어 문화혼종성과 새로운 주체들을 생산하는 기제로 기능하는 면을 부각시킨다. 이러한 탈동일시를 경유하는 디아스포라의 자기-위치화는 모국에서의 폭력적인 식민경험, 제국에서 받은 다양한 종류의 차별, 전지구화하는 자본주의 착취로 인한 피폐한 삶에서와 같이 몸의 경험들에 기초를 두고[7] 이를 비판적 진지점으로 구축하여 경계의 안팎을 넘나들며 새로운 '혼종적 주체'의 위상을 확보할 수 있다는 점에 의미를 두게 된다. 결과적으로 이러한 혼종성은 디아스포라 정체성이 형성되거나 변형하면서 다양한 주체를 만들어 나가는 과정에서 그 동력이자 기반을 제공하는 역할을 하게 된다. 그러므로 디아스포라적 시민권은 집단 정체성과 영역 사이의 관계를 의문시하며, 사람들은 국경을 초월한 장소 간 연결망과 흐름의 일부분이기 때문에 사람의 정체성과 문화는 특정 장소에 고착되기 보다는 이동과 혼합의 산물이라는 점을 강조한다.[8] 디아스포라에 대한 이러한 시각들은 (초)민족국가성의 정치경제적 기표 아래, 민족 / 국가에 대한 새로운 물음을 제기할 수 있는 하나의 의미있는 출발점으로 작동될 수 있다.

특히 제국 / 식민의 체제에서 출발된 재일코리안[9] 디아스포라는 오

는 것은 본국에서는 민족에 대한 자신들의 가부장적 지배를 은폐하고 서양에서는 소수민족이자 마이너리티로 행세하는 자신들을 계속 정당화할 위험이 있다"고 지적한다. 레이 초우, 장수현·김우영 역, 『디아스포라의 지식인』, 이산, 2005, 166~172쪽.

7 태혜숙, 『대항지구화와 아시아 여성주의』, 울력, 2008, 258~261쪽 참조.

8 Russell King, "Migration, globalization and place", Doreen Massey and Pat Jess(eds.), *Place in the World?*, The Open University, 1995, p.2·7.

9 '재일 동포', '재일조선인', '재일한국인', '재일교포', '재일코리안', '재일(자이니치)', '한조선인' 등 이들의 정체성을 무엇과 연관시키느냐에 따라 논자의 명명법은 다르다. (이에

랫동안 민족의 논리가 작동되었고, 이는 이곳과 저곳을 더욱 강력한 이분법적 체계에 갇히게 했다. 오늘날 재일코리안 3, 4세들은 1, 2세의 역사적 경험을 이어가면서도 현재의 글로벌한 상황에서 더욱 중층적이고 복합적으로 자신을 구성해나가야 하는 위치성에 직면해 있다. 이 글에서는 디아스포라 주체구성과 공간생성의 상호작용이라는 전제하에서 재일코리안 3, 4세들의 디아스포라 공간인식의 변화와 특성을 밝히고자 한다. 이를 위해 일본 오사카지역을 중심으로 활동하고 있는 커뮤니티 재일코리안청년연합(Organization of United KorEan Youth in Japna : 이하 단체에서 사용하고 있는 약칭 KEY를 표기함)을 주목하고, 이를 통해 디아스포라 공간에서 진행되는 문화적 실천과 이를 매개로 한 정체성의 정치identity politics를 살펴보기로 하겠다.

2. KEY의 실천적 개입과 재조정되는 재일코리안 위치성

디아스포라에 대한 공간적 인식은 영역, 장소, 스케일, 네트워크 등 네가지 차원을 중심으로 구성된다.[10] 여기에서 KEY는 특히 네트워크의 차원에서 검토해 볼 필요가 있다. 최근 인문지리학에서는 행위자와

대한 구체적 사항은 문재원, 「재일코리안 디아스포라 문학사의 경계와 해체―현월玄月과 가네시로 가즈키金城一紀의 작품을 중심으로」, 『동북아 문화연구』 26, 동북아문화학회, 2011 참고.) 이 글에서는 일차적으로 재일在日이 함축하는 점에 초점을 맞추고, 한편으로는 궁극적인 종족성의 표지 의미로 작동하는 '코리안'의 기표를 수용하고자 한다. 또한 무엇보다 본 연구의 대상이 되는 KEY(Organization of United KorEan Youth in Japan)라는 커뮤니티에서 사용하고 있는 용어를 수용한다.

10 이에 대한 자세한 논의는 박배균, 앞의 글, 2009, 616~634쪽 참조.

사건들 사이의 네트워크적 연결성이 어떻게 장소와 영역의 구성방식에 영향을 주는지 관심을 보이는데, 다양한 행위자들이 네트워크적 연결을 통해 관계를 형성하고, 이 관계들이 행위자들의 인식, 담론, 행동 등에 중요한 영향을 미치고 있음을 강조한다.[11] 이러한 네트워크적 연결의 대표적 형태가 공통된 이념이나 가치를 지향하는 결사체Association라고 볼 수 있다. 마을이나 소도시 또는 국가와 같이 일정한 지역적 경계 안에서 공통의 생활을 하는 지역을 지칭하는 개념으로 사용되는 커뮤니티community에 반해 공동의 관심사를 추구하기 위해서 인위적으로 결성된 집단[12]이라는 점에서 이는 상대적으로 사회적(관계적) 공간 형성과 더 밀접한 관련을 갖는다. 특정 가치나 방향성을 강조하는 결사체의 공간적 개입은 공간생성의 변형에 영향을 끼친다. 새로운 주체의 등장과 공간의 변형은 그것들을 둘러싸고 형성되는 로컬리티와도 밀접한 관련을 맺는다. 왜냐하면 로컬리티가 특정 공간의 고착화된 산물이 아니라, 주체와 행위와 전략들이 결합된 담론을 통해 구성되는 산물이기 때문이다.

현재 재일코리안 3, 4세들이 중심이 되어 활동하고 있는 일본 내의 대표적인 커뮤니티는 (재일본대한민국민단)-재일본대한민국청년회, (재

---

11 위의 글, 629쪽.
12 전병재, 「공동체와 결사체」, 『사회와 이론』 1, 한국이론사회학회, 2002; 한국학중앙연구원, 『지역결사체와 시민공동체』, 백산서당, 2007, 63~68쪽 참조; 재일코리안 청년들이 참가하고 있는 사회적 네트워크 조사보고에 의하면, 문화교류 37. 6%, 언어교육 25.4%, 민족권리 운동 24.6%, 스포츠 19%, 연구활동 12%, 정치활동 11.2%, 종교활동 1.1%, 기타 6.8%로 나타났다.(김태기 외, 『일본의 한민족청소년 현황 및 생활실태 연구』, 한국청소년정책연구원, 2007, 118쪽) 이러한 분류가 분명하게 구별되는 것만은 아니다. 한글교육만 살펴보더라도 언어, 역사, 문화적 교류를 동시에 포함하고 있다. 문화적 교류의 대표적 형태로 지적되는 문화동아리의 경우나 역사탐방 역시 문화적 교류이면서 민족네트워크를 동시에 포함하고 있다고 볼 수 있다.

일본조선인총연합회)-재일본조선청년동맹, (재일한국민주통일연합)-
재일한국청년동맹 등이다.[13] 이러한 재일코리안 커뮤니티는 일본사회
로부터 그들만이 가질 수 있는 동질적 민족구성원들의 공간이면서 한
편으로 일본사회에서 차별에 대해서 대항할 수 있는 집합적 힘을 가진
공간이기도 하다. 이들은 교류의 장, 민족 정체성 유지, 상호협력과 권
리 주장 등을 위해 커뮤니티를 결성했으며, 그 결과 거주국 사회와 정
부를 상대로 재일코리안들의 권익과 권리를 획득하고 단합된 힘을 결
집시키는 중심적 역할을 수행하고 있다. 여기에서 알 수 있는 것처럼 3,
4세 중심의 청년단체들은 각각 상부조직이 있으며, 이들은 상-하부의
위계체제를 유지하고 있다.

이에 반해 KEY는 다른 청년단체와 달리 "상부단체가 없고", "청년들
이 독자적으로 재원을 만들고 운동방침을 세우고, 조직활동을 하는"
단체[14]라는 점을 강조한다. KEY는 1991년 발족된 재일한국청년연합
(한청련)이 현재 KEY의 모태라고 할 수 있다. 한청련은 2000년도 초까
지 천 명이 넘는 회원들에게 '민족, 사람, 문화'의 만남을 제공하고 2001
년에는 오사카 시내에 4개(현재 3개 지부)의 지부와 아마가사키, 고베,
도쿄에 사무소를 설치하게 되었다. 1990년대 말에는 재일조선인 사회
가 '정체성, 문화, 생활' 등으로 이행하고 있다는 것을 고려하고 교육부
를 신설하면서 한청련은 배움의 장으로 변해 나갔다. 그 후 2003년 3월

---

13 이 외에도 대표적인 단체로는 재일본대한민국민단(1946), 재일본조선인총연합회(1955),
   뉴커머를 중심으로 결성된 재일본한국인연합회(2001) 등이 있다.(여기에 대한 자세한
   논의는 지충남, 「재일한인사회단체 네트워크 연구-민단, 조총련, 재일한인회를 중심으
   로」, 『세계지역연구논총』 26집 1호, 2008을 참조.)
14 KEY 대표 강○○ 씨, 다나카 조○○ 씨 면담(2010.2) 내용 재구성.

재일코리안청년연합(KEY)으로 개명한다.[15]

　KEY의 전략과 구체적 실천활동을 살펴보자.[16] "재일에 기인하며, 조국에 참가하며, 세계에 연대한다"는 캐치프레이즈를 내걸고 있는 이들은 동북아시아에서 재일코리안이 'Key'가 되며, 뿐만 아니라 재일코리안 사회 안에서 다시 재일코리안청년연합이 'Key'가 된다는 의지를 담고 있다[17]고 한다. 이때 Key가 된다는 것은 중심적 원리를 내재화함으로 이분법적 체계를 공고히 한다는 것은 아니다. 일종의 열쇠, 즉 문제를 해결할 수 있는 열쇠에 의미를 두고 있는데, 이러한 위치를 설정하고 있는 기반은 '재일코리안'이 안고 있는 이중성에서 비롯한다고 했다. 여기에서 순혈의 이데올로기, 근대국민국가에서 언제나 외부로 존재했던 이들의 위치를 오히려 삶의 새로운 조건으로 재위치시키고 있는 점을 발견할 수 있다. 즉 과거 차별과 억압의 정당성을 기저로 작동되었던 재일의 문제를 다름과 차이의 시각으로 스스로 '소수자 되기'의 전략으로 전회하고 있는 디아스포라 주체들의 존재방식을 볼 수 있다.

　이 단체의 구성과 성격을 대략적으로 살펴보면 첫째, "국적을 가리지 않고 한반도에 뿌리를 가지는 자"로 회원자격을 규정하는데 '코리아 총체를 시야에 두고 다양한 재일코리안 청년 모두를 아우름'으로써 누구나가 참가 공헌할 수 있는 집단의 형성을 지향하는 것을 목표로.

---

15 강○○ 씨, 다나카 조○○ 씨 면담 내용 재구성; KEY홈페이지(http://www.key-j.org/) 참조.
16 이 글은 다음과 같은 부분을 일정 한계로 안고 있음을 밝힌다. 본 연구자들이 접하고 있는 1차 자료나, 면담 대상자들은 일차적으로 KEY 운영진, 네트워크를 형성하고 있는 KYC, 그리고 그곳에서 발행된 잡지(*K-Magazine*)나 자료집 등을 중심으로 하였다. 필드연구를 통해 KEY가 보여주는 문화적 실천들이 재일코리안 디아스포라 현장에서 어떤 효과장치를 갖고 있는지를 구체적으로 고찰하지 못했다. 이러한 점은 현장에서의 파장이나 균열의 위치성을 객관적으로 확보하는 데는 어쩔 수 없는 한계를 안고 있다.
17 강○○ 씨 면담.

하는 단체의 성격과 관련된다. 이는 남이나 북이나, 국적 소속의 차이로 인한 분단적 사고를 뛰어넘어 해외코리안 사회를 포함하는 코리아 총체를 무대삼아 생각하고 행동하는 것이 요구되고 있다는 생각에 기반한다.

둘째, 이들은 단체의 성격을 "NGO"로 규정하면서 이 단체가 자기만족적인 활동에서 그치는 것이 아니라, '자립적' 시민으로 구성된 '재일코리안 NGO'로서 시민의 공익을 지향하는 사회적 공헌을 활발하게 전개하는 것을 목표로 한다. 사실, 재일코리안이 일본사회 내에서 커뮤니티를 형성하고 NGO의 기능을 담당하겠다는 것은 이들이 새로운 시민적 주체가 되겠다는 의지를 보여준다. 그래서 이들의 출발은 국가에 직결되지 않으면서도 국가존재로부터 도피하지도 않는 그리하여 자립된 시민집단 NGO로서 평화와 인권이라는 보편적 가치를 추구하는 활동에 둔다는 것을 지향한다고 볼 수 있다.

셋째, 지역성을 강조하고 있다는 점을 주목할 필요가 있다. 두번째의 항목과 연결될 수 있는 문제로서 오사카 KEY[18](키타오사카 KEY, 히가시오사카 KEY, 이쿠노 KEY)의 경우 "오사카 지역에서 풍부한 문화를 창조해 나가는 주인공"으로서 "재일코리안 청년이기에" 전할 수 있는 메시

---

18 오사카에 존재하는 KEY 이외의 재일코리안 청년단체와의 협의기구 운영 / 오사카의 자치제, 노동조합과의 협력관계 / 역사문제에 임하는 네트워크 / 재일코리안의 민족교육에 임하는 네트워크의 참가와 역사문제 / 민족교육문제에 대한 사업 등은 KEY오사카가 독자적인 협력관계나 네트워크를 살린 사업전개(「KEY 오사카지방협의회 활동소개」, 『3회 대구─오사카 청년NGO 평화포럼』 자료집, 2005, 40~42쪽)라고 밝히고 있는데, 사실, 역사 민족교육 등과 관련된 사업은 구체적 내용은 상이할 수 있으나, 기본적인 취지와 방향성은 동일하다고 할 수 있다. 다만 오사카 자치제, 노동조합, 원코리아페스티발, 고령노인 개호사업과의 협력(강○○ 씨, 서면 면담, 2011.3) 등은 지역과 직접적으로 연계된 활동으로 볼 수 있다.

지를 세상에 발신할 것임을 강조하고 있다. 여기서 눈여겨 볼 수 있는 것은 재일코리안 청년문화의 발신지로 '지역'을 부각시키고 있다. 또한 국경을 넘은 지역과 지역의 네트워크 활동을 통해서도 '지역에 생활하는 사람 간의 시민적 교류'[19]를 강조하고 있다. 이는 재일코리안의 이산에 내포되어 있는 근대 국가의 폭력에 대한 성찰의 지점이기도 하면서, 그것을 넘어설 수 있는 대안으로 지역을 부각시키고 있다고 볼 수 있다. 본부가 오사카에 있고 여기서 먼저 발촉되었다는 것은 이곳의 지역성이 재일코리안 디아스포라의 역사와 밀접한 관련을 맺고 있다는 점을 염두에 둘 수 있다. 오사카 지역은 식민지시대의 이산에서부터 현재의 거주공간에 이르기까지 재일코리안 디아스포라의 특수한 역사성과 장소성을 지닌 공간이다. 일본에서 재일코리안의 인구비율이 가장 높은 곳이 오사카시이며, '코리안타운'으로 표상된 이카이노나 곳곳에 배치된 고대 백제에서부터 근대식민지의 역사에 이르기까지 대표적인 재일코리안 집단촌으로 일본 안팎에서 기억·전시되고 있다.[20]

KEY의 주된 활동은 ① 재일코리안 청년 민족 정체성을 육성하기 위한 사업, ② 아시아 청년들과의 교류사업, ③ 사회활동으로 대분류할 수 있다. 여기에서 ①, ②를 중심으로 살펴보면, 아시아 청년들과의 교류사업에서 가장 대표적인 것이 한국-재일-일본 청년포럼 참여, 남북 해외청년학생교류, KYC(한국청년연합)와의 교류사업 등이 있다. 한국-

---

19 『제7회 청년NGO 평화포럼 자료집』, 2009, 15쪽.
20 이에 대해서는 문재원·박수경, 「이카이노猪飼野의 재현을 통해 본 재일코리안 디아스포라 공간의 로컬리티」, 『로컬리티인문학』 5, 부산대 한국민족문화연구소, 2011 참조.

재일-일본 청년포럼의 경우 2007년 제10회를 끝으로 잠정적 중단 상태이지만, 인권, 역사, 북한지원, 평화, 다문화공생 등 다양한 의제들을 다루었다. 열린 다민족 다문화 공생사회가 되어야 할 것을[21] 강조한다든지, 이라크 전쟁을 지지하는 일본정부와 한국정부, 그리고 미국의 독선적 국제정치 행보에 대하여, 일본 청년단체 피스보트ピースボート, 한국 청년단체 KYC, 재일코리안 청년단체 KEY가 연명으로 반대성명을 발표[22]를 하는 등으로 포럼의 의제들을 전파하고 있지만, 실천적 행보에 대해서는 구체적으로 뒷받침되고 있지 못한 실정이다.

이보다 지속적으로 활발하게 진행되고 있는 것은 KYC와의 교류사업이다. KEY의 문화교류는 독특한 점을 발견할 수 있는데, KEY의 각 지부와 한국의 KYC가 지역별로 자매결연을 맺고 상호 간에 교류활동을 하고 있다는 점이다. 오사카지역은 대구(포항 포함)와, 효고지부는 천안, 도쿄지부는 서울 등으로 자매결연을 맺고, 교차 방문하면서 서로의 지역에 대한 현장답사, 세미나, 토론 등의 프로그램을 진행하고 있다. 가장 먼저 교류를 시작한 이쿠노 지부의 경우 대구 KYC와 자매결연을 맺고 있으며 상호교차 현장활동을 하고 있다.[23] 이에 대한 구체적인 프로그램으로 매년 대구와 오사카를 번갈아가며 평화포럼을

---

21 *K-Magazine* 13호, 2004 여름, 29쪽.
22 *K-Magazine* 12호, 2004 겨울, 24쪽.
23 이들은 2001년 곽귀훈 재외피폭자 지위확인소송이 진행된 오사카 지원에서 첫 만남을 가졌다. 2003년 제1회 청년NGO평화포럼을 오사카에서 개최하였는데, 이 자리에서 KYC 대구와 KEY 오사카는 자매결연 합의서를 교환하였다. 자매결연 합의문은 다음과 같은 내용으로 구성되었다. ㉠ 대구 오사카를 중심으로 한-일 NGO, 개인의 네트워크 형성을 통해 동북아 평화 구축. ㉡ 일본사회, 재일코리안사회와 한국사회의 과제의 상호이해도를 높인다. ㉢ 인적교류의 지속 확대로 양측의 조직적 발전을 이룬다. (자매결연 합의문, 「제3회 대구 오사카 청년NGO 평화포럼 자료집」, 2005, 21쪽. 2010.7.7 대구 KYC 사무실에서 연구자가 대구 KYC 대표 김○○ 씨와 면담한 것을 재구성함)

개최하고, 이외에 히로시마 평화기행, 나가사키 평화기행을 부정기적으로 개최하였다. 이들은 청년 NGO로서 각각의 위치성을 가지고 있는데, 두 단체가 공통된 관심으로 교류되는 부분은 평화포럼, 원폭관련 평화기행, 한국-재일-일본의 유스포럼 공동참가 등에서 알 수 있듯이 역사인식 재고를 통한 평화지향이라는 공통된 지점이다. 또한 최근 KYC는 재일코리안을 대상으로 한글학습, 한국문화 체험을 주 내용으로 하는 '우리학교'라는 단기체류 프로그램을 진행(2008년부터 시행)하고 있다. 이러한 일련의 작업들을 볼 때 이들 단체가 민간적인 일상문화에 대한 이해에서부터 역사인식의 문제에 대한 논의가 활발하게 진행되고 있음을 알 수 있다. 국경을 넘어 지역 단위에서 독자적으로 교류하고 있다는 점에서 지역과 지역의 연대를 상정할 수 있다.

재일코리안 청년 민족 정체성을 육성하기 위한 사업에는 한글강좌, 우리문화 동아리, 역사·인권강좌, 한국스터디 투어 등이 있다. 운영진의 말에 의하면, 강좌 중에서 실질적으로 가장 활발하게 진행되고 있는 강좌는 한글강좌라고 했다. 참여나 목적도 비교적 실용적(한국유학 및 취업)인 면이 두드러지고, 이러한 한글 강좌는 수익 면에서도 일정 역할을 하고 있는 것으로 드러났다. 이러한 부분은 원래 의도한 민족 정체성이라는 기획과 무관하게 자본에 의한 상품화에 노출될 수 있는 점도 드러낸다. 이는 글로벌질서와 '다른' 기획으로 설정하고자 하는 디아스포라 공간이 글로벌 자본에 포섭되는 지점을 보여주기도 한다.

다음으로 KEY에서 많은 힘을 쏟고 있는 부분이 매월 2회 실시하고 있는 역사·인권 강좌이다. 이는 한반도, 재일, 일본의 올바른 역사인식과 인권, 평화에 대한 영역까지 포함하고 있다. 이 강좌는 한글만큼 대중적이지는 못하지만, KEY회원들을 중심으로 '뿌리'로서의 한반도 역사에 대한 이해를 바탕으로 현재 재일의 위치를 재구성한다는 목적을 내재하고 있으며, 이 강좌는 부정기적으로 진행하는 코리아타운 체험, 원폭현장 체험 등과 연계성을 갖기도 한다.[24] 또한 장고, 한국고전무용, 태권도 등을 강습하는 코리아문화동아리 운영은 '오사카 지역에서 진행되는 각종 문화공연'에 참여하는 방식으로 활용하고 있다. 이처럼 한글이나 역사·인권강좌는 '재일코리안 청년들이 코리안이라는 자기 루트를 긍정하면서' 이것들의 바탕 위에서 현재 재일의 정체성을 구성해 나가기 위한 작업으로 이어진다는 당위적인 귀결에 이를 수 있으나, 여기에는 '뿌리'의식이 안고 있는 또 다른 계몽담론의 경계를 늦출 수 없는 지점을 드러내기도 한다. 그러므로 이러한 활동의 의미적 망에 대해서는 크게 두 가지로 논의될 수 있다. 첫째, KEY가 보여주고 있는 문화적 실천들이 "혼종적 주체"로서 "마이너리티의 전략과 실천"[25]이라는 데 의미를 두고 있는가 하면, 둘째, 이러한 활동들이 알게 모르게 다시 주류에 포섭될 수 있는 위험에 노출될 수 있다[26]는 점이다.

그러나 분명한 것은 이들이 내셔널리즘이라는 아비투스에 갇혀있었던 재일코리안 디아스포라 공간에 균열을 일으킬 수 있는 조짐들을 보여주며, 특정 지정학적 경계에 허용되지 않는 복수의 지역성multi-locality

---

24 예를 들어 고베전철연선 필드워크 참가 내용을 보면, 자신이 살고 있는 지역에서 당시의 조선인들이 전철연선공사에 강제노동당해 많은 사람들이 사망한 사실을 확인하고 커다란 충격에 빠졌음을 고하며, 과거의 일을 직시하고, 자신이 할 수 있는 일을 찾아, 실천해 나가겠다고 다짐한다. *K-Magazine* 11호, 2003 가을, 29쪽.

25 임수연, 「재일한인在日韓人 젊은 세대의 민족적 상징의 발화와 민족정체성 재현」, 이화여대 석사논문, 2001.

26 김겨레, 「다문화 공생 일본과 은폐되는 식민」, 서울대 석사논문, 2009 참조.

으로서의 가능성을 제안한다고 볼 수 있다. 이들의 실천적 활동을 통해 알 수 있는 것은 KEY가 지향하는 바는 기왕의 민족/국가의 이분법에 강력하게 규정되어 있는 제일코리안 디아스포라 공간지형에서 벗어나, 일상생활이 일어나는 장소, 즉 거주지를 중심으로 정체성을 재사유하고자 한다는 점을 드러낸다는 것이다. 이러한 양상은 내부적으로는 현실과 국적의 딜레마 안에서 개인 정체성에 대한 모색과 탈구가 그들이 기반하고 있는 생활정치에 우선하고, 또한 외부적으로는 전지구화의 흐름과 이에 대한 수용과 대응으로서 일본사회의 다문화에 대한 인지변화도 크게 작용[27]했다고 볼 수 있다. 커뮤니티연구와 로컬리티와의 접점을 발견하는 자리에서 특히 커뮤니티의 효과에 주목해야 한다는 점에서는 KEY가 아직 맹아적이고 잠재성으로서의 가치를 획득하고 있는 부분도 있다. 하지만 재일코리안 디아스포라 공간에서 정체성에 대한 고민에서 출발하여, 기존의 민족/국가 이데올로기에서 벗어나 새로운 재일코리안의 위치를 설정하고, 이에 대한 문화적 실천을 한다는 점은 시사하는 바가 크다.

---

27 조현미, 「일본의 "다문화공생" 정책을 사례로 본 사회통합정책의 과제」, 『한국지역지리학회지』 4~15, 2009, 452~454쪽 참조.

3. *K-Magazine*에 나타난 정체성의 정치

1) 지면 구성과 배치

3장에서는 KEY에서 정기적으로 발행하는 기관 잡지 *K-Magazine*을 중심으로 고찰해 보겠다. *K-Magazine*은 1년에 2회 발행을 원칙으로 하고 있다. 다만 2002년 4회, 2003년 3회, 2005년 3회 발간하여 현재(2010.1.30) 총 23호를 발행하고 있다. 이 잡지의 주 구독층은 KEY의 회원들이다. 그리고 지원자, 관련단체, 일반시민들이 그 대상이다. 회원을 제외하고는 일본인을 비롯하여 한국, 그 외 외국인들을 포함한다. *K-Magazine* 의 발간목적 중 가장 큰 이유는 바로 KEY의 '홍보'에 있다는 운영진의 말에서 알 수 있듯이, 이 잡지는 '소통과 전파'라는 기관지가 갖는 일반적인 목적에서 크게 벗어나지 않는다.[28] 그러므로 이 기관 잡지는 역으로 KEY의 실천적 의지들을 확인할 수 있는 방편이 된다.

이 잡지에서 가장 큰 비중을 차지하고 있는 것은 특집으로 다루어지는 'Messenger'와 '한국-재일-일본 유스포럼'이다. 'Messenger'는 창간호부터 현재(23호)까지 지속적으로 잡지의 메인으로 구성되고 있다. 잡지의 초두에 배치되어 있으며, 표지에 인물의 사진도 제시하여 강조와

---

[28] 1980년대를 전후로 잡지의 집필진과 독자층이 2, 3세대로 교체되고 있는데, 2000년도 창간 *K-Magazine*은 잡지의 집필진과 독자층이 3, 4세대로 교체되는 과도기에 있다고 해도 과언이 아닐 것이다. 그리고, 1990년 이후 발행되는 잡지는 이전의 문예지적 성격보다 발행취지와 목적에 맞추어 전문화, 세분화, 단순화되는 경향이 있음이 보고되고 있다. 이러한 경향으로 *K-Magazine*은 기관지로서의 전문화, 세분화가 일어났다고 보여 진다. 나승회, 「재일한인 잡지의 변화의 양상과 『청구』의 역할」, 『일어일문학』 36, 대한일어일문학회, 2007, 226·231쪽.

홍미를 유발하는 비주얼의 효과까지 기대할 수 있다. (단, 4, 10, 12, 14, 16호의 경우는 인물탐방이 누락되어 있다.) 여기에는 재일코리안 11명, 한국인 2명, 일본인 5명, 총 18명을 소개하고 있다.[29] 여기에서 눈에 띄는 것은 일본인의 선택이다. 부분적이기는 하지만, 이를 통해 재일코리안에게 민감한 문제가 되는 한국 / 일본의 관계에서 국적, 민족의 문제가 상대적으로 유연하게 작용하고 있음을 엿볼 수 있는데, 또한 국가 / 국민의 경계보다 시민적 차원의 연대를 강조, 지향하고 있음을 알 수 있다.

인물탐방이라는 형식을 담고 있는 'Messenger'가 이 잡지에서 담당하고 있는 주된 기능은 독자인 재일코리안에게 역할모델의 기능을 한다고 볼 수 있다. '누구를 선택하는가', '어떤 점을 초점화하는가' 등의 기획·편집의 문제는 단순한 소재적인 문제가 아니라, 잡지 기획의 의도이자, 이 잡지를 발간하고 있는 기관의 지향점으로 볼 수 있다. 소개된 인물들의 면면이나, 초점화된 인터뷰 내용을 대략적으로 살펴보면 다음과 같다. 진창현(15호)은 과거 재일코리안이 개개인의 독자적 주체성을 상실하고, 조국에 연고를 두는 민단과 조총련에 의지하여, 좌지우지되었음을 반성하며, 양석일(9호), 윤건차(19호), 姜暢雄(20호)는 재일코리안이 국가 / 민족을 벗어나 시민으로서의 정체성을 가지되, 식민지조선인을 뿌리로 한다는 점을 잊지 말 것을 강조한다. 창간호의 신숙옥은 당시 이시하라 동경지사의 삼국인 발언을 공식 항의한 인물로 차별에 저항하는 마이너리티를 피력하며, 박경남(3호), 고영의(11호)는

---

29 인물탐방을 보면 모두 재일코리안이 아니다. 이는 재일코리안이라는 공간을 넘어 일본, 한국 혹은 동아시아 공간까지 확장되고자 하는 의미를 담기 위한 기획이라고 설명하였다.(2011.3.4, KEY대표 인터뷰)

지방참정권 획득을 촉구하거나, 일본 국적을 취득하길 주장하여, 마이너리티의 제도적 참여를 통한 저항의 실천을 요구한다. 최선애(21호)는 최근 테러 대책으로 외국인지문날인을 시행하고 있는데, 이에 대하여 특별한 역사적 의미를 경험한 재일코리안이 앞장서 거부하기를 바랬던 점을 강조하고 있다. 변영주(5호), 카와다 류헤이(13호), 리리안 테루미 하타노(18호)는 각각 영화 〈나눔의 집〉을 촬영하거나, 한센병, 신체장애자, 정신장애자, 성적장애자, 아이누, 오키나와, 부락민, 외국인, 여성, 재일 등 소수자들의 연대의 필요성을 언급하거나, 브라질계일본인의 인권보호를 요구하며, 다문화공생사회를 주장하였다.

이유미(23호), 김수진(2호), 쿠로다후쿠미(7호), 코킨테키쿠치요(6호)는 각각 탤런트, 연출가, 전통예능인으로 민간교류의 활성화로 한국-일본-북한 문화의 가교로 활동하여, 재일코리안의 가교로서의 가능성을 부각시킨다. 이러한 메신저들은 정체성 확립, 차별에 대한 마이너리티의 저항과 연대, 나아가 다문화공생과 동북아평화를 위한 문화교류에 재일코리안의 참여를 독려하고 있다. 'Messenger'에서 가장 많은 부분을 할애하고 있는 면은 재일코리안으로 집중되어 있는데, 이는 디아스포라공간에서 이주 주체인 재일코리안의 위치성을 어떻게 재구성할 것인가에 대한 지속적인 고민의 여정을 보여준다고 할 수 있다.

다음으로 한국-재일-일본 유스포럼 관련은 '재일사회, 한반도와 일본 그리고 아시아와 세계의 인권과 평화에 공헌하는 것을 시대적 임무로 자각'한다는 단체의 임무를 전파하고 있음을 알 수 있다. *K-Magazine* 창간호(2000년)에 제4회 유스 포럼을 게재하기 시작해서 2007년 제10회까지 게재한다. 유스 포럼 제4회부터 제10회까지 7회에 걸쳐 게재된 내용을 크게 나누어 보면, 인권(1호, 4호, 8호, 12호, 14호, 16호), 역사(1호, 4호, 14호, 16호), 북한지원(1호, 12호, 14호, 16호), 평화(1호, 8호, 14호, 16호, 19호), 다문화공생(16호) 5항목으로 나눌 수 있다.

두 번째, 회원 가입 동기 등을 밝히는 '반짝이는 회원 소개'(1호~20호)와 일상 속의 재일코리안을 다룬 '내일을 향해 쏴라-재일의 일상'(10호~23호)이라는 지면에서는 재일코리안의 현재적 일상을, 경험적 소재를 바탕으로 미시적으로 관찰하고 있는데, 본명이나 국적 문제로 고민하고 있는 흔적이 여러 군데에서 발견된다. 이로써 재일코리안의 젊은 세대가 가장 크게 고민하고 있는 것이 무엇인지 엿볼 수 있다. 구체적으로는 재일코리안 자신들이 일본인이나 외국인으로 간주되는 경우, 재일코리안이 아닌 단지 사비 외국인 유학생과 같은 한국사람이나 북한사람으로 간주되는 경우에 나타나는 당혹감이 드러나며, 귀화할 수밖에 없는 현실 또는 반일본적이면서도 반한국적 정서를 가진 자신[30]에 대한 고민, 본명사용과 관련된 고민 등이 나타난다. 재일코리안 1, 2세대에서 강력한 구심력이 되었던 민족과 조국은 민족이데올로기를 넘어서고자하는 3, 4세대들에게 이전과 같은 의미로 작동되지 않지만 그렇다고 이것이 완전 부인된다고 할 수도 없다. 왜냐하면 이들은 비록 이전의 조국, 민족의 작동만큼 강력한 자장 안에 있지 않다하더라도 민족적 차이를 인지하고 내면화하면서 정체성을 재구축하려는 움직임들이 많다.

세 번째, 한국 문화의 소개나 체험담은 일본과 한반도 사람들의 상호

---

[30] 반일본적이면서도 반한국적인 경우는, 가정 내 교육은 반일본적이면서도, 일본사회 내에서의 한국에 대한 이미지는 부정적 이미지로 이를 습득한 결과로, 결국 양자 모두를 부정하는 재일코리안이 나타나게 된다.

이해와 신뢰를 돋우기 위한 일련의 '가교架橋' 작업으로서의 의의를 발견할 수 있으며, 특히 한국문화에 대한 아래와 같은 많은 지면 구성은 그 내용의 질적 깊이나 다양성은 제쳐두고서라도 이미 코리안이라는 루트에 대한 긍정에서 출발하여 이를 전파, 확산시키고자 하는 의도를 충분히 보여주고 있다. 아는 말은 우리말로 하자(1호~5호), 김치열풍(1호~8호), 맛집기행(1호~23호), K문화(1호~23호), 한국WAIWAI 투어(2호), Seoulful life(9호~11호), KOREA WATHCHING(11호), 기혜짱의 속세일기(10호~23호), KEY적인 한국추천(22호~23호), 컬럼(7호~11호), 테츠유키 HOT TOPIC(21호~22호), 한국 WATCH FROM KYC(17호~21호). 그런데 문제는 이러한 내용의 가교의 역할은 표면적으로는 '한국 문화의 알리미'이지만, 그 이면에 작동되고 있는 계몽과 동일시의 욕망은 여전히 배태되어 있음을 부인할 수 없다. 이때 문제는 계몽의 담론에서 벗어난, 진정한 '차이'에 발판을 둔 가교의 길을 모색하는 것이다.

이상에서는 *K-Magazine*의 외형적 틀을 중심으로 살펴보았다. 이하에서는 이러한 개괄을 바탕으로 잡지에 나타난 정체성을 둘러싼 구체적 고민의 흔적과 그러한 고민으로 인한 다양한 가능성의 발견을 살펴보기로 한다.

2) *K-Magazine*에 나타난 정체성 정치

잡지 *K-Magazine*의 여기저기에 배치되어 있는 내용 중 하나가 재일 코리안 정체성과 관련된다. 어떻게 보면 KEY의 활동 전반이 궁극적으

로 이와 관련되어 있다고 볼 수 있다. 반짝이는 회원소개는 가입하게
된 동기를 많이 소개하는데, 그 동기의 다수가 한국어를 배우기 위해
서이다.[31] 그리고, 모두 본명으로 소개되는데, 본명을 사용하는 이유
나 이점, 그리고, 한청련 가입 후의 변화를 소개한다.

> 어릴 때부터 자신은 한국인이라고 생각하고 있었지만, 강하게 의식한 것
> 은 한청련에 참가하게 된 후부터에요. 자신과 같은 입장의 사람들이 많이
> 모여, 공부도 하고, 놀러도 가고, 한잔 하러 가기도 하고, 서로를 깊이 이해
> 해요. 그런 장소를 만나, 자신이 재일코리안이라는 사실을 거부감 없이 대
> 하게 되었습니다. 그래서 본명을 밝히게 되었어요. 진짜 자신을 드러내어
> 살아간다고 하는, 저 자신의 결의를 확실히 하고 싶어서에요.
> ―*K-Magazine* 6호, 2002, 23쪽(이하 호수와 페이지만 명기함)

좋아하는 음식이 창란젓이라는 사실로 재일코리안임이 탄로날 것
을 두려워하는 어린 시절의 트라우마를 갖고 자신이 재일코리안임이
밝혀지는 것을 꺼려하거나(23-10), 혹은 아예 재일코리안이라는 존재
성을 알지 못했다가 어느날 갑자기 자신의 뿌리를 확인했을 때 감당해
야 하는 혼란과 두려움에서, 스스로 재일코리안을 인정하고 공표하는
행위는 타자화의 공간에서 타자성을 획득하는 공간으로 나아가고자

---

[31] 회원 소개 코너에는 단지 같은 재일코리안이라는 친밀감으로 가입하는 경우나,(3호, 24,
25쪽) 단지 친척 소개로 가입하는 경우도 소개된다.(8호 21쪽) 그러나, 회원 소개 코너에
등장하는 회원들은 모두 본명(민족명)을 사용하고 있다. 더블로서 일본적을 가지고 있
는 킨도지카(7호, 21쪽)라는 회원은, 킨도지카로서 회원 소개 코너의 타이틀에 표기되지
만, 자신의 일터인 밴드부에서는 이지카라는 이름을 사용한다고 밝히고 있다.

하는 상징적 행위라고 볼 수 있다. 본명으로 금방 재일코리안이라는 것을 알릴 수 있어서 편하다는 초등교사(5-23)와 일본인 밖에 없는 공소의 세계에 재일코리안이 들어가 일본이 바뀌길 바랬다는 시청공무원(6-21)의 말에서 이들이 재일코리안의 위치를 재구성하고자 하는 의지를 엿볼 수 있다. 이러한 지면 구성은 재일코리안들이 재일이라는 현실을 생활공간에서 긍정적 힘으로 전환하여 그들의 정체성을 재구성하고자 의지를 담아내고 실현하는 장으로서 기능하고 있는 매체의 성격을 엿보게 한다. 다음은 일본인납치문제가 세간을 떠들썩하게 할 때, 본명으로 가정교사자리를 구하는 재일코리안의 고민의 글이다.

> 많은 재일코리안이 린치당한 일은 잘 알고는 있지만, 드디어 그 불똥이 나한테까지 떨어지자 일말의 공포를 느꼈다. '납치와 내가 관계가 있구나……' 기분이 복잡한 어느 날 어머니에게 상담했다. 곧바로 답이 나왔다. "일본이름으로 가지 않으니깐 그런 거야." 이상하다. 아무런 관계없는 나라와 동일시되어, 입장이 곤란하기는커녕, 간판(이름 등의 이력 — 필자 주)까지 바꿔야 하는 상황으로 몰렸다. 재일코리안은 재일코리안사회에 갇히어, 소멸되어 가는 일본 사회 구조. 지금까지 막연하게 밖에 생각하고 있지 않았던 것이 지금 명확해 졌다. (10-13)

한국 / 일본, 남한 / 북한, 1세대 / 3세대, 일본 / 세계 등등의 여러 항들이 복잡하게 얽혀 있는 재일코리안 디아스포라 공간에서 '나는 누구인가'라는 재일코리안의 정체성 고민은 위와 같은 내용으로 도처에서 보인다. (10-12 · 11-14 · 11-15 · 12-14 · 12-15 · 15-10 · 16-10 · 16-11 · 17-1

0 · 19-14 · 23-10) 그러나 복잡한 항들의 얽힘은 이들이 '어디로 나아가야 하는가'라는 물음에 대한 답을 역설적으로 드러낸다. 그들은 이항 대립적인 항들을 탈구축화시키고, 항 사이를 드나드는 사이적 존재로서 가교 역할의 가능성을 드러내는데, 이러한 역할모델의 예시가 될 수 있는 'Messenger'의 신주쿠 양산박 설립자이며 연출가 김수진(2호)은 한일 문화 교류에는 재일이 사이에 들어가야 한다고 밝힌 바 있다. 그는 의도적으로 "일본을 거부하면서 자랐지만", 그럼에도 불구하고 '생활근거지'로서의 일본 문화가 몸에 배여, 이곳과 저곳을 "사랑할 수 있는 마음을 조화롭게 배워왔다"고 밝힌다.(2-2)

재일코리안이 한국어를 배우거나, 한국문화를 익힘으로써 한국어 화법이나 한국문화를 일본인에게 이해시킬 수 있는 가교로서 역할 가능성이 크다.(10-13 · 21-11 · 23-11 · 23-11 · 12-15 · 16-10) 또 한편으로는 한국어를 배움으로써, 어머니와의 대화의 내용이 변하는 경우를 볼 수 있는데, 변하는 내용으로는 어머니의 제주도 고향이야기나 어머니의 부모나 형제 이야기가 나누어진다.(23-11) 그리고 한국어를 배움으로써 한국문화를 이해할 수도 있게 되었다고 언급하고 있다.(23-11) 고향을 한국에 둔 재일코리안 부모를 이해한다는 것은 한국을 이해하는 것으로 이어질 것으로, 이는 재일코리안이 한국을 향해 한발자국 더 다가가는 의미로, 정주지를 일본에 둔 재일이 한일 양국의 가교 역할을 수행할 수 있는 가능성을 더 한층 강화시킨다 할 수 있을 것이다. 이러한 가교의 전제 조건으로 재일코리안의 올바른 역사인식이 제시될 수 있는데, 이를 바탕으로 재일코리안은 한일 역사 인식을 공유할 수 있는 매개자로 나설 수 있다. 이러한 맥락에서 KYC 대표 박홍군은 신뢰할 수 있는 사람 간의 문화교류가 중요하다고 지적하면서, 그 가교로서 재일코리안을 거론했는데 이러한 지적은 그의 위치에서 볼 때 극히 자연스럽다.

> (한국의 시민운동가들은―필자 주) 시민운동과 통일운동의 세계화를 과제로 삼고 있는데, 국제적 네트워크를 이용한 운동의 필요성을 느낀다. 그 중 특히 일본과의 관계개선, NGO간의 네트워크, 인적 네트워크가 매우 중요하다. 이런 측면에서 보면, 재일코리안 청년이 한일간 시민네트워크로서 이룰 수 있는 역할은 매우 크리라 생각한다. (8-13)

18호 특집란의 외국인 최초의 사법연수생이었던 김경득은 재일코리안이 일본 주류 사회와 마이너리티 사이의 가교로서 나설 것을 피력한다. 그것은 장래 국민국가가 사라지면서 외국인차별을 금하는 것이 중요해지는 시대가 도래할 것을 예견하고, 그 선구자적 역할을 오랜 세월 그 땅에 거주하면서 차별을 극복해 나간 외국인, 즉 일본에서는 재일코리안이 그 소임을 다할 수 있을 것이라고 한다. 그리고 이러한 소임은 국민국가의 틀을 벗어나 사고하는 데서 출발한다고 한다.

일본에서는 재일코리안이 마이너리티에 속하지만, 더 열악한 상황에 처한 마이너리티가 최근 속속 등장하고 있다. 단적으로 전지구화 시대에 동반된 동남아 외국인 노동자들이 이에 해당되는데, 이들을 대변하거나 일본 주류 사회와 이들의 문제를 논할 가교 역할은 재일코리안의 몫이라 할 것이다. 재일코리안 자체가 식민시기 본국을 떠나 값싼 노동력으로 지금의 생활지에 정착하였기 때문이다. 재일코리안의 역사성과 현재 놓여있는 마이너리티로서의 재일코리안의 입장을 생각할 때, 이들은 일본 주류 사회와 여타 마이너리티 사이의 가교 역할을 할 수 있는 태생적 자격과 그 만한 능력을 갖추었다 할 수 있을 것이다.

한편, 자신들의 이중적인 정체성을 또다른 삶의 조건으로 내세우며 가교로서의 역할을 강조하고 있는 기획들을 배치하면서 한편으로 이들의 '뿌리'와 이곳이 어떻게 접속될 수 있을 것인가에 대한 고민과 지향점을 지속적으로 드러내고 있다. 메신저 양석일은 재일코리안이 한국인 아니면, 일본인으로 인식되는 사고의 근저에는 정체성을 국가와 연결지어 생각하는 사고방식이 깔려있기 때문이라고 아래와 같이 지적한다.

> 나는 국가와 정체성을 나누어 생각하는 것이 낫다고 생각한다. 두 가지는 들러붙어서 하나의 단어가 되어있지만. 국가정체성이라는 것은 민족주의와 국가에 대한 생각이지요. 즉 자신이란 무엇인가하고 생각할 때, 나는 조선사람이고 조국을 사랑하는 인간이라는 것이 전제가 되어 버린다. 그렇지만, 종종 그게 진짜인지 의문이 든다. (9-7)

이렇게 언급하면서, 지금까지는 정체성을 찾는 길은 위에서 내려오는 한 줄뿐이었지만, 정체성이란 것은 열 개가 있다면, 각각 타당한 선택 방법이 있는 것이라고 발상의 전환을 주장한다. 이러한 주장으로 국가와 분리된 재일코리안으로서의 정체성은 성립할 수 있다. 메신저에서 이를 실천한 대표적 인물 중의 한 사람이 姜暢雄[32]이다.(20호) 姜暢雄의 발음은 쿄노부오로 일본식이나, 재일코리안임을 밝힐 수 있는 민족명 '姜暢雄'을 사용하고 있다. 그리고 姜暢雄는 해외여행 시 재입국 수속의 번거로움 등을 이유로 일본 국적을 바꾸었다고 밝힌다. 국적을 바꾸게 된 계기는 지인이 국적을 바꾼 이유를 "달리 저쪽(조선반도-필자 주)에서 살 것도 아니고, 일본에서 자랐고, 그냥 괜찮겠지 하고 생각해서" 또 "그래도 피는 달라지지 않으니깐" 이라고 담담히 얘기한다. 그 역시 행정상의 편의로 그저 국적만을 바꾸고, 자신의 정체성을 조선반도를 루트로 삼는 것(민족명 사용)으로 그대로 유지하고 있다. 姜暢雄를 특별히 거론한 것은 Messenger의 초, 중반 대부분의 인물이 50~60대의 재일코리안 2, 3세임에 반하여, 그는 30대 초반으로 재일코리안 3, 4세로 추정되기 때문이다.[33] *K-Magazine*의 독자층인 재일코리안 3, 4세는 모든 면에서 일본화가 이루어지고, '재일되기'라는 의지적 행위 없이는 다른 존재로의 변화를 이룰 수 없는 위치에 있다. 들뢰즈의 '-되기becoming' 개념은 니체로부터 차용한 것이다. -되기란 대립항들의 역동적인 대립도 아니고, 종합하는 동일성으로 귀결되기 마련인 목적론으로 설정된 과정 속에서 본질을 펼치는 것도 아니다. 들뢰즈의 -되기는 차이의 적극성에 대한 긍정이며 변형의 복수적이고 항구적인 과정을 의미한다. 목적론적 질서나 고정된 정체성들은 복수적인 -되기의 흐름을 위해서 폐기된다. 이런 점에서 -되기, 리좀, 탈주선, 노마니즘은 같은 맥락 위에 놓여 있다.[34] 여기에서 동년배의 姜暢雄는 생활의 편의상 국적을 바

---

32 1979년 효고현 출생으로 드라마, 영화, CM, 무대 등에서 활약함.
33 20호(2007 겨울)를 기준으로 이전의 메신저는 재일코리안 2, 3세로 조언자 내지 가이드의 역할을 수행했다면, 이후의 메신저는 이전보다 젊은 층인 30~40대가 메신저로 등장하는 경향을 보여, 주 구독층인 재일코리안 3, 4세대와 공감대를 형성하고자 하는 특색이 보인다.
34 이진경, 『노마디즘』 2, 휴머니스트, 2002, 23~43쪽 참조.

꾸면서도, '재일되기'를 본명사용으로 실천하고 있다. 그러나, 이러한 현상은 그만의 독자적 행위가 아니라, 국적과 정체성의 문제가 세대의 이동에 따라 달라지고 있으며, 정체성을 구성할 때 국적이 이전처럼 강력하게 작동하지 않을 수 있음을 보여준다.

한편, 메신저 윤건차(19호)는 재일코리안이 민족, 국가개념에서 벗어나 시민으로 살아갈 것을 주장하면서, 자신들의 역사성을 망각하는 것을 경계한다. 즉, 잊지 말아야 할 것은 자신들이 일본의 조선식민지 지배의 결과, 일본으로 이주할 수밖에 없었던 존재로 스스로가 마이너리티로서 사고할 것을 강조한다. 윤건차의 발언은 *K-Magazine*에서 아래의 루트 찾기와 연결되는데, 이는 '재일 되기'의 한 구성요소라 할 수 있다.

루트 찾기에 대한 지면의 할애는 집필진의 유스포럼의 역사필드워크 참가와 독자층의 고향방문으로 나눌 수 있는데, 유스포럼의 역사필드워크의 내용을 보면, 창간호에서는 한국에서의 전쟁피해자문제 강연 청강, 서대문형무소, 원폭피해자협회 방문이 보고되고, 4호에서는 일본에서의 위령비 헌화, 인권박물관 견학, 오키나와 역사, 역사 교과서의 문제점 토론이 보고되고, 14호에서는 한국에서의 망향의 언덕, 독립기념관 방문, 일본기업가의 사죄비 견학이 보고되고, 16호에서는 일본에서의 역사교과서를 둘러싼 역사인식공유를 위한 방안으로 시민연대 강화 안을 게재하고 있다. 1호와 14호의 한국 필드워크는 식민지 시대의 역사적 경험, 기억, 그리고, 태평양전쟁의 상흔과 사죄 받을 역사로서의 루츠를 경험하며, 4호와 16호의 일본 필드워크는 일본 내에 남아 있는 식민의 경험과 기억, 그리고 위로받아야 하고 상호 인정할 수 있는 역사 기록 전달의 필요성을 감지하게 된다. 재일코리안은 이러한 필드워크로 재일코리안의 역사성, 즉 재일코리안 형성의 이유를 루츠를 더듬어 확인하고자 한다.

이처럼 '재일'이라는 조건에서 오는 개인의 정체성 고민에서 출발하여 '재일되기'의 전략적 주체가 되어 문화적 실천을 하고 있는 다양한 메신저들을 제시하는 기획적 의도는 *K-Magazine*이 지향하는 바가 어디에 있는가를 보여준다. 즉, 이들이 실천하고 있는 정체성의 정치는 재일코리안이라는 역사성을 부여지고, 한편으로 재일의 존재조건을 '재일되기'의 적극적인 실천으로 전회하고자 한다.

4. 재일코리안의 중층성과 디아스포라 공간의 새로운 주체성

경계를 넘나드는 정체성은 소유되고 확정되는 것이 아니라, 끊임없이 재구성된다. 재일코리안 1세와 2세의 삶에서 가장 중요하고 실존적이었던 문제는 일본사회의 차별과 그에 대한 대응이었지만, 일본에서 태어나고 일본식 교육의 영향으로 문화적으로 일본화가 된 젊은 세대들에게는 혈통과 국적을 사이에 놓고 거주지의 생활과 문화를 매개하는 정체성의 확보가 가장 큰 문제로 대두되고 있다. 다시 말해 재일의 정체성을 논의할 경우에 가장 우선적으로 떠오르는 쟁점은 한국인이라는 혈통과 일본 사회에서 생활하고 있다는 현실 사이에서 발생하는 모순의 처리방식이다. 또한 여기에서도 각각 남과 북이라는 정치적 선택의 문제가 놓여있고, 생활의 측면에서도 일본과 한국 어디에서 성장했는가의 문제 등은 본국 및 현지와의 관계뿐만 아니라, 내부에서 또다시 여러 갈래 겹겹의 층들을 형성한다.[35] 이러한 복잡한 층위에서 개인의 정체성을 확인하는 일은 단순하지 않다.

후쿠오카 야스노리는 재일한국인의 정체성을 ① 공생지향, ② 조국지향, ③ 개인지향, ④ 귀화지향 ⑤ 동포지향형의 5가지 항목으로 분류하였다. ① 공생지향은 일본에서 민족차별을 없애고 다른 민족들이 함께 살 수 있는 사회를 실현하기 위하여 싸우는 사람들로 민족명을 쓰고 자신이 재일 조선인임을 밝히고 살지만, 조선말이나 역사를 잘 모르는 경우가 많다. ② 조국지향은 주로 조선학교를 졸업하거나 그를 대체하는 민족교육을 총련에서 받은 사람들을 말한다. 이들은 '조국통일과 조국에 기여하는 것'을 지향하고 있으며 일본에서는 '조선민주주의인민공화국의 해외공민'으로서의 권리를 요구한다. ③ 개인지향은 유학을 하거나 일류대학을 졸업해서 외국자본회사에 취직하는 등의 수단을 통해서 민족이나 국적에 구애되지 않고 개인적 업적으로 '코스모폴리탄'으로 사는 것을 지향한다. 이들에게는 모국어보다 영어가 더 중요하다. ④ 귀화지향은 일본인이 되고 차별에서 해방되려는 사람들이다. 성장과정을 통해서 조선인에 대한 부의 인상이 내면화되고 자신이 재일조선인이라는 사실에서 도피하고 싶다는 강한 욕망을 가진다. ⑤ 동포지향형은 공생지향과 조국지향의 중간에 위치하고 모국으로

---

35 이종구, 「이쿠노지역 재일동포의 사회운동」, 『시민사회의 미래』, 1999년도 후기 사회학대회 발표 자료집, 1999, 237~238쪽; 原尻英樹에 의하면, 재일코리안의 정체성에 대해 한국인, 북조선인, 조국의 '조선인', 재일조선인, 귀화자 1 : 대한민국계일본인, 귀화자 2 : 조선반도계일본인, 귀화자 3 : 북조선계일본인, 귀화자 4 : 일본인, 자유인 국제인 기타의 9가지로 나눈다. 原尻英樹, 『在日朝鮮人の生活世界』, 弘文社, 1989, 73쪽.

의 한국과 거주국으로의 일본 양국에 강한 애착을 가진다고 한다.[36]

   일반적으로 3, 4세대로 내려오면 '여기(일본)에 사는(재일)' 삶에 무게
중심을 두면서 일상과 연결된 정체성의 문제를 고민하면서 ③, ④, ⑤
의 경우가 다수를 차지한다. 대개 이 경우 '국적에 구애받지 않는다'라
는 담론으로 집약되어진다.[37] 이러한 양상은 최근 인터뷰나 심층면접
등을 통한 사례연구에서도 많이 확인된다.

   "이제 3, 4세들은 고향을 따질 필요가 없다. 그냥 남한은 할아버지가 온
   곳일 뿐이다. 그걸 통해서 나는 일본에서 살아가는 '조선인'일 뿐이다." "그
   냥 개인으로 사는 거. 내가 그냥 박종수로 삶으로서 말, 국적, 피…… 모두
   설명하지 않아도, 내가 다 가지지 않아도 어떤 국가와 관계짓지 않아도 '박
   종수', 그 자체로 나는 그냥 설명되는 것이다."[38]

   "글쎄요…… 제 고향은 이곳(일본)이죠. 한국이 고향이라는 생각은 안들
   어요. 아무래도…… 한국은 제게 있어서 외국이예요. 하지만 본적지가 있
   고, 또 제 조상이 거기에서 왔다는 것을 생각하면 외국이긴 하지만, '특별한
   외국'이라고 할까요? 그런 느낌이에요."[39]

   이는 내부적으로는 현실과 국적의 딜레마 안에서 개인의 정체성에
대한 모색과 탐구가 그들이 기반하고 있는 생활정치에 우선하고, 또한
외부적으로는 전지구화의 흐름과 이에 대한 수용과 대응으로서 일본

---

36 福岡安則,『在日韓国 朝鮮人―若い世代のアイデンティティ』, 中公新書, 1993, 89~99쪽.
37 송기찬, 앞의 글, 1998, 47쪽.
38 권준희, 앞의 글, 2002, 102쪽에서 재인용.
39 송기찬, 앞의 글, 1998, 38쪽에서 재인용.

사회의 다문화에 대한 인지변화에서 기인된다고 볼 수 있다. 재일코리안들은 1970년대 본국귀환이냐 일본 정주냐가 문제였지만, 최근 21세기 들어서는 일본사회에서 민족집단Ethnic Group으로 잔존할 것인지가 문제이다. 이러한 배경에는 일본의 고도경제성장, 재일한인의 법적지위 인정, 재일한인 3, 4세의 귀화, 재일한인간 결혼 감소와 통혼의 증가 등을 들고 있다.[40]

이러한 여러 복잡한 층위들이 얽혀 있는 가운데 현재 3, 4세들의 재일코리안 공간에 대한 인식은 내외적으로 이전의 상황과는 많은 차이를 지닌다. 특히 재일코리안 젊은 세대들이 디아스포라 공간에서 종족집단화되어 가는 현실은 점차 그들의 정체감 형성의 커다란 근거로 자리잡을[41] 것이다. 이러한 경우 이들의 문화적 실천은 국민국가에 포섭되지 않고, 현실과 국적의 딜레마 속에서 나름의 새로운 문화적 공간을 창출한다는 의미를 부여할 수 있다. 이때 무엇보다 이들이 종족성을 '억압과 차별'이 아닌 '다름과 차이'의 전략[42]으로 위치시키고 새로운 주체성의 획득하고자 하는 시도들을 간과할 수 없다. 즉 이들은 '이중정체성의 복안성複眼性'(K-Magazine 9호, 코리안 좌담회)을 '자기 결정의 정체성'에 주요한 요소로 삼는다. 이러한 재일코리안 젊은 세대들이 주축이 되어 '재일'로서 새로운 문화를 창출해 나가기 위해 현재 일본 현

---

40 坂中英徳,「在日韓国・朝鮮人の過去・現在・未来」,『現代コリア』, 2000, 30~41쪽.

41 송기찬, 앞의 글, 1998, 28쪽.

42 일반적으로 디아스포라 공간에서 '차이의 승인'은 주류 사회의 역사성, 사회적 규정성에 대한 성찰과 분리된 채, 비주류나 소수자의 방향에서 논의될 때, 오히려 차이성을 획득하기보다 주류 사회에 포섭과 동화나 또다른 억압적 관계를 낳는데 가담될 수도 있다. 조경희,「한국사회의 '재일조선인 인식'」,『황해문화』, 57, 2007 겨울, 69쪽; 이와부치 고이치, 이세영 역,「한류가 재일 한국인과 만날 때—초국가적 미디어 교류와 로컬local 다문화 정치의 교착」,『방송문화비평연구』 11, 2004).

지의 외국인과의 교류와 공생운동, 전통악기의 계승, 일본문화와의 혼합, 소수자로서의 메시지 등 '재일'이라는 상황으로부터 새로운 문화 창출을 하고자[43] 한다. 그렇다면 재일코리안 디아스포라 공간에서 새로운 정체성을 모색하고자 하는 이들에게서 '사이주체inter-sbject'의 가능성을 발견할 수 있다. 자신이 속해 있는 균질적인 공동체의 주체형성 메커니즘을 거스리면서, 공동체와 공동체의 '사이'에서 끈질긴 대화를 지속하는 주체를 '사이주체'로 설명할 수 있다. 물론 여기서 이 대화의 과정이 완성의 형태로 제시되는 것이 아니라, 끝없는 불안의 과정이며 주체와 타자, 균질적인 공동체의 확실성의 근거를 끝없는 위기에 빠뜨리는 과정의 불안을 인위적으로 종결시키지도 않으면서도 불안을 넘어선 희열의 가능공간을 확대시킨다는 점에서 아이러니와 유머를 체화하고 있는 새로운 주체로 상정할 수 있다.[44] 이 지점에서 차별과 배제의 공간으로 존재했던 재일코리안 디아스포라 공간을 차이와 생성의 공간으로 전회할 수 있는 단초가 마련된다.

지금 우리를 둘러싸고 있는 하이브리드와 디아스포라의 현실을 긍정적으로 수용하는 것이 필요하다. 혹은 또다른 가능성으로 전회하는 일이다. (…중략…) 그러므로 KEY가 지향하는 것은 그러한 그것을 가능성으로 느낄 수 있는 가치관을 가지는 청년들을 육성하는 것이며, 그것을 가지고 인식되는 사회를 만들어가는 일이다.[45]

---

43 임영언, 「재일한인 글로벌 네트워크 구축과 활성화 방안 연구」, 『일본문화학보』 38집, 한국일본문화학회, 2008, 31쪽.
44 이명원, 「'사이 주체'로의 전환—주체, 타자, 새로운 주체형성에 대하여」, 『문화과학』 61, 2010, 21~36쪽.

위에서 인용한 KEY 회원의 발언에서도 알 수 있듯이, 이들은 일본사회에서 '구별짓기'의 근거로 작용되었던 '재일'을 오히려 개인 정체성을 확인하는 근거로 삼고, 이를 바탕으로 커뮤니티를 형성하고 새로운 문화를 창출해 나간다. 국가 정체성, 민족 정체성, 시민적 정체성 구성의 불일치라는 구조적 속성이 과거 세대와 달리 오히려 '재일'을 구성하는 사회문화적 자원을 확장시킬 수 있는 것으로 채택[46]되는 지점에서 이 커뮤니티의 출발은 의미있다고 볼 수 있다. 나아가 이러한 경계의 영역에서 새로운 문화적 주체가 되어 '다른' 공간을 기획하는 자리에 '재일코리안'의 복안성은 적극적인 실천의 전략으로 드러난다.

5. 다문화담론의 허구성을 넘어

현재 재일코리안 3~4세의 위치가 앞 세대와 달리 민족담론으로 호명될 수도, 그렇다고 일본이라는 국가에 완전 포섭될 수도 없는 위치에서 이러한 분열적인 위치가 곧 이들의 위치성이며, 이러한 불안은 타자성이 삭제된 채 온전히 주체구성의 외부로만 존재하지도 않고, 공동체의 일반성으로도 환원되지 않는 지점을 보여준다. 이러한 재일 3, 4세가 중심이 된 KEY는 이주(민)와 정주(민)의 갈등, 고향(고국)과 일본, 일본과 세계 등의 관계틀 안에서 오늘날 재일코리안 젊은 세대들은 국적을 상대화하고, 복합적 아이덴티티를 주장하며 주권자로서 적극적

---

45 「제3회 대구─오사카 청년NGO 평화포럼 자료집」, 2005, 53쪽.
46 임수연, 앞의 글, 2001, 68쪽.

인 참가를 추구하는 형태로 나타나고 있다.[47] 특히 이는 과거 민족 네트워크에서 벗어나 일상성, 친밀성, 지역성에 바탕한 새로운 네트워크의 존립양상을 보여준다. 구체적으로 "재일청소년들은 각자의 경험도 다르고 추상적이며 보이지 않는 재외한인과의 교류를 원하기보다는 같은 마을, 같은 지역에 사는 친구 등 자신과 친밀한 동포와의 교류를 더 원하고 있다. 내용으로는 재일 청소년만이 겪어야 할 특유의 청소년기 고민, 연애문제, 결혼문제, 각 연령별 상담이 가능한 장소와 인간관계 등 이러한 네트워크가 필요하다고 말한다.[48] 이러한 일상적 프레임 안에서 국가 정체성, 민족 정체성, 시민적 정체성 구성의 불일치라는 구조적 속성을 과거 세대와 달리 오히려 '재일'을 구성하는 사회문화적 자원을 확장시킬 수 있는 것으로 채택되는 지점에서 이 커뮤니티의 출발은 의미있다고 볼 수 있다.

한편, 현재 일본 사회에서 주창되는 다문화공생담론의 허구성은 많은 논자들에 의해 지적된 바 있다. 이 지점에서 개체들의 차이가 제거된 혼종성에 대해 '더 이상 해체적이지도 않고 묘사적이지도 않은 대신 규범적'이라는 역설을 통해 역사적 사회적 맥락들이 제거되고 추상화된 혼종성에 대한 경계를 견지하는 딜릭의 논지는 설득력을 얻는다. 이어 그는 이러한 담론은 오히려 지배권력을 공고히 하는 데 전유된다고 강조하였다.[49] "재일에 기인하며, 조국에 참가하며, 세계에 연대한다"는 기치를 내세우면서 다문화공생의 문화적 실천적 전략이 현재 일

---

47 한영혜, 「일본의 다문화공생 담론과 아이덴티티 재구축」, 『사회와 역사』 71집, 한국사학회, 2006, 175~180쪽 참조.
48 임영언, 앞의 글, 2008, 221쪽.
49 아리프 딜릭, 황동연 역, 『포스트모더니티의 역사들』, 창비, 2005, 337~380쪽 참조.

본 주류사회의 다문화공생에 흡수될 수 있는 요소 또한 간과할 수 없다. 이 부분은 재일코리안 디아스포라 공간에서 일어나는 '경계 허물기'의 작업에서 끊임없이 자문해야 할 일이다.

참고문헌

K-Magazine 1~23호, 2000~2009.

「제3회 대구-오사카 청년NGO 평화포럼 자료집」, 2005.

「제7회 청년NGO 평화포럼 자료집」, 2009.

권준희, 「재일조선인 3세의 '민족'정체성에 관한 연구」, 연세대 석사논문, 2002.

김겨레, 「다문화 공생 일본과 은폐되는 식민」, 서울대 석사논문, 2009.

나승회, 「재일한인 잡지의 변화의 양상과 『청구』의 역할」, 『일어일문학』 36, 대한일
　　　어일문학회, 2007.

문재원, 「이주의 서사와 로컬리티」, 『한국문학』, 한국문학회, 2010.

______, 「재일코리안 디아스포라 문학사의 경계와 해체-현월玄月과 가네시로 가즈키
　　　金城一紀의 작품을 중심으로」, 『동북아 문화연구』 26, 동북아문화학회, 2011.

______ · 박수경, 「이카이노猪飼野의 재현을 통해 본 재일코리안 디아스포라 공간의
　　　로컬리티」, 『로컬리티인문학』 5, 부산대 한국민족문화연구소, 2011.

박경환, 「디아스포라 주체의 비판적 위치성과 민족 서사의 해체」, 『문화역사지리지』
　　　19권, 3호, 2007.

박배균, 「초국가적 이주와 정착을 바라보는 공간적 관점에 대한 연구-장소, 영역,
　　　네트워크, 스케일의 4가지 공간적 차원을 중심으로」, 『한국지역지리학회지』
　　　15권 5호, 2009.

송기찬, 「민족교육과 재일동포 젊은 세대의 아이덴티티-일본 오사카의 공립초등학
　　　교 민족학급 사례를 중심으로」, 한양대 석사논문, 1998.

서경식, 「'재일조선인'의 위기와 기로에 놓인 민족관」, 『역사비평』 35, 1996.

윤건차, 「재일동포의 민족체험과 민족주의」, 『시민과세계』 5, 참여연대 참여사회연
　　　구소, 2004.

이명원, 「'사이 주체'로의 전환-주체, 타자, 새로운 주체형성에 대하여」, 『문화과학』
　　　61, 2010 봄.

이상봉, 「디아스포라와 로컬리티 연구-재일코리안을 보는 새로운 시각」, 『한일민족
　　　문제연구』 18, 2010.

이종구, 「이쿠노지역 재일동포의 사회운동」, 『시민사회의 미래』, 1999년도 후기 사회

학대회 발표 자료집, 1999.

이진경, 『노마디즘』 2, 휴머니스트, 2002.

임수연, 「재일한인在日韓人 젊은 세대의 민족적 상징의 발화와 민족정체성 재현」, 이화여대 석사논문, 2001.

임영언, 「재일한인 글로벌 네트워크 구축과 활성화 방안 연구」, 『일본문화학보』 38집, 한국일본문화학회, 2008.

전병재, 「공동체와 결사체」, 『사회와 이론』 1, 한국이론사회학회, 2002.

조경희, 「한국사회의 '재일조선인 인식」, 『황해문화』 57, 2007 겨울.

조현미, 「일본의 '다문화공생' 정책을 사례로 본 사회통합정책의 과제」, 『한국지역지리학회지』 4-15, 한국지역지리학회, 2009.

지충남, 「재일한인사회단체 네트워크 연구―민단, 조총련, 재일한인회를 중심으로」, 『세계지역연구논총』 26집 1호, 한국세계지역학회, 2008.

한영혜, 「일본의 다문화공생 담론과 아이덴티티 재구축」, 『사회와 역사』 71, 한국사학회, 2006.

이와부치 고이치, 이세영 역, 「한류가 재일 한국인과 만날 때―초국가적 미디어 교류와 로컬local 다문화 정치의 교착」, 『방송문화비평연구』, 2004.

小林知子, 「재일조선인 "다양화"의 일 배경―민족, 조국, 생활을 중심으로」, 『한일민족문제연구』 7, 한일민족문제학회, 2004.

김태기 외, 『일본의 한민족청소년 현황 및 생활실태 연구』, 한국청소년정책연구원, 2007.

윤인진, 『코리안 디아스포라―재외한인 이주 적응 정체성』, 고려대 출판부, 2004.

태혜숙, 『대항지구화와 아시아 여성주의』, 율력, 2008.

한국학중앙연구원, 『지역결사체와 시민공동체』, 백산서당, 2007.

딜릭, 아리프, 황동연 역, 『포스트모더니티의 역사들』 창비, 2005.

초우, 레이, 장수현·김우영 역, 『디아스포라의 지식인』, 이산, 2005.

Safran, William, "Diaspora in Modern Societies : Myths of Homeland and Return", eds., Steven Vertovec & Robin Cohen, *Migration, Diaspora and Transnationalism*, Massachusetts

: Edward Elgar, 1999.

Appadurai, Arjun, *Modernity At Large : Cultural Dimensions of Globalization*, Minesota : U of
　　Minesota, 1996.

Brah, Avtar, *Cartographies of Diaspora : Contesting Identities*, London : Routledge, 1996.

Grewal, Inderpal, *Transnational America : Feminism Disporas, Neoliberlisms*, Durham & London
　　: Duke, 2005.

King, Russell, "Migration, globalization and place", eds., Doreen Massey and Pat Jess,
　　Place in the World?, The Open University, 1995.

Ong, Aihwa, *Flexible citizenship : the cultural logics of transnationality*, Durham & London : Duke,
　　1999.

野口道彦・戴エイカ・島和博, 『批判的ディアスポラ論とマイノリティ』, 明石書店,
　　2009.

原尻英樹, 『在日朝鮮人の生活世界』, 弘文社, 1989.

福岡安則, 『在日韓国 朝鮮人－若い世代のアイデンティティ』, 中公新書, 1993.

로컬리티 기호로서의 혼혈아[*]

오키나와 아메라시안^{AmerAsian}의 경우

조정민

1. 오키나와 혼혈아의 '정의되기'와 '정의하기'

혼혈아[1]는 이주, 인종, 문화 등의 문제가 교차하고 중첩되어 나타난

---

* 이 글은 필자의 논문 「로컬리티 기호로서의 혼혈아―오키나와 아메라시안^{AmerAsian}의 경우」(『동북아문화연구』 34, 2013)를 수정하여 수록한 것이다.

1 현재 광범위하게 사용되고는 있는 '혼혈아'라는 용어에는 많은 문제점이 내포되어 있다. '혼혈'은 '순혈'의 대비적 표현으로, 순혈이 우열한 것인데 반해 혼혈은 열등한 것으로 인식되어 차별을 조장하기 쉽다. 또한 '혼혈아'라는 표현은 대상이 아무리 나이가 많아도 혼혈'아兒'에 불과하다는 의미가 담겨 있다. 말하자면 혼혈아는 성인이 될 수 없는 존재, 완성된 인격체로 대접받지 못하는 존재로 불리어지고 있는 것이다.(박경태, 『소수자와 한국사회』, 후마니타스, 2008, 201쪽)
일본 아사히신문사의 경우, 2004년 1월부터 '혼혈아'라는 표현을 쓰지 않기로 결정하였다. 일본·필리핀 국제아 문제를 다루는 NGO '콤스타카―외국인과 함께 생활하는 모임'의 항의 때문이었는데, 이후 아사히신문사는 혼혈아를 '미국인 남성과 일본인 여성 사이에서 태어났다' 등과 같이 구체적으로 쓰거나 '국제아', '아메라시안'이라는 표현으로 고쳐 쓰고 있다. '혼혈아' 명칭에 대한 논의는 정체성 규정과 관련된 것인 만큼 중요하게 다룰 필요가 있지만, 이를 이 글에서 다루기에는 한계가 있기에 기존의 표현을 그대로 쓰고자 한다. 그러나 4장과 같이 오키나와의 혼혈아가 '아메라시안^{AmerAsian}'이라고 자칭하고

결과 중 하나로, 소위 잡종성hybridity의 기호라고 볼 수 있다. 일본 가운데서도 오키나와에 존재하는 혼혈아의 경우, 그들이 환기시키는 풍경은 좀 특별하다. 아시아태평양전쟁 때부터 지금까지 오랫동안 미국과의 관계를 지속적으로 이어오고 있는 오키나와에서 이들 혼혈아는 억압적이고 폭력적인 전후 오키나와와 미국의 관계를 상상하게 만든다. 오키나와의 혼혈아는 미국인 남성(특히 미군 병사)에 의한 오키나와 여성의 강간, 성적 착취, 사기 등의 결과물이라는 인식이 팽배한 가운데, 이들은 '지배적인 섹스'의 구상화로 여겨지게 되었던 것이다.

한편, 일각에서는 혼혈아들의 재능을 재조명하고 재평가하려는 시도가 이루어지고 있다. 말하자면 인종적, 문화적 차이를 '뛰어난 엔터테인먼트 능력'으로 승화시켜 상품화하고 있는 것인데, 혼혈아에 대한 부정적인 표상을 단숨에 뒤집고자 하는 이러한 시도는 결국 혼혈아에 대한 차별의 구조를 은폐하는 결과를 낳기 쉽다.

이와 같이 오키나와 혼혈아 담론의 양상은 부정적인 것과 긍정적인 것으로 양분되고, 그 가운데 혼혈아는 혐오, 동정, 연민, 매력 등의 대상으로 정형화되어 갔다. 그러나 이러한 혼혈아 담론 속에서 혼혈아의 실존적 삶을 찾기란 쉽지 않다. 그 이유는 혼혈아 담론 속의 그들은 이미 고정된 존재로 간주되어 어느 한 주장의 논거 증명을 위해 동원되는 경우가 많기 때문일 것이다. 이처럼 혼혈아는 대상화되어 '정의되기'도 하였지만, 한편에서는 그들 스스로 로컬(오키나와)의 주체로서 자기 '정의하기'를 시도하기도 하였다. 그 대표적인 예는 오키나와 기노완시宜

이를 통해 자기 정의에 새롭게 하고자 하는 내용을 다룰 때에는 '아메라시안'이라는 용어를 사용하였다.

野湾市의 '아메라시안 스쿨 인 오키나와The AmerAsian School in Okinawa'에서 찾을 수 있다. 학교 제도나 언어 학습 등을 통한 혼혈아의 자기규정에 관한 실천적 의지는 제한적이지만 능동적인 주체되기의 가능성을 보여준다.

좋은 혼혈아와 그렇지 않은 혼혈아의 사이에 존재하는 위계, 그리고 혼혈아 담론을 구성하는 주체와 대상 사이에 존재하는 위계를 기반으로 한 혼혈아 담론이란 결국 이들을 정물화된 군상으로 다시 재현한다는 점에서 그 한계를 분명히 드러난다. 그러한 의미에서 본다면 오키나와 혼혈아의 자기 정의 행위는 이분법적 담론이 가지는 폭력성과 배타성을 노정시키고 반성을 촉구한다는 점에서 중요한 의미를 가진다고 볼 수 있다. 이하에서는 오키나와 혼혈아에 대한 차별과 차이의 메커니즘을 읽어보고, 또 이들이 로컬의 주체로서 자기 정의에 어떻게 관여하는지에 대해 구체적으로 살펴보고자 한다.

2. 오키나와라는 콘텍스트

천혜의 아름다운 자연, 이국적인 정취, 해양 스포츠의 천국, 장수 마을, 그리고 기지의 섬……. 오키나와를 설명하는 말은 약속이나 한 듯이 비슷비슷하다. 말하자면 오키나와는 자연을 즐길 수 있는 '관광의 섬'과 미국의 동북아 군사 전략의 요충지인 '기지의 섬'으로 대변되어 왔다고 볼 수 있다.

지도상에서 확인할 수 있는 오키나와는 일본 규슈九州 남쪽 맨 아래부터 시작하여 타이완에 이르는 형태로 길게 뻗어있다. 언뜻 보아도 오키나와는 일본 본토와 중국 사이에 위치하는 것을 알 수 있는데, 이러한 지리적 위치 때문에 오키나와는 일본 본토와는 다른 아열대의 자연 경관을 연출한다. 오키나와가 코발트블루의 바다와 산호초의 아름다운 섬으로 연상되는 이유는 다름 아닌 이러한 자연 지리적 환경에서 기인한 것이라 할 수 있다.

'관광의 섬'과 더불어 오키나와가 '기지의 섬'으로 불리는 것은 오키나와가 경험한 고단한 역사 때문일 것이다. 아시아태평양전쟁 말기에 이르러 패색이 짙어지자 일본의 지배계급은 천황제 옹호를 절대적 조건으로 하는 강화협상을 시작하기 위하여 본토결전本土決戰을 준비하였고, 이 때문에 오키나와는 일본열도 가운데서 유일하게 지상전을 경험하게 되었다. 그 결과 본토 군인 약 6만 5천명, 오키나와 군인과 민간인 약 20만 명, 그리고 약 1만 명의 조선인 군부軍夫 및 위안부들이 희생되었다. 오키나와 전투에 있어서 군인보다 민간인 희생자가 많았던 것은 일본군에 의한 오키나와 주민 학살이 있었기 때문이었다. 일본의 본토군은 오키나와 주민들을 미군의 스파이로 간주하여 주민들을 학살, 고문하였던 것이다. 전쟁하의 오키나와는 '철의 폭풍鐵の暴風'이라고 불릴 정도로 일본군과 미국군의 격전지였을 뿐 아니라, 오키나와 주민들이 모두 학살당하거나, 자결하는 장이기도 했다. 그 결과 오키나와 전체인구의 약 4분의 1 이상이 희생당하게 된다.[2]

---

2 정근식 · 주은우 · 김백영 편, 『경계의 섬, 오키나와—기억과 정체성』, 논형, 2008, 19~21
쪽; 조정민, 『만들어진 점령서사—미국에 의한 일본 점령을 어떻게 기억할 것인가』, 산지
니, 2009, 238쪽.

패전 후, 미군의 직접지배 하에 놓인 오키나와는 미국의 동아시아 군사 요새가 되어 일본 내 미군기지의 약 75%가 오키나와에 집중되는 현실과 마주하게 된다. 일본 국토의 0.6%에 지나지 않는 좁은 오키나와 땅에는 미국의 육·해·공·해병대 4개 군이 주둔하고 있다. 이와 같은 상황은 오키나와가 일본 제국주의의 희생의 대상이기도 하였다는 점을 생각할 때 역설적이라 할 수 있다. 그러나 이러한 오키나와의 차별적이고 억압적인 전후 상황에 대해, 일본 본토는 무관심으로 일관하였고, 때에 따라서는 적극적으로 오키나와를 차별하기도 하였다. 예를 들면 쇼와 천황昭和天皇은 "미국이 오키나와를 25년이나 50년 또는 그 이상의 기간에 걸쳐 지배하는 것은 미국에게 이익이 될 뿐 아니라, 일본에게도 이익이 된다"라는 소위 '오키나와 메시지'를 GHQ에 전달함으로써 일본 본토의 안정을 위해 오키나와의 희생을 강요하였다.[3]

한편, 오키나와의 지정학적, 군사적 가치와 중요성을 인식하고 있던 미국은 오키나와를 '태평양의 요석Keystone of the Pacific'이라 불렀다. 일본 본토의 경우 1951년 샌프란시스코 강화조약을 통해 미국의 점령으로부터 독립하였으나, 오키나와만큼은 1972년까지 미군정의 지배 아래 남겨져 미군 기지의 섬이 되어 갔다. 오키나와에 대한 미국의 계속적인 점령을 용인한 대가로 일본은 미국의 핵우산 아래에서 경제적 번영의 길을 걸어갔지만, 오키나와 사람들은 표현과 결사의 자유와 같은 기본권을 제약당하고, 기지 건설을 위해 토지를 강제수용 당하였으며, 기지건설과 훈련으로 인한 환경파괴와 소음공해에 시달려야만 했다

3 　조정민, 위의 책, 239쪽.

미군에 의한 살인과 성폭행 등, 모욕적인 사건과 사고 역시 끊임없이 일어나고 있다.[4] 1995년 9월, 3명의 미군 병사가 초등학생 소녀를 폭행한 사건이 오키나와 사회에 널리 알려지면서, 대규모 집회가 일어나고 이를 계기로 기지 반환에 관한 문제가 집중적으로 조명된 바 있다. 그러나 기지 이전과 반환에 있어서 오키나와의 입장과 미일정부의 입장은 여전히 좁혀지지 않고 있으며, 소위 '기지 문제'로 일컬어지는 사건과 사고는 지금까지도 반복되고 있는 실정이다.

이 글에서 다룰 '혼혈아' 역시 이와 같은 '기지 문제'의 범주에 속하는 것으로서, 위에서 확인한 오키나와, 일본 본토, 미국의 복잡한 상관을 상징하는 경우라고 할 수 있다. 오키나와의 혼혈아는 미군 병사 아버지와 오키나와인 어머니 사이에서 태어나는 경우가 대부분이다. 점령자 미군에 의한 오키나와 여성의 성적 영유가 지배와 정복의 비유로 표상되는 것이 일반적인 만큼, 오키나와 여성과 혼혈아는 식민화된 오키나와의 메타포와도 같다고 할 수 있다.

오키나와 여성이 미군과 '자유연애'하는 경우도 마찬가지다. 오키나와 여성의 성은 당연히 오키나와 남성이 소유하고 관리해야 한다는 가부장적인 분위기 속에서, 미군과 교제하는 오키나와 여성은 성 윤리가 문란한 추한 매춘부로 치부되어 수치스러운 몸뚱어리로 전락하고 말았다. 오키나와 남성이 점령군에 대해 가지는 신체적 열등감과 또 오키나와 여성을 소유하지 못했다는 자괴감 등은 오키나와 여성의 신체에 그대로 투사되어 결국 '순결'하지 않은 오키나와 여성의 몸을 혐오

4　정근식 · 주은우 · 김백영 편, 앞의 책, 21∼22쪽.

하게 만들었던 것이다. 그리고 이들 여성이 잉태한 '혼혈아'는 문란한 오키나와 여성의 성적 행위로 빚어진 '순결'하지 않은 결과물로서 또 다른 불쾌의 대상이 되었다. 다시 말하면 '혼혈아'와 그들의 모체인 오키나와 여성은 오키나와의 민족성을 분열시키고, 특히 오키나와 남성들의 주체성을 위험하게 뒤흔드는 불순한 존재로 여겨졌던 것이다.

물론 이러한 가부장 이데올로기와 인종주의, 순혈주의는 오키나와의 여성과 혼혈아들에게 국한되어 적용되는 것은 아니었다. 패전 직후의 일본사회 역시 비슷한 전개를 보였다. 1945년 8월 18일, 일본 내무성 경찰국은 미 점령군 전용 성적 위안 시설 및 음식 시설, 오락 시설 등을 설치하도록 각 현縣에 통지했다. 패전 후 3일 만에 이루어진 일본의 빠른 대응은 그들의 경험에서 비롯된 것이었다. 아시아태평양전쟁 당시, 일본이 전쟁 지역에 위안소를 설치하여 아시아 여성들의 성을 강탈하고 인권을 유린하였던 것은 잘 알려져 있는 사실이다. 패전 일본은 이와 유사한 상황이 역으로 미군에 의해 전개될 수 있다고 생각하고 자구책을 강구했던 것이다. 정부의 요청에 따라 8월 26일 도쿄東京 긴자銀座에 미군을 위한 '특별위안시설협회Recreation and Amusement Association', 소위 RAA로 불리는 단체가 설립되었고, 29일에는 경시청이 이들 단체를 인가하였다.[5] RAA는 "일억의 순결을 보호하고 이를 통하여 국체수호國體護持 정신에 충성할 것"을 다짐하였는데, 여기에서 중요한 것은 RAA의 역할이 일본 여성의 순결을 보호하는 데 그치는 것만이 아니라 미군에 의한 영속적인 오염, 즉 '혼혈아'의 탄생을 저지하는 것에도 목적이 있었

5 　조정민, 앞의 책, 101~102쪽.

다는 것이다. 미군을 대상으로 성 노동을 하던 일본 여성들은 '국체수호'를 위해 국가가 기획한 매춘에 동원되었음은 물론, '일억의 순결', '일본인'으로부터 배제되어 타자화되었고, 혼혈아 역시 차별의 시선에 노출되어야 했다.[6]

이와 같이 패전 후의 일본 본토는 오키나와와 마찬가지로 미군에 의한 '지배적 섹스'의 위험에 노출되었지만, 일본 본토의 미군기지가 점차 축소되어 간 것과는 달리 오키나와만큼은 한국 전쟁, 베트남 전쟁 등으로 미군의 주둔이 증가하고, 이후에도 일본의 평화와 경제 발전을 위해 미군과 동침해야 하는 사정이 지금까지도 이어져 혼혈아 문제가 거의 오키나와 고유의 문제가 되어버린 듯한 경향이 강하게 남아 있다.[7] '시마 하프島ハーフ', 즉 미군 아버지로부터 버림받아 영어로 말할 줄 모르는 혼혈아를 가리키는 오키나와 속어가 별도로 존재하는 것도 오키나와에 집중된 기지 문제와 무관하지 않을 것이다. 이처럼 아시아 태평양전쟁에서 오키나와를 사석捨石으로 처리하여 지상전을 겪게 만든 일본은 패전 이후에도 역시 일본의 평화를 위해 오키나와를 일종의 '성 방파제'로 사용하고 있다. 그리고 이러한 구조는 미국이 오키나와를 군사적 요석要石으로 간주하며 '무책임한 섹스'를 자행함으로서 더욱 고착화되었다. 말하자면 일본과 미국 모두로부터 억압당한 오키나와의 경험은 '혼혈아'라는 존재에 그대로 투영되어 있다고 볼 수 있다. 그러한 의미에서 오키나와의 혼혈아는 오키나와라는 로컬리티 자체

---

6   恵泉女学院大学平和文化研究所編, 『占領と性 政策・実体・表象』, インパクト出版会, 2007, 215쪽.
7   勝方＝稲福恵子・前嵩西一馬, 『沖縄学入門』, 昭和堂, 2010, 196쪽.

를 상징하는 기호라고 정의할 수 있을 것이다.

그렇다면 오키나와 혼혈아 담론 구성체와 이데올로기 구성체에 의해 이들은 구체적으로 어떻게 규정되었을까. 다음 장에서는 이들에 대한 서사와 표상이 어떤 일정한 유형에 의해 생산되고 소비되는 방식에 대해 살펴보고자 한다.

3. '혼혈'의 두 가지 의미 – 결여 혹은 매력의 이분법

1) 혼혈아, 결여의 표상

사회학자 노마 필드는 패전 후 일본 도쿄에서 태어났다. 그녀의 어머니는 일본인이며 아버지는 미국인이다. 말하자면 '혼혈'인 그녀는 자신의 존재를 다음과 같이 표현하고 있다.

> 어른이 되기까지 그 기나긴 세월 동안 나는 혼혈이라는 말에 돋아 있는 가시 같은 것을 이렇게 정의함으로써 이해할 수 있다고 여겨왔다. 혼혈아란 섹스의 구체화 이외에 아무것도 아니라고. 그런데 이제는 다음과 같이 수정해야 하겠다. 전쟁이 낳은 혼혈아는 지배로서의 섹스를 각인 받고 있는 까닭에 한층 더 불쾌한 존재임과 동시에 호기심을 불러일으키는 존재이다. [8]

노마 필드는 혼혈아를 '(지배로서의) 섹스의 구체화'이자 '불쾌'하고 '호

---

[8] 노마 필드, 박이엽 역, 『죽어가는 천황의 나라에서』, 창작과비평사, 1995, 53쪽.

기심'을 자극하는 존재라고 정의하고 있다. 이러한 인식에는 혼혈아가 '이인종 성교miscegenation'의 결과물이자 지배자의 성적인 억압을 상징한다는 점이 반영되어 있다. 앞에서도 지적한 바와 같이 혼혈아와 그들 어머니는 가부장 이데올로기와 인종주의, 순혈주의의 자장 속에서 축출되어야 마땅한 부정한 존재로 여겨져 왔고, 그 가운데 혼혈아에 대한 '호기심'도 발생하였다. 혼혈아에 대한 시선에는 '호기심'뿐만 아니라 '결핍'도 종종 수반되었다. 아버지의 부재와 어머니의 상처, 반쪽을 뜻하는 호칭 하프, 그리고 경제적 빈곤 등, 연쇄적으로 상기되는 혼혈아에 대한 이미지는 하나같이 '결락'을 동반하고 있는 것이다. 실제로 오키나와는 실업률이나 모자가정, 미혼모의 수가 일본 전국 평균보다 훨씬 높다. 이는 전쟁, 폭력, 성이라는 수단에 의해 운영되는 기지가 오키나와에 존재한다는 사실과 밀접하게 관련이 있으며, 이와 같은 오키나와의 사회적 특징은 '부자연스러운 남성 질서'를 상징하고 있다.[9]

오키나와의 혼혈아에 대해 본격적인 조사가 이루어진 것은 1975년 전후의 일로,[10] 예를 들면 1976년 3월 오키나와현 교육진흥회가 실시한 조사에서는 다음과 같이 현실과 요망이 분명하게 드러났다.

---

9 S・マーフィ重松, 『アメラジアンの子供たち―知られざるマイノリティ問題』, 集英社新書, 2002, 148쪽.

10 1975년을 전후하여 오키나와의 혼혈아 조사가 본격적으로 이루어진 이유는 두 가지로 추측해 볼 수 있다. 먼저 제도의 완화, 국면의 전환이다. 예를 들면 본토에서는 GHQ가 혼혈아를 미군의 부도덕함을 증명하는 존재로 여겼기 때문에, 검열을 통해 혼혈아 보도를 제한했다. 따라서 본토에서 혼혈아 문제가 대두하기 시작한 것은 샌프란시스코 강화 조약이 발효되는 1952년 이후부터이다. 이러한 사정을 염두에 두고 본다면 오키나와는 1972년에 본토 복귀하기 전까지 혼혈아에 대한 적극적인 언급이 불가능한 상황이었을 것으로 보인다. 그리고 혼혈아 문제를 표면화시킨 그들 어머니들의 의식의 변화에서도 그 이유를 찾을 수 있을 것이다.(惠泉女学院大学平和文化研究所編, 앞의 책, 219쪽; 勝方＝稲福恵子・前嵩西一馬, 앞의 책 196쪽; 本田英郎, 『存在しない子どもたち―沖縄の無国籍児問題』, 汐文社, 1982, 118~119쪽)

오키나와현에서는 매년 약 1,000명의 혼혈아가 취학하고 있으며, 이들의 80% 정도가 모자가정이다. 아이들의 어머니는 결혼의 형태를 취하지 않고 동거 상태에서 출산하거나, 남편에게 버림받은 경우가 많았다. 따라서 대부분의 가정은 **경제적으로 궁핍**하다. 어머니의 대다수의 학력은 중졸로 바의 호스티스나 군 관련 일에 종사하고 있다. 또한 호적 문제도 복잡한데, **다수의 아이들이 무국적**인채로 생활하고 있는 실정이다. 사회보장도 충분하지 않아 상급학교 진학을 포기하거나 취학, 취업에 대해 전망을 가질 수 없는 아이들이 압도적으로 많았다.(강조−인용자)[11]

위의 조사 보고 내용에서도 알 수 있듯이, 1970년대 중후반에 발표된 오키나와 혼혈아에 대한 문제점은 크게 두 가지로 정리할 수 있다. 하나는 모자가정의 경제적 빈곤이며 다른 하나는 혼혈아의 무국적 상황에서 비롯되는 불이익이다. 혼혈아가 무국적 상태에 놓이는 이유는 미국과 일본의 국적법 차이 때문이다. 미국의 국적법은 '출생지주의'를 원칙으로 삼고 있다. 하지만 어머니가 외국인이고 아이가 미 국외에서 태어난 경우, 아이의 아버지가 10년 이상, 그 가운데 5년간은 14

---

[11] 野本三吉,『沖縄・戦後子ども生活史』, 現代書館, 2010, 152~154쪽에서 재인용. 1980년대 후반부터 일본의 혼혈아에 대해 연구를 거듭해 온 머피 시게마쓰에 의하면 오키나와 혼혈아는 점차 주류사회 속에 용해되어 가고 있다고 한다. 몇 백 명의 혼혈아동이 다니던 학교 크라이스트 더 킹 스쿨의 폐쇄, 혼혈아동 원조에 힘쓰던 펄벅 재단의 폐쇄, 역시 국제결혼과 아동문제에 적극적으로 대응했던 국제복지오키나와사무소의 폐쇄 등은 오키나와 혼혈아의 현실적인 문제가 일정 부분 해결되었음을 반증하는 예인 것이다.(S·マーフィ重松, 앞의 책, 169쪽) 그러나 혼혈아에 대한 복지나 비차별의 법제화가 이루어지고 있다고 하더라도 이들에 대한 인식적 측면의 편견과 차별이 해소되었다고 보기에는 어려움이 있다. 국적을 획득하였더라도 한번 이주민은 대를 이어서 영원히 이주민이라는 관념이 그들을 따라다니듯이(이기라 외, 『공존의 기술』, 그린비, 2007, 424쪽), 혼혈아의 권익을 보호하기 위한 법제화가 실행되어도 관념상의 문제는 여전히 존재한다.

세 이후에 미국 내에서 생활해야만 아이는 미국 국적을 가질 수 있다. 다시 말하면 아버지의 거주 요건이 먼저 충족되어야 그 자녀가 미국 국적을 취득할 수 있는 것이다. 한편, 어머니인 일본인 여성의 경우, 일본 국적법 규정에 따라 외국인과 결혼하여 낳은 자녀에게 일본 국적을 가지게 하는 것은 1985년 국적법 및 호적법의 일부가 개정되기 전까지 불가능했다.[12] 오키나와에 주둔하던 미군의 대부분은 20대 전후의 청년으로, 미국 국적법의 거주 요건을 충족시키지 못하는 경우가 많았다. 미국의 출생지주의와 일본의 부계혈통주의라는 양국의 국적법 차이 때문에 국제결혼으로 태어난 아이들, 즉 혼혈아는 '무국적아'가 되는 경우가 많았던 것이다. 국적 없는 아이들은 학교에 다닐 수 없음은 물론이고 건강보험의 대상에서도 제외되었으며 또한 경제 활동에도 제약을 받을 수밖에 없었다.

　그리고 오키나와에서의 국제결혼이 가지는 문제 중 하나는 남편, 혹은 아버지의 실종이다. 예를 들면 한국 전쟁과 베트남 전쟁 등을 거치면서 전장에서 곧바로 본국(미국)으로 귀국하는 병사가 많아지고, 또 기지를 옮긴 병사들이 연락을 두절하면 오키나와에 남은 가족들은 남편과 아버지를 잃을 수밖에 없는 것이다. 남편, 아버지의 부재는 가정의 경제적 위기와 직결되는 문제로, 1990년대 후반부터 오키나와에서는 미국으로 귀국한 군인, 퇴역 군인, 군속 등의 미국인 아버지에게 양

12　1984년 5월 국적법 및 호적법의 일부가 개정되어 1985년 1월 1일부터 시행되었다. 종래에는 일본인 아버지를 가지지 못하면 일본국적을 취득할 수 없었으나, 개정 이후에는 어머니가 일본국민이라면 아이도 일본국적을 취득할 수 있게 되었다. 또 부모의 어느 한쪽이 외국인이라면 외국국적과 일본국적을 같이 가질 수 있게 되었다. 소위 이중 국적자로 불리는 이들은 22세가 되면 어느 한 쪽 국적을 선택해야만 한다.

육비를 청구하는 활동도 이루어지고 있는 실정이다.

1976년 3월, 오키나와현 교육진흥회가『오키나와의 혼혈아 실태 조사 보고서』를 발표한 이후, 오키나와의 혼혈아 사정은 집중적으로 다루어지기 시작했다. 그 대표적인 예로 후쿠치 히로아키福地曠昭의『오키나와의 혼혈아와 어머니들沖縄の混血兒と母たち』(青い海出版社, 1980)를 들 수 있다. 이미 1976년 오키나와현 교육진흥회와 함께 혼혈아 실태 조사를 수행했던 후쿠치는 교육 기관과 민간단체의 도움을 받아 혼혈아의 개별 케이스에 대해 기록한 책을 1980년에 발간하기에 이른다. 제목을 통해서도 짐작할 수 있듯이 이 책은 혼혈아와 어머니의 실상에 주목하고 있다. 다시 말하면 저자는 혼혈아 문제를 모자 문제로 치환하여 조명하고 있는 것이다. 100여 건의 사례를 다루면서 저자는 혼혈아의 출생, 유기, 성장, 비행, 범행, 따돌림 등을 부각시켜 오키나와 사회 안에서 그들이 타자화되어 가는 과정을 고발하고자 하였고, 혼혈아의 어머니에 대해서는 그녀들이 미군에 의한 강간과 폭력, 사기, 매춘 등에 노출되어 그 신체가 얼마나 흉하게 훼손되었는가에 대해 폭로하고자 하였다. 혼혈아와 그 어머니에 대한 차별과 배제, 멸시의 시선을 교정시키고자 한 의도 탓인지, 그 내러티브는 감정적이며 선정적이기까지 하다. 미군이 오키나와 여성에게 가한 혹독한 성적 학대와 그 결과에 대한 묘사는 '강간하는 승자' 미국과 그들로부터 '강간당하는 패자' 오키나와라는 젠더적 구도를 만들고, 혼혈아와 그들 어머니를 타자에 의해 강간당한 객체로만 존재하게 만든다. 그러한 점에서 본다면, 후쿠치의 오키나와 혼혈아 담론은 노마 필드가 말한 혼혈아 정의, 즉 '지배로서의 섹스'를 재현하고 있다고 지적할 수 있다. 이와 같은 후

쿠치의 시선은 자신의 정치적 의도를 관철시키기 위해 당사자의 이야기를 이용하고 말았다는 점, 당사자들에게 스스로의 존재에 대해 정의할 가능성을 열어주지 않았다는 점, 마지막으로 후쿠치의 담론 역시 남성 중심의 가부장주의에 기대고 있다는 점 등 때문에 비판을 피하기 어렵다.[13]

후쿠치가 제시한 혼혈아의 여러 모습은 특별하다기 보다 일반적인 이미지에 가까운 것이었다. 후쿠치의 저작과 비슷한 시기에 발간된 책들, 예를 들면 혼다 히데오本田英郎의 『존재하지 않는 아이들─오키나와의 무국적아 문제存在しない子どもたち─沖縄の無國籍兒問題』(汐文社, 1982), 오시로 마사야스大城將保의 『혼혈아─오키나와로부터의 고발, 국적 없는 청춘混血兒─沖縄からの告發, 國籍のない青春』(國際情報社, 1985) 등에서 묘사되는 혼혈아의 탄생과 성장 역시 암울하고 비관적이다. 미군기지 내에서 일하던 친구를 대신하여 하루 동안 청소를 하다가 병사에게 겁탈당하여 아이를 임신한 오키나와 여성의 경우가 소개되고[14], 클럽 하우스에서 만난 미 군속 남성과 결혼하여 이후 미국으로 건너가 가정을 꾸렸지만 남편의 마약 복용을 계기로 이혼하고 아이와 함께 오키나와로 돌아오게 된 오키나와 여성의 회한에 찬 고백이 이어진다.[15] 이렇게 '지배로서의 섹스'의 결과로 태어난 혼혈아는 성장하면서 차별과 편견의 가시밭길을 걷는 수순을 밟는다. 이들이 긍정적으로 성장하는 스토리는 거의 찾아보기 어렵다. 오키나와 반전평화의 날을 맞아 특별

---

13 시마부쿠 마리아, 「오키나와 혼혈아와 그 어머니 담론의 정치성」, 『아시아 신세기 3 정체성 해체와 재구성』 한울, 2007, 73~74쪽.
14 本田英郎, 『存在しない子どもたち─沖縄の無国籍児問題』, 汐文社, 1982, 57~58쪽.
15 위의 책, 84~87쪽.

수업을 하던 도중, 교사가 '그때 미국 군이……' 하고 아시아태평양전쟁 당시의 상황을 묘사하면, 반 아이들의 적의에 찬 시선이 일제히 혼혈아에게 집중된다. 혼혈아가 별안간 적군 미군의 상징으로 인식되어 적대시되는 순간인 것이다.[16] 혼혈아에 대한 차별이 때로는 무참한 살인 사건을 일으키기도 하며,[17] 이들은 성인이 되어서도 결혼과 취직에 있어서 많은 난관에 봉착한다.[18]

이와 같은 혼혈아 서사, 즉 그들의 출생과 성장, 불우한 가정환경, 학교에서의 따돌림, 사회 부적응, 정체성 혼란 등은 혼혈아가 겪는 갈등과 사회적 폭력성을 압축적으로 보여준다는 점에서 의미가 있을 지도 모른다. 그러나 혼혈아 담론이 불우와 결핍의 서사로 일관될 때, 이들은 그 담론 속에 전시된 하나의 객체로 전락할 위험이 있다는 점도 간과할 수 없다. 또 이러한 불우와 결락의 이미지가 재차 혼혈아를 차별의 대상으로 위치 지우는 순환 구조를 만드는 것도 부정할 수 없는 사실인 것이다.

그런데 주의가 필요한 부분은, 혼혈아에 대한 호기심과 결여의 시선이 담론 구성 주체에 의해 정치적으로 이용되어 사회적으로 통용되는 것과 마찬가지로 그와 반대되는 담론 역시 만들어지고 있다는 점이다.

---

16 위의 책, 98쪽.
17 大城将保, 『混血児―沖縄からの告発・国籍のない青春』, 国際情報社, 1985, 188~189쪽.
18 위의 책, 190~197쪽.

2) 소비되는 '다름'

오키나와 기지 내외에 거주하는 미군 병사와 오키나와 여성 부부 50
쌍의 생활을 조사하고 심층 면담하여 유형별로 정리한 미야니시 가오
리宮西香穗里의 『오키나와 군인 아내 연구沖繩軍人妻の硏究』(京都大學學術出
版會, 2012)에 따르면, 오키나와 여성은 다음과 같은 세 가지 이유로 미
군에게 흥미를 가진다고 한다. 첫 번째는 오키나와의 가부장적인 문화
에서 이탈하고 싶은 욕구 때문이다. 미국인과 결혼하게 되면 장남이
치러야하는 전통적인 연중 가족 행사의 부담에서 자유로워질 수 있다.
오키나와의 문화, 관습, 젠더 규범에서 도피하고 싶은 욕망은 미군과
의 결혼을 결심하게 만드는 주요한 요인으로 작용하는 것이다. 두 번
째는 첫 번째 이유와 유사한 맥락을 가지는 것으로, 오키나와 혹은 일
본인 남성에 대한 비판적 시각 때문이다. 다시 말하면 이들 남성이 보
수적인 성향이 강한데 반해, 미국인 남성은 그렇지 않다고 판단하기
때문이다. 세 번째로 '하프'를 낳고 싶다는 이유 때문에 미국인 남성과
의 결혼을 희망하는 경우가 있다. 이국적인 외모에 대한 동경이 미국
인과의 교제 욕망을 추동하고 있는 것이다.[19]

이 책에는 오키나와 여성이 미군에게 흥미를 가지는 세 가지 이유가
어떤 비율로 나타나는지에 대해서는 서술되어 있지 않지만, '하프'에
대한 호감 때문에 미국과의 교제를 원한다는 의견은 시사하는 바가 크
다고 할 수 있다. 앞에서 살펴보았듯이 불쾌감을 동반한 호기심의 대

---

[19] 宮西香穗里, 『沖繩軍人妻の硏究』, 京都大学学術出版会, 2012, 163쪽.

상이자 불우와 결핍의 상징이던 혼혈아의 이미지가 적어도 이들 여성들 사이에서는 무화되어 오히려 매력으로 비춰지고 있기 때문이다. 혼혈아 담론이 구체화되어 표면으로 드러나기 시작한 1970년대 중후반과 이 책의 저자가 실시한 조사기간(2008~2011) 사이의 시간적 거리나 인터뷰 대상자의 개인적인 성향을 감안한다고 하더라도 혼혈아에 대한 의식의 변화가 크게 변화한 것은 부정할 수 없는 사실이다.[20]

혼혈아 담론의 회로가 바뀌게 된 결정적인 계기는 오키나와 출신 혼혈 연예인의 등장과 활약에서 찾을 수 있을 것이다. 일본뿐만 아니라 한국에서도 유명한 가수 아무로 나미에安室奈美惠를 비롯하여 치넨 리나知念里奈, 올리비아 러프킨 등은 혼혈아 가운데서도 성공적인 활약을 보여주고 있는 예로 일컬어진다. 이들은 일본인이라면 가질 수 없는 외모와 뛰어난 가창력, 리듬감으로 대중을 사로잡는 스타로 표상된다. 지금까지 일본인과의 '다름'이 혼혈아의 결여의 상징으로 기능해 오던 것과는 달리, 이들 스타의 '다름'은 선망과 동경의 대상이 되었고 엔터테인먼트 사업에서는 일종의 세일즈 포인트가 되었다. 1992년 9월에 가수로 데뷔한 아무로 나미에는 혼혈 스타의 대표로 선풍적인 인기를 모았고, 여중고생 및 젊은 여성들 사이에서는 '아무라 현상'[21]마저 일

---

20 포스트 냉전기를 맞아 오키나와 미군기지의 의의가 재정의 되는 과정에서 오키나와 여성과 혼혈아가 능동적으로 기지와 공존할 수 있는 듯 묘사하는 새로운 담론이 등장하고 있다. 대표적인 예로 1990년대부터 사용되기 시작한 '아메조アメ女' 담론을 들 수 있다. '아메조'는 '아메리카'와 '좋아하다'는 뜻을 가진 오키나와 방언 '조구'의 합성어이다. 이 말은 미군을 좋아하는 오키나와인에 대한 호칭으로 사용되었으나, '조구'가 여성을 뜻하는 일본어 '조세이女性'에 빗대어져 '미군을 원하는 오키나와 여성'을 선정적으로 묘사하는 말이 되었다. 오키나와 여성의 욕망의 '발견'은 이들이 미군 병사의 성폭력의 대상만은 아님을 주장하는 근거가 되지만, 이는 오키나와 여성과 미군의 지배적인 관계 구조를 은폐시키고 만다는 비판에서 자유로울 수 없다.(시마부쿠 마리아, 앞의 책, 76~79쪽)
21 아무로 나미에의 성(아무로)에 영어 접미사 '-er'을 붙인 것으로, 그녀의 패션을 따라하는

어났다. 갈색의 긴 머리에 가는 눈썹, 미니스커트와 부츠를 신은 여성들의 출현은 그녀의 높은 인기를 실감하게 만들었다.

중요한 것은 이들 혼혈아가 단순히 일본인과 외국인의 결합으로 비추어지는 것이 아니라, '류큐인(오키나와인)'과 외국인의 조합으로 표상되는 것에 있다. 오구마 에이지小熊英二가 『일본인의 경계'日本人'の境界』(新曜社, 1998)에서 밝히고 있듯이 류큐인은 근대 일본의 영토 획정 정책에 따라 포섭되거나 배제되어 왔고, 그 근저에는 이질적인 민족성에 대한 차별이 내재되어 있었다. 1879년 메이지 정부에 의해 일본의 한 현으로 완전히 복속된 이후(류큐처분), 오키나와는 '일본'이라는 이름의 '국가'의 일부가 되도록 강요당하며 국민의 일원으로 포박당하면서도, 풍습, 습관, 언어, 외모 등 이풍異風의 형태를 띤 모든 것은 차별의 대상이 되었다.[22] 그 민족적 차별과 멸시의 극명한 예가 바로 '인류관 사건'이다. 1903년 제5회 오사카 내국권업박람회內國勸業博覽會 학술인류관에는 타이완의 고산족을 비롯하여 조선인, 중국인과 함께 류큐인과 아이누가 전시되었다. 이는 문명과 야만 사이의 간극을 전시하고자 마련된 일종의 식민지 인종 전시관으로, 이를 통해 식민지는 서열화되고 차별의 질서도 구체적으로 드러나게 되었다. 류큐처분 이후, 오키나와 사람들은 '생활개선운동'을 통해 '일본인'이 '되기' 위한 사고와 신체의 교정을 급선무로 삼았고 이로써 '내지'에 동화될 수 있다고 생각했지만, 오키나와는 여전히 주변화된 존재에 불과했던 것이었다. 이러한 맥락

사람들을 가리킨다.
22　小熊英二, 『'日本人'の境界』, 新曜社, 1998, 第1章「琉球処分」 및 第2章「沖縄教育と「日本人」化」 참조.

은 오늘날에도 이어져, 현재의 오키나와 혼혈아들에게 쏟아지고 있는 시선에는 '류큐인'이라는 민족ethnicity에 대한 이질성은 물론이고 인종race에 대한 타자성까지 서로 얽혀 그들을 대상화하고 있다고 지적할 수 있다. 오키나와의 혼혈아는 물론이고 오키나와 출신의 연예인을 대거 발굴한 기획사 '오키나와 엑터즈 스쿨沖縄アクターズスクール'의 설립자 마키노 마사유키マキノ正幸가 오키나와 여성을 바라보는 시선은 그 전형적인 예이다.

나는 먼저 오키나와의 바다에 매료되었다. 처음 본 오키나와의 푸른 바다는 나에게 강렬한 인상을 남겼다. 바다뿐만이 아니라 모든 자연이 훌륭했다.

아름다운 오키나와 여성들에게도 반했다. 혼혈이 많은 여성들은 이국적이었으며 참으로 아름다웠다. 나는 오키나와 여성을 매우 좋아하게 되었다.

그리고 미국 문화. 나는 원래 미국을 좋아한다. 학생 시절부터 볼링에 열중한 것도 미국적인 분위기를 동경했기 때문이었다. 오키나와에 가면 도처에 미국화된 환경이 조성되어 있어서 나는 기뻤다. 나는 그 매력에 완전히 사로잡히고 말았다.[23]

교토京都 출신인 마키노가 본 오키나와는 남국의 정취가 물씬 풍기는 '푸른 바다'와 이국적인 외모의 여성들로 대변된다. 이러한 낭만적인 오키나와 해석은 본토 출신의 남성이 가지는 오리엔탈리즘의 전형

---

23 マキノ正幸, 『才能』, 講談社, 1998, 83쪽.

이라 볼 수 있다. 그리고 여기에 미국에 대한 무한한 동경이 중첩된다. 그는 미국, 미국문화에 대해서는 어떠한 의심이나 저항 없이 이식하고자 하였다. 미국에 대한 강력한 동경은 결국 콤플렉스로 이어졌다. 말하자면 마키노는 일본과 미국을 명확히 이분화하고, 또 일본과 오키나와를 엄격하게 이분화하여 한 쪽에서는 콤플렉스를, 다른 한쪽에서는 오리엔탈리즘을 발견하였다. 그리고 오키나와 혼혈아(그 가운데서도 특히 여성)를 양자가 기묘하게 접합된 신체적 재현이라 여겼던 것이다.[24] 1983년 4월, 마키노는 오키나와 나하那覇시에 오키나와 액터즈 스쿨을 만들고 주로 오키나와 출신의 가수, 연기자, 모델 등을 양성, 배출하여 연예인 프로덕션 경영자로 주목을 받게 된다. 오키나와 액터즈 스쿨 출신의 연예인들은 민족과 인종이 매력적으로 혼합된 몸으로 표상되어 오키나와 로컬리티를 대변하기도 했고, 나아가 오키나와의 '보배'로 격찬되기도 했다.

오키나와의 아이들은 매우 좋은 환경 속에 있다고 생각한다.

"기지 문제도 있고 실업률이 높은데 어째서 좋은 환경이라고 말 할 수 있는가" 하고 반문하는 사람도 있을 것이다.

하지만 지금 일본 전국은 오키나와의 아이들을 주목하고 있다. 특히 엔터테인먼트 세계에서는 오키나와 출신이라는 것만으로도 데뷔하기 쉬워

---

24 그는 한 언론인과의 인터뷰에서도 오키나와가 흥미로운 것은 '피' 때문이라고 말하며, "모두 혼혈인 것을 숨기고 있지만, 스페인에서 넘어 온 피나, 남방에서 건너 온 피가 뒤섞여서 돌연변이와 같은 것이 나온다. 일본은 겨우 몽고와 얽혀 있을 뿐이라 모두 밋밋한 얼굴로 태어나지만 이쪽은 뭐가 나올지 모른다"고 발언한 바 있다. 오키나와에 대한 마키노의 생각은 1903년 오사카 내국권업박람회 인류관 사건 당시의 '류큐인' 인식과 흡사하다.(佐野真一, 『沖縄 だれにも書かれたくなかった戦後史』, 集英社, 2008, 589쪽)

졌다. 오키나와의 부정적인 이미지는 변했다고 볼 수 있다.

그렇다면 이미지를 변화시킨 것은 누구인가. 오키나와의 정치가, 경제인, 혹은 기지문제 시민운동가들이 오키나와 이미지 상향에 공헌했다고 할수 있을까. 답은 노-이다. 바로 오키나와 액터즈 스쿨 졸업생들이 바깥으로 뛰쳐나가 마음껏 기운을 발산하여, 기지문제, 전쟁의 상흔과 같은 부정적인 이미지를 완전히 뒤집어 놓았다.

오키나와의 아이들이 오키나와를 매력적인 섬으로 바꾸어 놓았다. 전후 50년 이상, 어떤 어른도 할 수 없었던 일을 아이들이 해 낸 것이다.

오키나와의 보배는 푸른 바다와 하얀 산호초만이 아니다. 미래를 짊어지고 있는 아이들이야말로 가장 큰 보배이다.[25]

위의 인용문에서도 알 수 있듯이, 오키나와의 기지문제, 전쟁의 상흔, 높은 실업률 등과 같은 골칫거리는 오키나와 출신 연예인 혹은 혼혈 스타의 활약으로 일거에 소멸된다. 결국 오키나와에 남은 것은 매력적인 자연 환경과 아이들이다. 오키나와의 아이들 역시, 멋지고 매력적인 혼혈 스타를 보면서 그들을 닮고자 욕망하기도 했다.[26] 이러한 오키나와의 보배를 발굴한 것이 다름 아닌 본토 남성이었다는 점은 더욱 주의를 요하는 부분이다. 마키노가 오키나와에 잠재된 보석을 발견하기 전까지 오키나와는 자신의 불우한 처지를 한탄하며 수동적으로 존재하고 있었을 뿐이었던 것이다.

---

[25] マキノ正幸, 앞의 책, 193~194쪽.
[26] 安藤由美・鈴木規之・野入直美編, 『沖縄社会の日系人・外国人・アメラジアン』, クバプロ, 2007, 54쪽.

'오키나와 이미지 상향의 기회는 2000년에 찾아왔다. 오키나와에서 열린 선진국 수뇌회담(G8 summit)에서 아무로 나미에가 주제가 "Never End"을 부르게 된 것이다. 끝나지 않을 꿈과 미래를 노래하는 그녀의 모습이 어떻게 비춰졌는지는 충분히 짐작할 수 있다. 오키나와 출신이자 혼혈 연예인이기도 한 아무로 나미에의 혼종성은 다름 아닌 화합의 기표로 전경화되었다. 오키나와 전통 악기인 산신三線과 현대 음악의 만남, 그리고 그 반주에 맞추어 노래 부르는 혼혈 가수는 서로 다른 객체가 조화롭게 하모니를 이루는 것을 상징하고, 이러한 문화적 표상을 통해 혼혈은 그 가치를 입증 받게 되었다.[27]

이와 같이 혼혈아의 재능을 공식적으로 인정하는 행위는 다수를 점하고 있는 사람들의 기득권을 위협하지 않을 정도의 다양성을 인정해 주는 것이거나, 차별에 맞서고 있다는 포즈를 취하기 위한 알리바이로 끝나는 경우가 적지 않다.[28] 게다가 공인받은 일부 오키나와 출신 연예인조차 본토의 연예 프로덕션의 비지니스 전략에 따라 활용되어,[29]

---

27 타자의 수용과 화합의 전시는 2000년 시드니 올림픽에서도 확인할 수 있다. 올림픽 조직위원회는 마지막까지 베일에 가려졌던 성화 최종주자가 육상선수이자 애보리진 인권 운동가인 캐시 프리먼이라고 발표했다. 1770년 제임스 쿡 선장에 의해 영국령으로 선포된 이후, 오랜 세월 동안 원주민인 애보리진과 이주민 사이에는 갈등과 마찰이 이어졌고, 심지어 시드니 올림픽 개막 전날에도 애보리진들은 연방정부를 대상으로 정당한 대우를 요구하며 시위를 벌였다. 새로운 천년을 열게 된 올림픽을 이념, 사상, 인종을 초월하는 화합의 장으로 만들고자 조직위원회는 애보리진 선수를 성화 점화자로 선택한 것이겠지만, 이러한 행위가 현실의 여러 모순을 은폐하는 결과를 낳는다는 점은 간과할 수 없는 중요한 문제이다.
28 정영혜, 후지이 다케시 역,『다미가요 제창—정체성·국민국가 일본·젠더』, 삼인, 2011, 48쪽.
29 마키노는 예능학교에서 가장 중요한 것은 커넥션을 만드는 일이라고 하며, 도쿄의 연예 기획사 '라이징 프로덕션(지금의 비전 팩토리)와 손잡을 수밖에 없는 것도 이 때문이라 이야기한다. 오키나와 액터즈 스쿨이 원석을 발견하면 도쿄의 유력 프로덕션이 가공하여 판매하는 시스템인 것이다. 이러한 구도는 아프리카 다이아몬드의 원산지를 힘으로

어느 사이 혼혈아의 이미지는 일반화, 정형화되어 반복적으로 유통, 소비된다. 혼혈아의 재능 발견과 성공 신화는 혼혈아의 차별과 소외 담론을 부정하는 기재로 사용될 수 있지만, 그것은 대다수의 혼혈아가 처한 현실을 외면하는 것에 불과하며,[30] 나아가 성공하지 못한 대부분의 혼혈아들에게 '남들이 성공할 때 너는 무엇을 했느냐'는 식으로 비난할 근거가 될 수 있다. 이는 구조의 문제를 개인의 문제로 돌려버리는 전형적인 방식이다.[31] 혼혈아의 재능 발견과 성공 신화는 혼혈아의 차별 담론과 동면의 양면과 같은 관계이며 이에 기반한 혼혈아 재현은 그들을 영원히 대상화시키는 결과를 초래하고 만다.

4. 'AmerAsian'의 (불)가능성

지금까지 오키나와 혼혈아에 대한 담론을 검토하고, 또 담론 생산 주체들에 의해 혼혈아가 오키나와의 로컬리티 기호로서 어떻게 전경화되는지에 대해 살펴보았다. 오키나와 혼혈아의 탄생은 미군 병사 아버지와 오키나와인 어머니의 만남에서 비롯되는 것이 대부분이었기 때문에, 이들은 미국인 남성에 의한 오키나와인 여성의 강간, 성적 착

지배하여 독점판매권을 수중에 넣은 데 · 비아스의 제국주의적 전략을 연상시킨다. 연예계에 있어서도 오키나와는 본토의 식민지와 같다.(佐野真一, 앞의 책, 592~593쪽)

30 기뉴와 스피박의 다문화주의 논의를 빌려 말하자면, 허가받은 일부 혼혈아의 전시는 마치 혼혈아 일반을 대변하는 것처럼 보이지만 사실은 그들이 처한 현실을 보지 못하게 만들고 만다.(가야트리 스피박, 새러 하라쉼 편 · 이경순 역, 『스피박의 대담』, 갈무리, 2006, 151~152쪽)

31 박경태, 앞의 책, 255~256쪽.

취, 사기 등의 결과물로 인식되는 것이 일반적이었다. 따라서 이들은 '지배로서의 섹스'의 표징으로서 혐오의 대상이거나 결여의 대상으로 간주되어 왔다. 그러나 다른 한편에서는 혼혈아가 가진 '차이'를 의도적으로 '뛰어난 엔터테인먼트 능력'으로 승화시켜 상품화하기도 했다. 이는 혼혈아에 대한 부정적인 표상을 뒤집으려 하는 시도이지만, 결과적으로 타자에 대한 폭력의 구조를 은폐하여 문제의 본질을 흐리게 만들고 만다. 혼혈아 담론 구성체에 의해 이들은 때로는 부정적으로, 때로는 긍정적으로 표상되어 왔지만, 이는 결국 어느 한 주장의 논거로 활용되어 혼혈아의 다양한 목소리는 일정한 범주 안에 가두어지고 말았다. 즉, 이분법적인 담론의 구조 속에서는 어떠한 혼혈아든 필연적으로 타자화되고 마는 것이다.

그런데 이와 같은 고정적이고 규제적인 혼혈아 담론 구조가 조금씩 동요되기 시작하고 있다. 혼혈아라는 이름을 반납하고 스스로 '아메라시안AmerAsian'[32]이라 부르며 자신을 새롭게 규정하려는 움직임이 바로 그 예이다.

미국인과 아시아인 양친 사이에서 태어난 사람을 가리키는 아메라시안이라는 용어는 작가 펄 벅이 1960년에 일본을 방문했을 때 사용한 것이라 한다.[33] 혼혈아, 하프, 아이노코間の子, 국제아 등의 말 대신 아

---

[32] 한 가지 구분해 두고 싶은 점은 'Amerasian'과 'AmerAsian'의 차이점이다. AASO에 재학하는 학생들은 자신의 정체성을 후자로 정의한다. 'Amerasian'은 미군 아버지와 아시아인 어머니 사이에서 태어난 사람 일반을 지칭할 뿐만 아니라, 미군 아버지에게 버려진 사람, 아시아에 거주하는 사람만을 가리키는 경우가 많으며, 또한 빈곤과 차별에 고통 받는 집단이라는 이미지를 수반한다.(S·マーフィ重松, 앞의 책, 18쪽) AASO가 의식적으로 'AmerAsian'이라 쓰는 이유는 부정적인 의미를 동반하는 'Amerasian'과 구별하기 위해서라고 생각된다.

[33] 위의 책, 11쪽.

〈사진 1〉 AASO의 외관. 기노완시 인재 육성교류센터 1층이 학교이다.

〈사진 2〉 AASO 입구. '아메라시안' 표기 가운데 두 대문자 'A'가 주목을 끈다.

메라시안이라는 용어가 오키나와 사회에서 본격적으로 주목받기 시작한 것은 1990년대 후반부터이다. 1998년 오키나와 기노완시에 아메라시안 스쿨 인 오키나와The AmerAsian School in Okinawa(이하 AASO)가 개교한 것을 계기로, 주로 재일미군병사와 오키나와 여성 사이에 태어난 자녀들을 일반적으로 아메라시안이라 부르게 되었다. 3장 1절에서 확인한 바와 같이 혼혈아 문제는 종종 모자문제로 치환되어 다루어 진 경향이 있는데, AASO 개교도 혼혈아 모자 당사자가 학교 문제를 직접 해결하고자 나섰기 때문에 가능하게 되었다. AASO는 최초의 아메라시안 학교로서 5명의 아메라시안 어머니들이 고군분투하여 마련한 교육 시설이다.[34]

---

34 AASO 설립 과정은 순탄치 않았다. 대다수의 아메라시안이 다니던 학교 '오키나와 크리스천 스쿨 인터내셔널'은 교사의 노후화와 학생 수의 증가로 1997년에 이전하게 된다. 신축 교사는 산업폐기물을 투기하던 곳에 세워졌는데, 이 폐기물의 영향으로 학생들은 심각한 건강상의 문제를 안게 되었다. 이 사실은 미디어에 크게 보도되었지만, 오키나와현은 안이하게 대처할 뿐이었다. 결국 학부모들은 자녀를 공립학교, 아메리칸 스쿨로 전학시키거나 프리 스쿨, 홈스쿨링을 선택해야 했다. 프리 스쿨에 자녀들을 보내고 있던 5명

아메라시안의 영문 표기를 자세히 보면 아메리카의 'A'와 아시아의 'A'가 모두 대문자로 표기되어 있는 것을 알 수 있다. 아메리카와 아시아의 피를 이어 받은 하나의 인간으로서 평등한 권리를 가지기를,[35] 그리고 부모의 뿌리인 미국(아메리카)과 일본(아시아) 양국의 문화를 몸에 익히기를 바라는 뜻에서 대문자 'A'는 나란히 표기되었다.[36] 때문에 AASO의 교육의 모토는 '더블 교육'이다. 아메라시안 아이들은 두 개의 언어, 두 개의 문화를 모두 배울 권리와 필요가 있지만 이를 만족시킬 만한 학교는 AASO가 개교하기 전까지 없었다. 일본 국적만을 가지는 아메라시안의 경우에는 인터내셔널 스쿨에 입학할 수 없고,[37] 입학이 가능하더라도 인터내셔널 스쿨에서는 일본어를 제대로 배울 수 없다. 만약 공립학교에 입학하면 예상대로 편견과 차별에 노출되고 만다. 미국인 아버지가 있는 경우에는 대부분 아메리칸 스쿨에 입학하지만, 아버지의 부재로 이러한 선택을 처음부터 할 수 없는 모자가정의 아메라시안이 공립학교를 선택하면 '기지의 달갑잖은 산물基地の落とし子'라는 딱지가 어김없이 붙고 마는 것이다.[38] 또한 공립학교에서는 미국 문화에 대해 접할 기회도 적어 자기 정체성 확인 작업도 용이하지 않은 것

의 어머니들이 중심이 되어 '아메라시안의 교육권을 생각하는 모임'(1997.11)이 결성되고, 이들이 비용을 마련하여 AASO가 개교하게 되었다(1998.6).

35 혼혈아를 뜻하는 국제아의 경우, 주로 행정용어로 사용된 측면이 있으며, 또 일본국적만 가지는 아메라시안 아이들은 이 범주에 속하지 않았다. 미국적, 미일 양국적, 일본국적 등, 아메라시안 아이들이 처한 다양한 상황을 포괄하는 의미에서 아메라시안이라는 용어가 학교 이름에 사용되었다.(照本祥敬編, 『アメラジアンスクール―共生の地平を沖縄から』, 蕗薹書房, 2001, 82쪽)

36 위의 책, 182쪽.

37 부모가 모두 일본인이라도 충분한 경제적 지원이 전제가 되는 경우에는 입학이 가능하였다.

38 照本祥敬編, 앞의 책, 87쪽.

이 사실이었다. 이러한 배경 속에서 AASO는 1998년에 아메라시안 어머니들에 의해 설립되었고, 2003년에는 공립소학교 및 중학교와 연계하여 출석일수와 학습 내용, 성적 등을 공유함으로서 졸업을 인증 받을 수 있게 되었으며, 2004년에는 NPO법인으로 새롭게 출발하게 되었다. 교사는 기노완시 소유의 건물을 사용하고 있지만 그 외 재정적 보조 등은 받지 못해 기부금으로 운영하고 있다. 현재 AASO는 유치원 및 소학교, 중학교 과정을 마련하여 운영하고 있으며 학생 수는 70명 정도이다. 대부분의 학생들은 중학교 과정을 수료하기 전에 공립학교로 전학하거나 미국으로 이주하기도 한다. 중학교 과정을 수료한 학생의 경우, 학적을 연계하고 있는 공립학교의 학생으로서 고등학교 입학 수험을 치를 수 있다. 한편, 일본인 학생의 입학은 불가능하다.

앞에서도 지적한 바와 같이 AASO의 모토는 '더블 교육'이다. 따라서 AASO의 수업 구성도 두 갈래로 대별된다. 일본인 선생님으로부터 일본어와 일본의 교과목을 배우는 시간과 미국인 선생님으로부터 영어와 미국의 교과목을 배우는 시간으로 크게 나눌 수 있는데, 전자는 일본의 학습지도요령을 기준으로 삼고 있고, 후자는 미군기지내의 학교 커리큘럼을 참고로 하고 있다. 학년별, 과목별 수업 시간은 특별히 정해져 있지 않으며, 각 학급의 학생들의 필요에 따라 적절하게 실시된다. 일본어·영어 합동 수업, 각 과목을 횡단하는 특별 프로젝트 등 독자적인 커리큘럼도 운영되고 있다. 유치원에서의 각종 활동(독서, 게임, 춤 등)은 거의 영어로 진행되며, 소학교 과정에서는 영어로 진행하는 교육과 일본어로 진행하는 교육의 비율이 8 : 5이고 중학교 과정에서는 5 : 5이다.[39] 이러한 운영은 아메라시안의 일상적 환경을 고려한 것으로, 이들이 주로 일본어 환경 속에 있기 때문에 영어 구사력 보완이 필요하다는 사정을 반영한 것이다. 두 언어의 구사 능력 균형을 위해서라도 영어 수업의 비중이 커질 수밖에 없겠지만, 아메라시안의 영어 능력은 사회적 차별을 완화하는 방책이기도 했기 때문에 영어 교육은 더욱 중요하게 다루어졌다. "하프인 주제에 영어를 말할 수 없는 '시마 하프'는 '미국인 아버지에게 버림받은 아이', '모자 가정', '미국과도 관련이 없는 아이'로 낙인이 찍혀 차별과 멸시의 시선에 노출되기 쉬웠고, 영어 실력 여부에 따라 '멋진 하프'가 될 수도 있고 '경멸하는 시마 하프'가 될 수도 있었다."[40]

일본어와 영어, 두 언어로 진행되는 AASO의 교육 시스템이 부각되면서 '더블 교육'이 '바이링구얼bilingual' 교육과 동일시되는 경우도 적지 않지만, '더블 교육'과 '바이링구얼 교육'은 명확히 다르다고 한다. '더블 교육'은 두 개의 모어를 가지는 사람들을 위해 고안된 것으로, 일본어와 영어를 모두 모어로 하는 아메라시안이 그 대상이다. 외국어 학습을 전제로 2개 국어 이상을 능통하게 구사하려는 목적을 가진 '바이링구얼 교육'과는 이러한 점에서 확연하게 구별된다. 뿐만 아니라 '더블 교육'은 언어 습득을 목적으로 하는 것이 아니라 자신의 뿌리를 이해하고 두 문화에 접근하는 것이 최종적인 목적이다. 이러한 교육 목표와 이념에는 '일본인', 혹은 '미국인'으로 사는 것이 아니라 '아메라시안'으로서 프라이드를 가지기를 원하는 아메라시안 어머니들의 염

---

39 アメラジアンスクール・イン・オキナワ, 『NPOアメラジアンスクール・イン・オキナ
   ワ 2011年度年次報告書』, 2012, 20~23쪽.
40 照本祥敬編, 앞의 책, 144쪽.

원도 담겨 있다.[41]

AASO의 '더블 교육'이 표방하는 바는 관념적으로는 가능하지만 현실적으로 어긋나는 지점도 없지 않다. 대부분의 아메라시안이 태어나 처음으로 접하는 언어는 일본어이며, 오키나와에서 공용으로 사용되는 말 역시 일본어라는 점을 염두에 두고 보면, 아메라시안이 두 개의 모어를 가진다고 말하기는 어려운 측면이 있다. 다시 말하면 일본어에 편중되어 있는 환경 때문에 아메라시안의 영어 학습 필요성은 더욱 커지는 것이며, AASO가 영어 교육에 역점을 둘 수밖에 없는 이유도 여기에 있다. 실제로 아메라시안 어머니들의 주된 요구는 아이들의 영어 실력 향상이다. 세 명의 아메라시안 자녀를 둔 어머니이자 AASO의 주된 설립자이며 현재에도 학교장 직을 맡고 있는 세이야 미도리 씨는 학교의 주된 목적 가운데 하나가 영어 교육에 있다고 밝힌 바 있으며,[42] 이러한 견해는 현재 AASO에 자녀를 보내고 있는 보호자들의 공통된 의견이기도 하다.

AASO에 자녀를 보내는 이유

- 미국인 아버지 및 친척들과 영어로 소통하기를 바라기 때문에

- 어릴 때 영어 발음을 익히도록 하고 싶어서

---

41 앞의 책, 182~183쪽.

42 "무리를 해서라도 아이들에게 제대로 된 영어교육을 받게 하고 싶었습니다. (그것은) 아메라시안 아이들과 어머니들에게 쏟아지는 오키나와 사회의 시선을 잘 알고 있기 때문입니다. 영어를 구사할 줄 모르고 일본 학교에 다니는 아메라시안에게는 아버지에게 버려진 '기지의 부정적인 부산물'이라는 인상이 늘 따라다닙니다. 이것은 엄마로서도 슬프고 동시에 분한 일입니다. 게다가 무엇보다도 저는 미국에 사는 아버지와의 인연을 끊고 싶지 않다는 생각이 강했습니다."(위의 책, 92쪽)

- 영어를 구사하지 못하는 '시마 하프'가 아닌 바이링구얼로 키우고 싶어서

- 국제결혼은 부모의 사정으로 한 것이므로, 그 책임을 아이에게 전가시킬 수 없기에

- 아이에게 바이링구얼 교육을 제공하는 것은 부모의 책임이라 생각하기 때문에[43]

'더블 교육'과 '바이링구얼 교육'의 차이점을 부각시키며 AASO의 고유한 교육 방식을 강조하고 있음에도 불구하고, 아이러니하게도 아메라시안의 보호자들은 아이들이 바이링구얼이기를 희망한다. 소통의 연결고리가 영어이기를, 가능하면 미국인과 닮은 발음으로 영어를 구사하기를, 일본어만큼 영어가 능숙하기를 바라고 있는 것이다. 보호자들의 일부는 재학생 및 졸업생의 언어능력이 균형을 이루고 있다는 점을 높이 평가하여 AASO에 자녀를 보내고 있다고 했으며, AASO에 대한 대표적인 요망 사항도 "영어 수업의 비율을 조금 더 늘려도 좋지 않을까"하는 것이었다. 보호자들은 아메라시안의 졸업 후의 진로를 오키나와 혹은 일본 국내로 한정하여 상정하지 않고 미국 등으로 확장하여 생각하였기 때문에 언어 문제는 현실적으로 선결되어야할 문제로 인식되었다.[44]

---

43 보호자 인터뷰는 AASO 이사이자 류큐대학 교수인 노이리 나오미와 오사카대학원생 히가 야스노리가 2011년에 공동으로 조사한 것이다.(アメラジアンスクール·イン·オキナワ, 앞의 책, 60~61쪽) 한 가지 유의하고 싶은 것은, 영어 학습에 대한 강한 의지가 학생이 아닌 학부모(특히 어머니)들에게서 확인되는 경우가 많다는 것이다. 학생과 학부모를 대상으로 더욱 자세히 조사해 보아야 알 수 있는 사항이지만, 영어 능력이 자녀의 사회적 성공을 담보하리라 여기는 학부모의 심정이 영어 교육에 대한 강한 집착으로 나타난 것이라 생각할 수 있다.

44 위의 책, 60~64쪽.

그런데 아메라시안의 어머니들이 아이의 영어 구사 능력을 절대 조
건으로 여긴 중요한 이유는 '아버지'라는 존재 때문이었다. 말하자면
미국인 아버지와의 원활한 의사소통은 가정을 안전하게 지키는 전제
가 되었던 것이다. 일본 사회 속의 타자인 외국인 아버지가 고립감을
느끼지 않고 가족 내에서 자리 매김하는데 아이의 영어 구사 능력은
도움을 줄 수 있고, 또 아이의 입장에서도 영어 능력을 갖추는 것이 아
버지와의 유대를 쌓기 용이했다.[45] 이와 같이 아버지의 부재가 초래하
는 연쇄적인 문제들(생계유지, 모자가정에 대한 편견 등)에 대한 염려는 영
어 학습 필요성으로 자연히 이어졌다. 한편, 아메라시안 아버지 역시
자녀의 영어 구사를 필요로 하였다. 일본어만 구사하는 아메라시안 아
이들이 사춘기에 접어들어 반항적 태도를 보일 경우, 아버지는 아이에
게 정확한 메시지를 전달하기 어렵다. 경우에 따라서는 일본어가 능숙
치 않은 아버지와 아이들 사이의 관계가 역전될 수도 있다. 이러한 우
려 때문에 아메라시안 아버지의 입장에서도 아이의 영어 능력은 중요
하게 인식되었다.[46] 이처럼 아메라시안의 영어 구사 능력은 가정의 안
정을 좌우하는 중요한 요소로 기능하고 있었다. AASO의 '더블 교육'은
'바이링구얼 교육'으로 치환될 가능성이 다분히 잠복되어 있었지만, 이
들 아메라시안은 일본어 환경 가운데서 영어 능력을 높임으로써 자신
의 정체성을 구성하는 두 뿌리에 대해 거듭 인식하는 계기를 마련하고
자 했다.

　그러나 이와 같은 '더블'은 곧 '싱글'로 변화될 계기를 맞이한다.

45　위의 책, 61쪽. 참고로 이 인터뷰 내용 가운데서 아버지의 일본어 능력은 고려되지 않았다.
46　위의 책, 61쪽.

AASO에는 중학교 과정까지만 마련되어 있기 때문에 대부분의 재학생들은 오키나와현 내의 공립 고등학교로 진학한다.[47] 그리고 이중국적을 가지고 있던 이들은 22세가 되면 어느 한 쪽의 국적을 선택해야만 한다. 복수의 요소를 가지고 있던 아메라시안은 결국 어느 한 쪽을 택하고 다른 한 쪽을 포기하는 기로에 서게 되고 마는 것이다. 아메라시안 가운데 타의에 의해 미국으로 보내진 경우, 그들의 '진짜' 뿌리 찾기 욕망이 종종 미디어에 보도되는 것을 볼 때, AASO의 교육이념과 현실의 괴리는 더욱 분명하게 드러나는 듯하다. 아메라시안의 '더블'에 대한 지향이 역설적으로 '하프'에 대한 강한 부정을 증명하는 것도 이 때문이다. 게다가 AASO 학교 자체에 대한 시선도 호의적이지만은 않다. "하프가 아니라 더블 교육이라니, 분에 넘치는 것 아닌가……. 미국에게 버려졌으면서 언제까지 넌덜머리나는 미국을 붙잡고만 있을 셈인가"[48] 하는 의견에는 미국에 의해 유기된 반쪽짜리의 온전하지 못한 '혼혈아'만이 존재하고 있을 뿐이다. 이와 같이 아메라시안 스스로 자리 매김을 분명히 하더라도 이들은 여전히 기존의 혼혈아 담론 내에 가두어져 있음을 알 수 있다.

그럼에도 불구하고 아메라시안이 자신의 정체성을 어느 한 쪽에 귀착시키는 것을 유보하면서 '더블'에 대해 고민을 거듭하는 행위는 국민국가에 의한 정체성 규정에 대해 반문하며 동일화의 폭력이 가지는 문제점을 성찰하도록 촉구한다. 사실, 일본어 환경에 노출되어 있는 경

---

[47] 2011년의 경우 33명의 졸업생 가운데 27명은 오키나와현 내의 공립 고등학교에 진학하였다. 나머지 졸업생은 특별지원학교 진학 1명, 미국 고등학교 진학 1명, 미군기지 내 고등학교 진학 1명, 현 내 인터내셔널스쿨 진학 2명으로 나뉜다. (위의 책, 6쪽)
[48] 上里和美, 『アメラジアン―もうひとつの沖縄』, かもがわ出版, 1998, 180쪽.

우가 많은 아메리시안들이 '아메리카'라는 정체성을 소유하기 위해 영어를 습득한다는 것은 쉬운 일이 아니다. "나는 왜 영어를 말할 수 있어야 하는가. 내가 영어를 말하지 못하는 것은 다른 일본인이 그러한 것처럼 당연한 일이다! 물론 나는 영어 공부를 하고 있지만 친구들에게 들킬까봐 두렵다",[49] "태어날 때부터 바이링구얼인 사람은 없으니 공부를 많이 해야 합니다. 만약 내가 더블이 되고 싶다면 그 권리를 가지기 위해서 공부를 두 배로 분발해야 합니다. 더블이 된다고 해도 나는 주변적 존재이겠지요. 양쪽을 가져도 모두 완전하게 가지지는 못할 테니까요. 그렇다고 해도 나는 양쪽 모두 가지려 합니다"[50]라는 아메라시안의 고백은, '더블'이라는 정체성이 선험적으로 주어지는 것이 아니라 이들의 의지를 통해 만들어져 가는 것임을, 또한 '더블'이라는 정체성 구성의 지난함을 잘 말해주고 있다. 더블 'A' 가운데 'America'를 소유하기 위해서는 강박적일 정도의 영어 학습이 필요시 된다. 이는 두 'A' 간의 비대칭적인 관계를 반증한다.

언어가 정체성의 위기를 초래하고 또한 이들에게 배타적, 폭력적으로 작용하는 것은 모어 일본어의 경우도 마찬가지다. 대부분의 아메라시안은 태생적으로 일본어를 모어로 부여받는다. 아메라시안이 모어인 일본어를 구사하는 것이 '비정상'적이고 '낯선' 풍경을 조장하는 것이라면, 이들에게 모어는 근원적이면서도 피할 수 없는 '폭력'일 수 있다.[51] 그러한 의미에서 혼혈아의 자기 정의는 'AmerAsian'이라는 또 하

---

49 S・マーフィ重松, 앞의 책, 190쪽.
50 위의 책, 194쪽.
51 서경식, 권혁태 역, 『언어의 감옥에서』, 돌베개, 2011, 33~34쪽.

나의 정체성을 구성하는 작업이라기보다 오히려 정체성 규정 행위 자체에 내포되어 있는 폭력성을 노정시키고 이를 끊임없이 의문시 하는 수행적 행위라고 말할 수 있을 것이다.

5. '규정'된 로컬리티에서 '교란'하는 로컬리티로

일본 본토의 국제결혼의 경우, 아내가 외국인이고 남편이 일본인인 경우가 70% 이상을 차지하지만, 오키나와에서는 역으로 외국인 남편을 가지는 일본인 아내의 경우가 70% 정도 된다. 그리고 오키나와에서의 외국인 남편 대부분은 미군이거나 군속인 경우가 많기 때문에, 오키나와에서의 국제결혼은 단지 국적이 다른 성인 남녀의 결합을 의미하는 것이 아니라, '기지의 섬'으로 명명되는 오키나와의 단면을 보여주는 하나의 사회 현상으로 해석할 수 있다.[52] 그리고 국제결혼을 통해 태어난 아이들, 소위 아메라시안은 미국과 오키나와, 혹은 미국·일본과 오키나와의 비대칭적인 관계를 상징하기에 이들의 존재는 오키나와가 직면한 현실의 메타포로 여겨져 왔다.

어렸을 때 세간의 어른들이 나에 대해 이렇게 말하는 것을 자주 들었습니다. "저 아이는 혼혈아인데 어머니는 술장사를 하고 있어. 어머니와 손님 사이에서 생긴 아이라 불쌍해." 나는 **우리(혼혈아)들은 오키나와 같다고 생**

---

[52] 아오모리현, 가나가와현, 나가사키현 등, 미군기지가 있는 다른 현과 비교했을 경우에도 미군과 결혼하는 일본인 여성의 비율이 압도적으로 높다.(宮西香穗里, 앞의 책, 4쪽)

각해요. 오키나와를 보면 일본인은 전쟁을 생각해 내지 않을 수 없습니다. 오키나와의 땅을 미국인이 빼앗았지만, 누군가가 자신의 나라를 지배하게 되면 그들에게 의존하지 않을 수 없어요. 그것은 고통스러운 일입니다. 우리들의 얼굴은 이러한 사정을 사람들에게 상기시켜요. 그래서 모두 우리를 보기 싫어하는 것입니다. (강조 — 인용자) [53]

자신들의 얼굴이 곧 오키나와가 처한 상황을 상징하는 것이라고 고백하는 한 혼혈 여성의 목소리에는 전쟁과 패전, 점령과 지배, 기지촌에 대한 경제적 의존 등 오키나와가 경험한 다양한 기억과 현실이 녹아 있다. 이러한 기억과 현실은 혼혈아를 '보기 싫은' 존재로 만들고, 이 '보기 싫음'이 혼혈아에 대한 차별과 소외의 원인이 되었음은 새삼 지적할 필요도 없을 것이다. 더욱 중요한 사실은 '세간 어른들', '일본인' 등, 소위 혼혈아 담론 구성체가 만든 혐오와 결핍의 시선을 혼혈 여성이 내면화하고 있다는 사실이다. 즉 혼혈아를 고정된 실체로 규정하는 타자의 이데올로기를 혼혈아 자신이 내면화하는 가운데 동일한 담론은 확대, 재생산되며, 다시 이들을 대상화하는 타자의 시선이 중첩되면서 혼혈아 담론은 고착되고 만다. 혼혈아에 대한 담론이 끊임없이 반복되고 재생산되는 것은 바로 이러한 순환적 구조 때문이다.

AASO가 실천하고자 한 'AmerAsian' 정의가 특별하게 느껴지는 이유는 이들의 행위가 대상화되어 버린 오키나와 혼혈아 담론에 균열의 지점을 일으키고 있다는 점 때문이다. '하프'의 혼혈아에서 '더블'의 'AmerAsian'

---

53 S・マーフィ重松, 앞의 책, 144쪽.

으로 전환시키려는 이들의 노력은 혼혈아의 복수의 주체성을 구체화한 하나의 예시라고 할 수 있다. 아메리카와 아시아 가운데서 어떤 한 쪽을 택하거나 흡수되는 것을 경계하고, 동일성과 균질성을 전제로 하는 국민 국가 테두리 안에 그들 스스로 가두어지지 않겠다는 의지의 표명인 'AmerAsian'는 아이덴티티의 '규정'이 아닌 '교란'을 자기 정의하기의 정치적 행위로 삼으려 하는 시도이다. 다시 말하면 이는 자신을 주변화시키는 구조 자체를 부정하는 행위이자 복수의 정체성이 공존, 또는 유동하는 것을 가능하게 만드는 실천이라 할 수 있는 것이다. 물론 이러한 의지를 지속적으로 유지하는 것은 용이한 일이 아니며, 현실적으로도 한계가 있다. 그러나 자신의 복수성을 끊임없이 환기시키며 스스로 현실 비판의 계기를 마련하고자 하는 이들의 행위는 동일성으로 무장된 이데올로기의 굳은 경계 안과 밖 모두를 상대화하고 하다.

참고문헌

시마부쿠 마리아, 「오키나와 혼혈아와 그 어머니 담론의 정치성」, 『아시아 신세기 3
　　　정체성 해체와 재구성』, 한울, 2007.

박경태, 『소수자와 한국사회』, 후마니타스, 2008.
이기라 외, 『공존의 기술』, 그린비, 2007.
정근식·주은우·김백영 편, 『경계의 섬, 오키나와─기억과 정체성』, 논형, 2008.
조정민, 『만들어진 점령서사─미국에 의한 일본 점령을 어떻게 기억할 것인가』, 산
　　　지니, 2009.

서경식, 권혁태 역, 『언어의 감옥에서』, 돌베개, 2011.
스피박, 가야트리·하라쉼, 새러 편·이경순 역, 『스피박의 대담』, 갈무리, 2006.
정영혜, 후지이 다케시 역, 『다미가요 제창─정체성·국민국가 일본·젠더』, 삼인, 2011.
필드, 노마, 박이엽 역, 『죽어가는 천황의 나라에서』, 창작과비평사, 1995.

S·マーフィ重松, 『アメラジアンの子供たち─知られざるマイノリティ問題』, 集英
　　　社新書, 2002.
アメラジアンスクール・イン・オキナ, 『NPOアメラジアンスクール・イン・オキ
　　　ナワ 2011年度年次報告書』, 2012.
マキノ正幸, 『才能』, 講談社, 1998.
宮西香穂里, 『沖縄軍人妻の研究』, 京都大学学術出版会, 2012.
大城将保, 『混血児─沖縄からの告発・国籍のない青春』, 国際情報社, 1985.
福地曠昭, 『沖縄の混血児と母たち』, 青い海出版社, 1980.
本田英郎, 『存在しない子どもたち─沖縄の無国籍児問題』, 汐文社, 1982.
上里和美, 『アメラジアン─もうひとつの沖縄』, かもがわ出版, 1998.
小熊英二, 『‘日本人’の境界』, 新曜社, 1998.
勝方=稲福恵子・前嵩西一馬, 『沖縄学入門』, 昭和堂, 2010.
安藤由美・鈴木規之・野入直美 編, 『沖縄社会の日系人・外国人・アメラジアン』, ク
　　　バプロ, 2007.

野本三吉, 『沖縄・戦後子ども生活史』, 現代書館, 2010.

照本祥敬 編, 『アメラジアンスクール—共生の地平を沖縄から』, 蕗薹書房, 2001.

佐野真一, 『沖縄 だれにも書かれたくなかった戦後史』, 集英社, 2008.

恵泉女学院大学平和文化研究所 編, 『占領と性 政策・実体・表象』, インパクト出版
　　会, 2007.

초국가시대 시티즌십의 재구성과 로컬 시티즌십[*]

이상봉

1. 시티즌십과 국민국가

글로컬화glocalization의 진전에 따라 국가의 경계를 넘나들며 살아가는 이주자들이 전례 없이 증가하는 등 이른바 초국가적 현상이 확대되고 있다. 이에 따라 영역성을 바탕으로 한 기존의 국민국가 틀만으로는 설명하기 힘든 다양한 요구들이 표출되고 있다. 국민국가의 단일성과 영역성이 여러 방면에서 도전받고 있다는 의미에서 이러한 시기를 초국가시대라고 표현할 수 있다. 시티즌십Citizenship은 근대 국민국가의 형성과 함께 개념화된 용어로 국민국가의 존재방식과 연동하면서

---

[*] 이 글은 필자의 논문 「초국가시대 시티즌십의 재구성과 로컬 시티즌십」(『대한정치학회보』 제20집 3호, 2013)을 수정하여 수록한 것이다.

존재해 왔다. 따라서 초국가적 현상의 확대에 따라 국민국가의 단일성과 영역성이 약화(상대화)되는 상황은 시티즌십의 존재방식을 둘러싼 논쟁으로 바로 이어진다. 즉, 단일하고 완결된 것으로 여겨지던 내셔널 시티즌십national citizenship을 대신하는 이른바 대안적 시티즌십에 대한 모색이 활발하게 이루어지고 있는 것이다.

최근 들어 쏟아져 나오고 있는 대안적 시티즌십의 다양한 형태들, 즉 '○○적 시티즌십'과 같은, 수식어가 달린 시티즌십 개념들은 국민국가의 상대화와 함께 변하고 있는 또는 변해가야 할 시티즌십의 유형적 특징들을 잘 드러낸다. 이러한 대안적 시티즌십 개념들을 분석해 보면 변화의 원인과 방향에 대한 일정한 흐름을 파악할 수 있다. 즉, 국민-국가nation-state를 구성하는 내이션nation과 스테이트state의 내용과 존재방식에 있어서의 변화가 가장 중요한 원인을 구성하며, 기존의 시티즌십 개념으로 설명하기 힘든 다문화적 상황에 대한 유효한 처방을 어떻게 담아낼 것인가? 가 변화의 방향과 관련해 가장 주목된다. 이글에서는 국민국가의 변화를 내이션과 스테이트 부분의 변화로 나누어 고찰한 다음 그 두 부분의 변화를 모두 반영한 새로운 형태의 대안적 시티즌십, 즉 '로컬 시티즌십'의 의미와 그 가능성에 대해 고찰하고자 한다.

1) 데모스와 에스노스의 결합

시티즌십citizenship은 성원자격, 권리와 의무, 집단적 아이덴티티 등 다양한 의미로 사용되는 논쟁적인 용어이다. 마셜T. H. Marshall의 고전적인 정의에 따르면, 시티즌십이란 어떤 공동사회의 완전한 구성원인 사람들에게 주어진 지위를 의미하며, 또 그 지위에 의해 주어진 평등한 권리와 의무를 나타낸다.[1] 시티즌십은 법적인 레벨에서의 권리와 의무를 나타내는 좁은 의미로 사용되기도 하지만 민족성ethnicity이나 출신과 같은 문화적인 의미를 포함하는 넓은 의미로 쓰이기도 한다.

넓은 의미로 쓰이는 시티즌십에는 시티즌citizen의 요소와 내이션nation의 요소가 모두 포함되어 있다. 시티즌십의 기반이 되는 시티즌과 내이션은 각기 다른 어원과 역사를 가지며, 고대와 중세시기를 거치면서 각기 나름의 고유한 의미를 형성했다. 이들 용어에 대한 역사적 분석에 따르면, 양자는 용법상 서로 확연히 구분된다. 즉, 시티즌이 정치적 활동에의 참가 자격을 주된 본질로 삼고 있다면, 내이션은 기원이나 생활을 함께하면서 결합된 동질적인 집단을 주로 나타내었다.

그런데 근대 국민국가nation-state의 형성과 함께 양자의 의미는 결합된다. 즉, 국민국가의 성원자격을 의미하는 시티즌십에는 정치-법률적인 구성원demos이라는 의미와 에스닉-역사적인 공통성ethonos의 의미가 모두 담겨있다. 남성 유산계급에 국한되어 도시공동체의 맥락에서 주로 기능하던 근대 이전의 시티즌십은, 정치공동체의 단위가 도시를 넘어 국민국가로 확대되면서 통합의 원리인 내이션 개념과 결합하게 되었던 것이다.

근대국가를 형성한 사회계약은 에스닉-역사적 공통성에 반드시 기인한 것은 아니었다. 적어도 이론상으로는 자유롭고 평등한 시민들 간

---

[1] T. H. Marshall and Tom Bottmore, *Citizenship and Social Class*, London : Pluto Press, 1992, p.18.

의 합의에서 유래한다. 즉, 근대적 시티즌십은 혈통이나 아이덴티티의 공유와 같은 에스닉 요소보다 정치 공동체의 성원이 자기결정의 주체가 되는 시민적 권리에 주로 근거하게 되며, 이로써 시티즌십은 특권적 지위나 신분이 아니라 계약에서 비롯되는 평등한 제 권리를 의미하게 된다. 하지만 근대국가가 인민의 자기 입법을 통해 정당성을 창출하기 위해서는 법의 효력이 미치는 영역적 경계와 이에 기반 한 국민의 범주를 필요로 한다. 이것이 국가 단위의 에스닉 공통성이 만들어지는 이유이다. 이처럼 정치적 권리의 평등한 주체demos의 의미와 에스닉 공통성ethonos이 결합되어 근대의 내셔널 시티즌십national citizenship이 구성된다. 이러한 결합으로 인해 보편적 인권에 기반 한 자기통치의 권리는 다시 특수한 성원권에 기반 한 국민의 권리로 전환된다. 벤하비브S. Benhabib가 말하는 민주적 정당성의 역설paradox of democratic legitimacy이 발생하는 것이다.[2] 이러한 역설로 인해 시티즌십은 배타성을 띠게 되고 나중에 이주자들의 권리와 관련한 딜레마에 처하게 된다.

　다른 각도에서 보면, 국민국가의 형성과정은 내이션nation이라는 공동체가 스테이트state라는 정치적 제도와 결합하는 메커니즘이며, 이는 시티즌십의 본질 및 존재방식을 재구성함에 있어 중요한 의미를 지닌다. 밀러D. Miller는 양자의 관계를, "'내이션'이란 정치적인 자기결정을 행하고 싶어 하는 사람들의 공동체라는 의미이며, '스테이트'란 이러한 사람들이 자신들을 위해 갖기를 열망하는 일련의 정치적 제도들"이라고 설명한다.[3] 대개의 경우 내이션은 고유의 아이덴티티에 기반 한 에스

2 　S. Benhabib, *The rights of others : Aliens, Residents and Citizens*, Cambridge : Cambridge University Press, 2004, p.44.

닉 공동체에서 유래하며 다른 에스닉 집단에 대해 배타적이다. 그러나 내이션 내부에 다른 에스닉 집단이 많이 포함되게 되면 내이션은 더 이상 에스닉 공동체로서의 성격을 유지하기 힘들게 된다. 미국이나 호주와 같이 이민을 통해 형성된 국가들이 그 좋은 사례이다. 이와 관련해 겔너E. Gellner는, "지구상에는 잠재적인 내이션이 무수히 존재하고 있지만, 그 보다는 훨씬 적은 정치단위가 존재할 여지밖에 없다. (…중략…) 따라서 모든 내이션이 국가를 가질 수는 없으며 내이션은 동질적인 민족성에서 만들어진다는 전제는 잘못이다"라고 지적한다.[4]

역사적인 관점에서 보면, 혈통이나 아이덴티티의 공유에 근거하던 내이션의 전통적 개념은 근대에 접어들면서 "내이션은 실재적인 주체이자 주권 권력의 궁극적인 담지자라는 신념"을 새롭게 추가한다.[5] 내이션을 에스닉 공동체에서 더 나아가 국민국가를 정당화하는 근거로 삼는 이러한 논리는 도시공동체를 넘어 국가라는 보다 크고 추상적인 단위에서의 정치적 통합을 이끌어냈다는 점에서 중요한 의미를 가진다. 이를 근거로 경우에 따라서는 혈통이나 아이덴티티의 공유 없이도 거대한 국민국가를 형성할 수 있었다. 미국의 사례는 이를 잘 나타낸다. 여기서는 다수파에 뿌리를 둔 데모스가 에스노스를 적절히 대신하고 있다. 이처럼 근대의 내이션 개념은 데모스와 에스노스의 요소를 모두 품고 있으며, 국민국가는 이 양자를 담는 용기 또는 양자가 결합되는 방식이다.

3　D. Miller, *On Nationality*, New York : Oxford University Press, 1995, p.19.
4　E. Gellner, *Nations and Nationalism*, New York : Cornell University Press, 1983, p.2.
5　D. Miller, *op.cit.*, p.31.

2) 내이션의 본질 – 에스닉 요소와 시민적 요소

국민국가 형성의 기반이 된 내이션 또한 상당히 논쟁적인 개념이다. 그 가운데 가장 핵심적인 논쟁거리는 그 본질을 어디에 둘 것인가의 문제, 즉 에스닉 요소를 강조하는 원초주의자primordialists와 시민적 요소를 중시하는 근대주의자modernists의 계속된 논쟁이었다. 이러한 논쟁은 근대적 내이션 개념 속에 에스닉 동질성에서 비롯하는 공동체 의식과 민주적 정치제도로서의 공화주의 의식이 모두 존재한다는 점을 반증한다. 전자가 원초적인 운명공동체를 의미한다면 후자는 자유와 평등에 입각한 법치공동체를 나타낸다. 근대 국민국가란 이 양자의 결합에 의한 산물, 즉 에스닉 단위와 정치적 단위를 일치시키려는 하나의 정치적 원리였던 것이다.[6]

근대적 내이션의 형성에 에스닉 요소는 중요한 역할을 하였다. 하지만 그것만으로 근대적 내이션이 형성되지는 않는다. 스미스A. D. Smith는 에스닉 요소와 시민적 요소의 종합을 통해 논쟁을 종결짓고자 한다. 즉, 내이션은 에스닉 기원을 가지며 이는 전근대와 근대의 내이션을 관통하는 유사성이다. 따라서 에스닉공동체ethnie는 인류 역사의 모든 단계에 항구적으로 존재하는 내이션의 소재라 할 수 있다. 하지만 에스닉공동체에 내재하는 어떤 본성에 의해 내이션이 형성되는 것은 아니다. 근대유럽의 3가지 혁명, 즉 경제적, 정치적, 문화·교육적 혁명이라는 외부적 요인을 거치면서 비로소 내이션으로 변모한다.[7] 나아

---

6   E. Gellner, *op.cit.*, p.39.

7   A. D. Smith, *The ethnic Origins of Nations*, Oxford : Basil Blackwell, 1986, pp.131~134.

가 스미스는 내이션의 유형을 영역적인 것과 에스닉적인 것으로 구분한다. 영역의 공통성에 기초를 둔 내이션은 법에 의한 결집, 시민권에 의한 멤버십, 공통의 문화 등을 특징으로 하며 주로 서구의 경험을 통해 생겨난 것이다. 이에 비해, 에스닉 유대를 기초로 하는 내이션은 상상된 피의 결집, 인민주의, 전통적 토착주의 등을 특징으로 하며 동구의 경험에 근거한다.[8] 여기서 근대적 내이션의 바람직한 모델은 서구에서 생겨난 시민적·영역적 내이션이었고, 이것이 성립하는 과정에는 거의 언제나 에스닉 공동체의 전통이 상기되지 않으면 안 되었다. 이러한 전형적인 시민적·영역적 내이션 모델은 지극히 서유럽 중심적이다. 이에 비해 에스닉 모델은 서구의 영역적인 모델에 대항하는 의미, 즉 영역적 모델을 정착시키기 위해 원용되는 것에 불과했다. 이 점은 시티즌십의 재구성과 관련하여 주목해 둘 필요가 있다.

국민국가가 에스닉 경계와 정치 공동체의 경계를 일치시키는 일은 결코 쉽지 않았다. 그 과정은 포섭과 배제를 수반할 수밖에 없었고 국민국가가 지닌 강제력에 의해 수행되었다. 따라서 글로벌화에 따른 국민국가의 약화는 강제력에 의해 유지되던 데모스와 에스노스의 결합에 다시 균열을 초래한다. 국민국가가 이러한 균열을 봉합하는 방식에는 데모스와 에스노스가 일치하도록 국민국가를 재영역화하는 방식도 있을 수 있지만, 이를 대신할 새로운 통합원리를 찾는 방식도 있을 수 있다. 실제로 근대적 시티즌십의 존재방식을 문제 삼는 최근의 논

---

8 스미스에 의하면, 서구 내셔널리즘은 공통의 영토를 보유하고, 일련의 공통의 법에 복종하며, 공통의 시민문화에 참가하는 인민이라는 관념에 기반 한 '시민적–영토적'인 것이며, 반면, 동구 내셔널리즘은 공통의 출신과 문화에 의해 결부된 인민이라는 관념에 기반 한 '에스닉–혈통적'인 것이다. A. D. Smith, *op.cit.*, 1986, p.138~144.

의들은 국민국가, 즉 국민nation과 국가state의 결합방식을 재구성하려
는 시도와 무관하지 않다. 스테이트(국가적 데모크라시)가 여전히 유효하
다면 내이션의 재구성을 통해 새로운 통합원리를 찾으려 할 것이고,
내이션의 재구성만으로 문제 해결이 힘들다면, 스테이트를 대신할 새
로운 정치제도나 원리의 모색이 필요할 것이다.

2. 초국가시대 시티즌십의 변용

1) 데모스와 에스노스의 분리

최근 들어 시티즌십을 둘러싼 쟁점들이 다양한 형태로 표출되고 있
다. 이는 시티즌십이 일련의 권리와 의무를 규정하는 법적 레벨에서만
이 아니라, 멤버로서의 아이덴티티, 시민적 미덕civic virtue, 사회적 응집
력social cohesion의 이념 등 다양한 의미와 가치를 나타내는 용어로 폭
넓게 사용되고 있기 때문이다.[9] 시티즌십의 의미나 가치의 다양성과
함께 그것이 구체적으로 작동하는 방식 또한 국가에 따라 차이가 난
다. 이것이 현재의 시티즌십 논의가 착종된 듯 보이게 만든 하나의 원
인이기도 하다. 그러나 초국가시대를 맞아 활발하게 제기되고 있는 시
티즌십 논의의 흐름을 살펴보면, 거기에는 상반되는 두 가지 해석이
자리하고 있음을 알 수 있다. 그 하나는 초국가적 현상의 확산이 국민

---

9   W. Kymlica and W. Norman, *Citizenship in Diverse Societies*, Oxford : Oxford University Press, 2000, p.30.

국가에 기반 한 시티즌십의 약화로 이어질 것이라는, 이른바 시민권 쇠퇴론decline of citizenship의 입장이다.[10] 샌덜M. Sandel이나 왈쩌M. Walzer 등의 공동체주의자에서 사회민주주의자에 이르기까지 다양한 사상적 스펙트럼의 학자들이 이러한 입장에 가세하고 있으며, 이들의 주된 관심은 시티즌십을 위협하는 이주민 증대 등의 문제에 국민국가가 어떻게 효과적으로 대처할 것인가에 놓여 있다. 다른 하나는 국민국가의 틀로서는 더 이상 설명하기 힘든 초국가적 존재의 증대를 계기로, 문화적 소수자의 권리와 다양성을 인정하자는, 이른바 다문화적 시민권 multicultural citizenship의 입장이다. 다문화적 시민권을 주장하는 대표적인 학자인 킴리카W. Kymlicka는, 국민국가의 통합을 부정하지는 않지만, 내셔널 아이덴티티의 허구성을 지적하면서 국가 내에 존재하는 다양한 내셔널national 또는 에스닉ethnic 소수자들의 권리를 정치적 ·통합의 외연을 확장하는 의미에서 인정해야 한다고 주장한다.[11] 전자가 앞서 말한 내이션의 구성요소 가운데 데모스에 주목한 논의라면, 후자는 에스노스와 관련되어 있다. 콘H. Kohn이 정치적 의지에 기반 한 서유럽의 내셔널리즘과 문화적 동질성에 기반 한 동유럽의 내셔널리즘을 유형화시켜 구분한 이후,[12] 데모스 vs 에스노스, 시민적 vs 민족적, 국가적 vs 문화적 등과 같은 2분법은 연구자들에 의해 즐겨 사용되어 왔으며, 초국가시대 시티즌십의 변화를 바라보는 시각도 대체로 이러한 분류의 연장선상에 위치하고 있다.

---

[10] S. Benhabib, *op.cit.*, 2004, p.114.

[11] W. Kymlicka, *Multicultural Citizenship : A Liberal Theory of Minority Rights*, Oxford : Oxford University Press, 1995, pp.30~33.

[12] H. Kohn, *Nationalism : It's Meaning and History*, Princeton, NJ : Van Nostrand, 1995.

초국가시대를 맞아 시티즌십은 새로운 변화, 즉 '포스트-내셔널 시티즌십'을 모색하고 있다. 소이살Y. N. Soysal은 그 특징으로 국경초월성, 멤버십의 다중성, 정당화의 기초로서의 인격 또는 보편적 이데올로기 등을 들고 있다.[13] 여기서 그동안 제기된 포스트-내셔널 시티즌십의 다양한 형태들을 유심히 살펴보면, 두드러진 특징을 발견할 수 있다. 그것은 국민국가의 형성과 함께 결합되었던 데모스와 에스노스가 다시 분리되는 경향이다. 양자를 분리한 뒤 어느 한쪽을 특별히 강조하려는 경향, 즉 '시민적(국가적) 시티즌십'의 지향과 '에스닉(문화적) 시티즌십'의 강조라는 서로 다른 움직임이 확인된다. 1990년대 이후 제시된 다양한 시티즌십의 모델 가운데, 'EU 시티즌십', '글로벌 시티즌십', '시민적 시티즌십(하버마스)' 등이 전자에 무게를 두고 있다면, '다문화 시티즌십(킴리카)', '유연한 시티즌십(옹)', '다중 시티즌십(히터)'[14] 등은 민족성이 카테고리로서 여전히 유효함을 강조하고 있다.

2) 시티즌십이 국경을 넘는 방식

초국가적 현상에서 시티즌십 변화의 계기를 읽어내려는 일련의 학자들은 이주자들의 실천에 주목한다. 옹A. Ong이 주장하는 '유연한 시티즌십flexible citizenship'의 개념은 이러한 이주자들의 시티즌십 유형을

---

13 Y. N. Soysal, "Changing Citizenship in Europe : Remarks on post-national State, in D. Cesarani and M. Fulbrook(eds.), *Citizenship, Nationality and Migration in Europe*, New York : Routledge, 1996, p.22.

14 D. Heater, *Citizenship*, London : Longman, 1990.

잘 표현하고 있다.[15] 두 개 이상의 국가에 걸쳐 살아가는 이주자들은 시티즌십이 국경을 넘는 방식을 잘 드러내고 있다. 특히 자본의 논리를 좇아 초국가적인 사업을 수행하는 자들은 확실히 국민국가의 경계를 무력화하는 듯 보인다. 그러나 이러한 유연한 시티즌십의 주체는 일부 엘리트 계층에 한정되고 있다. 값싼 노동력만을 밑천으로 일자리를 찾아 이동하는 다수의 이주노동자들은 유연한 시티즌십의 주체가 아니라 시티즌십에서 배제되기 일쑤다. 이처럼 이주자들이 국경을 넘는 방식은 일률적이지 않다. 특히 엘리트 계층과 하층 이주노동자들의 초국가적 실천은 서로 양극화된 극명한 차이를 드러낸다.

또한 국가의 경계를 벗어나 살고 있다고 해서 모두가 초국가적 실천을 행하는 것은 아니다. 국민국가의 경계를 무력화하는 초국가적 실천과는 달리, 세계 도처에 흩어져 살고 있지만 여전히 국민국가의 카테고리에 포획되어 있는 경우도 적지 않다. 이들은 자신의 경계를 넘어 내셔널 아이덴티티를 확대 재생산하려는 국민국가의 전략에 부응하는, 이른바 '탈영역화된 국민국가deterritorialized nation-states'의 구성원이다.[16] 광범위한 세계적 네트워크를 가진 화교의 활동이나 다른 국가에 거주하는 동포들에게 국정선거권과 같은 일정한 시티즌십을 부여하려는 시도들은 탈영역화된 국민국가의 대표적인 형태로 볼 수 있다. 여기서는 내이션의 구성요소 가운데 데모스보다 에스노스가 여전히 강조된다.

---

15 A. Ong, *Flexible Citizenship : The Cultural Logics of Transnationality*, Durham : Duke University Press, 1999.
16 L. Basch, N. G. Schiller and C. S. Blanc, *Nations Unbound : Transnational Project, Postcolonial Predicaments and Deterretorialized Nation-State*, Lodon : Routledge, 1994, p.269.

초국가적 존재들에 국가가 대응하는 방식은 송출국과 수입국이 서로 다르다. 국민국가의 탈영역화 전략이 에스노스를 매개로 초국가적 존재들을 내셔널 아이덴티티의 범주 속에 계속 묶어두려는 송출국의 전략이라면, 수입국은 자국 영역 내에 거주하는 이질적인 타자들이 내셔널 아이덴티티를 위협하지 않도록 적극적인 포섭과 배제의 전략을 구사한다. 즉, 내셔널 아이덴티티의 재구축(재영역화)을 통해 영역에 대한 지배를 재생산하고자 한다. 초국가적 존재들을 둘러싼 내보낸 국가와 받아들인 국가의 이 같은 대응전략의 차이는 복수국적을 둘러싼 논의에서 잘 나타난다. 받아들인 국가는 반드시 이주자의 인권보장이라는 규범적 가치에 입각해서가 아니라 국가이익이라는 전략적 고려에 의해 복수국적을 허용하기도 한다. 즉, 국가 경제에 필요한 고급 전문인력의 유치 등과 같은 실질적 필요성에 의해 복수국적이 허용되기도 하는 것이다. 하지만 전체적으로 보면, 복수국적의 허용은 초국가적 존재들을 자신에게 유리한 방식으로 포섭하기위한 내보낸 국가와 받아들인 국가의 서로 다른 전략, 즉 탈영역화와 재영역화 전략의 산물로 보아야 한다.

3) 국민국가의 상대화

글로컬화glocalization, 즉 국민국가의 위와 아래에서 동시에 진행된 공간의 재영역화는 아이덴티티를 규정하는 중요한 카테고리로서의 국민국가 지위를 약화시키고 있다. 이제 사람들은 자신의 아이덴티티를 국가를 넘은 글로벌 공동체나 국가 하위의 로컬 공동체에 의해서도 정의하고자 한다. 특히 다양한 에스닉 배경을 가진 초국가적 존재들이 뒤섞여 살아가고 있는 디아스포라적 공간diasporic space의 현실은 국가가 더 이상 유일한 카테고리가 될 수 없음을 적나라하게 보여준다. 그곳에서는 현실적인 국적에 관계없이 같은 에스닉 루트를 가진 자들끼리 ○○계 주민이라는 별도의 네트워크를 만들어가고 있으며, 국적과 에스닉 루트를 달리하는 사람들이 생활권을 중심으로 모여 새로운 디아스포라 정체성을 형성하기도 한다.

내셔널 아이덴티티와 그 외의 종교적, 에스닉, 지역적 아이덴티티 등이 양립할 수 없는 것은 아니지만, 국가 이외의 다양한 아이덴티티에 대한 귀속이 강해질수록 내셔널 아이덴티티의 지위가 상대화 될 것은 분명하다. 다만 현재의 단계는 국가가 단일하고 포괄적인 아이덴티티의 원천으로서의 유효성을 잃어가고 있지만 그 대체물에 자리를 넘겨준 것은 아니다. 즉, 카테고리로서의 내셔널 아이덴티티는 여전히 유효하지만 다른 카테고리들과 경쟁하고 있는 것이다. 경제적 이익 등의 실질적인 이유로 EU라는 초국가적 아이덴티티를 지지한 사람들도 그들의 정서적 충성심emotional loyalty은 여전히 그들의 조국country of origin을 향하고 있다는 조사결과는 내셔널 아이덴티티의 여전한 유효성을 잘 대변한다.[17]

EU는 새로운 초국가적 시티즌십의 전형적인 사례로 흔히 언급된다. EU가입국가의 시민은 EU시민으로서의 권리, 즉 연합 시티즌십Union

---

17 N. Wilterdink, "An Examination of European and National Identity", *Archives Européennes de Sociologie*, 34, 1993, pp.119~136.

Citizenship을 가진다. 그들은 국적에 관계없이 EU 내의 어느 곳에서나 살 수 있고, 직업을 가질 수 있으며, EU의회의 선거와 거주하는 지방의회의 선거에서 선거권과 피선거권을 가진다.[18] 이것은 유럽지역에 국한된 것이기는 하지만 자본과 인간의 초국가적 이동이 초래한 결과라고 할 수 있다. 국경을 넘은 실질적인 활동이 국민국가 주권의 절대성을 상대화하는 결과로 이어진 것이다.

또한 EU에서는 정주외국인에 한해 국적의 변경 없이도 일정한 사회적 권리social rights를 부여한다. 공민적 권리civil rights, 정치적 권리political rights, 사회적 권리social rights라는 역사적 발전 단계를 거쳐 형성된 시티즌십의 단일하고 완결된 모델이 분해되고 있는 것이다. 벤하비브S. Benhabib는 이를 '시티즌십의 분해Disaggregation of Citizenship'로 표현한다.[19] 이제 정주외국인들은 해당국가의 국적 없이도 일정한 공민적 · 사회적 권리를 갖게 되었다. 국적과 관계없이 이 같은 권리들이 주어진다는 것은 국민국가의 지위가 상대화된 또 하나의 증표이다. 이는 또한 사회적 권리를 획득하기 위해 억지로 주류 문화에 동화되거나 자신의 아이덴티티를 부정할 필요가 없다는 것을 의미한다. EU의 사례는 국적과 시티즌십의 관계에 관한 두 가지 가능성을 모두 나타낸다. 즉, 한편으로는 EU 가입국의 국민에 한해 EU의회나 지방선거 참정권을 부여한다는 점에서 국적과 시티즌십이 여전히 결합되어 있음을 나타낸다. 다른 한편으로는 단일의 완결된 시티즌십fully citizenship은 이제 분해되고 있

---

18 S. Benhabib, "Citizens, Residents, and Aliens in a Changing World : Political Membership in the Global Era" *Social research* vol 66, no 3, Graduate Faculty of Political and Social Science, New School for Social Research, 1999, p.717.

19 S. Benhabib, "Disaggregation of Citizenship Rights", *Parallax* vol. 11, no. 1, 2005, p.13.

으며, 이러한 분해된 시티즌십은 국적과 별도로 존재할 수 있다는 가능성을 제시한다.

국가의 상대화는 EU나 글로벌 공간과 같은 국가를 넘은 스케일에서만이 아니라 국가하위의 스케일에서도 진행된다. 글로컬화는 국민국가라는 단일한 공간을 보편적인 전지구적 공간과 장소에 뿌리내린 로컬 공간을 좌우 축으로 하는 복수의 경합하는 공간으로 바꾸어 간다. 다원화된 공간 구조 속에서 글로벌 공간, 국가 공간, 로컬 공간이라는 각 층위들은 중층적인 내적 관계를 새롭게 형성한다. 테일러P. J. Taylor가 글로벌은 실제적real, 국민국가는 이념적ideological, 로컬은 경험적experienced 특성을 가진다고 말한 것처럼,[20] 경제는 글로벌, 정치는 내셔널, 문화는 로컬 공간에 친화적이며 각각 나름의 존재의미를 지닌다.

이처럼 국민국가의 지위가 상대화되면서, 시티즌십 또한 로컬, 내셔널 그리고 트랜스 내셔널의 레벨에서 중층적으로 구성된다. 이에 주목한다면, 기존의 내셔널 시티즌십을 넘어서는 새로운 스케일의 시티즌십을 적극적으로 모색할 필요가 있다. 앞서 살펴본 EU 시티즌십은 얼핏 국민국가를 초월한 것처럼 보이지만, EU 회원국의 국민과 그렇지 않은 자를 여전히 구분한다는 점에서 국민국가의 틀을 완전히 벗어나지는 못한다. 새로운 스케일의 시티즌십 모색은 국민국가 형성의 메커니즘에 대한 성찰, 즉 내이션-스테이트의 스테이트 부분에 대한 재구성을 포함해야 한다. 국가 = 데모크라시라는 기존의 틀을 의심하고 '스테이트'의 새로운 존재방식을 찾아야 하는 것이다.

---

20 P. J. Talor, "A Materialist framework for political geography", *Transactions* 7, institute of British Geographer, 1982, pp. 15~34.

3. 다문화주의와 시티즌십 - 차이의 수용 방식

1) 이주민과 내셔널 시티즌십

국민국가는 포섭과 배제의 전략을 통해 어느 정도 내셔널 아이덴티티를 유지해 왔지만, 다문화적 상황의 확산은 시티즌십이 당면한 중대한 위기로 인식되고 있다. 전 세계 국가의 10% 정도만이 진정한 의미의 '내이션-스테이트nation-state'이고 나머지는 모두 다민족적 구성을 갖는 '내셔널-스테이트national-state'일 뿐이라는 스미스A. D. Smith의 말처럼,[21] 다문화적 상황은 더 이상 피해갈 수 없는 현실이다. 따라서 새로운 시티즌십의 모색은 다문화 사회와 이주민의 존재를 그 전제로 삼아야 하며 나아가 이에 대한 처방을 제시해야 한다.

다문화주의를 주장하는 것이 반드시 문화적 차이의 수용을 의미하지는 않는다. 실제로 미국과 같은 다문화 국가의 경우, 다문화주의는 문화적 차이를 안전하게 국가적 통합으로 이끌기 위한 이념으로 적극 채용되었다. 소수문화의 주류문화에로의 동화를 강조하는 '멜팅포트Melting Pot' 모델이나 다문화 공존을 주장하는 '샐러드 볼Salad Bowl' 모델은 그 전형적인 경우이다. 여기서 좀 더 나아간 것이 하버마스의 '헌법적 애국주의Constitutional Patriotism'와 같은 시민적 시티즌십 모델이다. 여기에는 자국의 경제적 필요 등에 의해 다양한 이민을 받아들일 수밖에 없지만, 그로 인한 당연한 결과인 다문화적 상황의 확산에는 불안해하는 국가의 고민이 투영되어 있다.

---

[21] A. D. Smith, *Nation and Nationalism in a Global Era*, Cambridge : Polity Press, 1995, p.86.

포스트모던의 관점에 선 다문화주의자는 이러한 국가 중심의 다문화주의를 신랄하게 비판한다. 이들은 다문화주의라는 용어가 애초에 외국인 이주자의 인권 보장의 관점에서 제기되었다는 점을 강조한다. 즉, 1980년대 미국에서 제기된 다문화주의는 다양한 에스닉 집단의 존재가치를 드러냄으로써 내셔널 아이덴티티의 신화를 무너뜨리고, 나아가 소수자의 권리를 확장하려는 사회적 실천과 결합되어 있었다는 것이다. 이러한 계보를 잇는 다문화주의는 폐쇄적이고 동질적인 내셔널 아이덴티티 대신 디아스포라와 같이 경계를 넘나드는 개방적이고 혼종적인 아이덴티티에 의미를 부여한다. 기존의 내셔널 아이덴티티를 특징지어온 보편성, 동질성, 국가준거 등의 일련의 가치로는 다양성, 거주성, 네트워크 등을 중시하는 이주민의 행동양식을 제대로 설명할 수 없기 때문이다. 인간의 실천적 활동이 국경을 넘나드는 시대에는, 그 활동에서 비롯되어 그 활동의 원리가 되는 헥시스Hexis도 국경을 초월한 것이어야 한다. 즉, 다문화적 상황은 다문화적 시티즌십이라는 새로운 실천원리를 필요로 한다.

비판적 다문화주의에도 다양한 스펙트럼이 존재한다. 급진적 다문화주의자는 내셔널 아이덴티티를 희생해서라도 에스닉이나 젠더와 같은 소수성의 아이덴티티를 인정해야 한다고 주장한다. 그들에게 있어 내셔널 아이덴티티란 문화적 다양성에도 불구하고 인위적인 동질성을 만들어내려는 강요이며, 소수문화 집단의 희생 위에 주류문화집단의 규범을 정당화하는 것에 다름 아니다. 이와 관련해 영I. M. Young은, "동질적인 공중이라는 규범은 억압적이다. 이러한 규범은 동화되지 않은 사람들의 집단을, 압도적으로 불리한 형태로, 희소한 지위나 자원을 둘러싼 경쟁으로 내몬다. 뿐만 아니라 동화되기 쉽도록 자신의 아이덴티티 감각을 바꿀 것도 요구한다. 자기부정은 시티즌십의 불합리하고 부정한 요구인 것이다"라고 설명한다.[22]

하지만 내셔널 아이덴티티가 소수문화를 억압해 왔다고 해서 쉽게 폐기할 수 있는 것은 아니다. 다양한 아이덴티티가 구심력 없이 경쟁할 경우 이들 간의 충돌을 해결할 방법이 없고 따라서 소수성의 아이덴티티는 유지되기가 힘들다. 즉, 내셔널 아이덴티티라는 구심력은 소수성의 아이덴티티를 위해서도 필요한 것이다. 이와 관련하여 밀러D. Miller는 "에스닉 집단은 자신들을 ○○계 아메리카인 이라는 하이픈 달린 아이덴티티로 자연스럽게 인식할 수 있지만, 이것이 가능하기 위해서는 ○○계 아메리카인 이라는 용어가 에스닉 차이를 넘어서는 의미를 지닐 경우에 한해서이다"라고 지적한다.[23]

이처럼 리버럴리즘의 계보를 잇는 일련의 학자들은 리버럴리즘과 내셔널리즘의 공존, 즉 '리버럴 내셔널리즘'의 가능성을 모색한다. 내셔널 아이덴티티는 다양한 소수성의 아이덴티티들을 억압해 왔다는 점에서는 리버럴하지 못한 것으로 여겨질 수 있지만, 공통문화에의 계기를 제공하며, 사회정의와 민주적 시티즌십 형성의 기반이 되는 상호이해를 함양한다는 점에서는 리버럴하다. 리버럴 내셔널리즘은 다원성을 내포한 통합성을 추구하며, 이 점에서 통일적 내이션을 강조하는 보수적 내셔널리스트나 내셔널 아이덴티티의 해체를 주장하는 급진적 다문화주의자와 구별된다.

---

22 I. M. Young, *Justice and the Politics of Difference*, Princeton : Princeton University Press, 1990, p.179.
23 D. Miller, *op.cit.*, 1995, p.136.

리버럴리즘의 틀 내에서 소수문화 집단의 권리를 옹호한 대표적인 학자가 킴리카이다. 이른바 '다문화적 시티즌십Multicultural Citizenship'을 제창하는 그는 특정 집단의 '차이화된 권리'의 보장이라는 관점에서 다문화주의와 시티즌십의 친화적 접속을 모색한다.[24] 문화적 가치의 공적 승인은 명확히 근대의 현상이며 거기에는 두 가지 전제조건이 있다. 하나는 해당 문화집단이 자신들을 전체사회의 일부로서 인식하고 있어야 한다. 그러한 경우에서만 공적 승인이 의미를 가지기 때문이다. 또 하나는 공적 승인이 다른 문화에도 마찬가지로 부여되고 있어야 한다. 따라서 역설적이지만, 소수문화의 승인은 소수자 자신들이 다수자들과 공통의 내셔널 아이덴티티를 공유하고 있다는 사실을 입증하고 있다. 즉, 문화적 소수자를 위한 다문화적 권리는 그 권리가 개인의 자유 또는 자율성과 조화를 이루는 한에서만 승인되어져야 한다. 킴리카의 다문화적 시티즌십 역시 국민국가의 틀을 넘어서지는 않는다. 그는 소수문화 집단이 다수문화 집단과 경쟁할 수 있도록 국가가 일정 정도의 역할을 해야 한다고 주장한다.

2) 헌법적 애국주의 – 다문화에 대한 하나의 대응

에스닉 요소가 더 이상 성원 자격을 가름하는 지표가 될 수 없는 다문화 국가들은 이를 대신할 새로운 통합원리를 찾기 위해 계속 고심해

---

[24] W. Kymlicka, *op.cit.*, 1995, p.75.

왔다. 그 고심의 결과로 나타난 것이 이른바 '시민적civic 시티즌십'이
며, 하버마스J. Habermas가 말하는 '헌법적 애국주의Constitutional Patriotism'
는 그 전형적인 경우이다. 하버마스는, "오늘날 국민국가는 내부적으
로는 다문화주의의 폭발적인 잠재력에 그리고 외부적으로는 글로벌
화의 압력에 의해 시민으로 이루어진 국민과 에스닉에 기반 한 국민의
융합을 대체할 기능상의 등가물을 모색해야하는 어려운 문제에 직면
하고 있다"25라고 지적한다. 하버마스가 제시하는 기능상 등가물은
'헌법적 애국주의'이다. 그는 확대되는 다문화적 상황 속에서 사회의
결속을 유지하기 위해서는 단순히 자유주의 권리나 참정권의 실현만
으로는 부족하며, 사회적 및 문화적 공동운영권을 현실에서 행사할 수
있도록 구체화할 필요가 있다고 본다. 또한 그는, 국민국가의 구성원
인 내이션의 개념에는 귀속적 성질로서의 에스닉 요소와 자기 통치의
입법 원리에 기반 한 시민적 요소의 2가지가 역사적으로 내포되어 있
음을 지적하면서, 비록 에스닉 요인이 내이션의 형성에 중요한 영향을
미쳤지만 불가결한 것은 아니며, 내이션은 사회계약에 의해 비로소 생
겨나는 것이라고 본다. 즉, 사회계약에 의해 탄생한 절차화된 미래지
향의 권리(인민주권)는 정치적 의사형성의 근거를 에스닉 요인에서 찾
으려는 환원주의적 주장을 극복한다. 정치적 의사형성의 민주적 절차
가 마련되면 서로 알지 못하는 사람들 간에도 이성적 규범적 합의가
가능하며 그것이 정당성의 근거를 제공하기 때문이다.

---

25 J. Habermas : edited by Ciaran Cronin and Pablo De Greiff, *The inclusion of the other : studies in political theory*, Cambridge, Massachusetts : The MIT Press, 1999, p.117.

내셔날리즘은 그 촉매적 역할에도 불구하고 결코 민주적 과정에 필수적
이고 영원한 전제조건이 아니다. 전체 인구를 국가시민의 지위로 포섭하
는 것이야 말로, 국가에 새로운 세속적 정당성의 원천을 제공하는 것일 뿐
만 아니라 동시에 법에 의해 매개된 사회통합의 추상적인 새로운 레벨을
생산하는 것이다. (J. Habermas, 132)

따라서 하버마스는, 민주적 법치국가는 국적취득을 요구하는 사람
들이 현재 국민인 자들의 생활양식을 침해하지 않도록 하기 위해 그들
에게 2가지 단계의 동화를 요구할 수 있다고 본다. 그 첫 번째가 헌법
원리에 대한 동의이며, 두 번째는 자기문화 변용에 대한 각오이다. 두
번째 단계는 현실적으로 이민 2세대에게 기대하는 것이다. 이러한 방
법에 의해 국가는 이민의 유입으로부터 내셔널 아이덴티티를 지킬 수
있다. 이민자에 요구하는 것은 단지 새로운 조국의 정치문화에 적응하
려는 각오뿐이며, 이로 인해 스스로 자신의 문화적 생활양식을 포기할
필요는 없다.[26] 이러한 하버마스의 처방은 미국과 같이 집단적·자발
적 이민에 의해 형성된 다문화 국가의 경우에는 상당한 유효성을 가질
것으로 여겨진다.

그렇다면 헌법적 애국주의의 원리는 EU와 같은 초국가적 단위에도
적용될 수 있을까? 적어도 논리적으로는 확장이 가능하다. 특정 국가
의 헌법에 충성하는 자는 새롭게 EU 헌법이 마련된다면 거기에 대해
서도 충성할 수 있기 때문이다. 하지만 현실에서 기존에 형성된 내셔

---

[26] J. Habermas, *op.cit.*, 1999, p.229.

널 아이덴티티가 새로운 초국가적(EU) 아이덴티티로 옮겨가기란 쉽지 않다. 헌법적 애국주의가 내셔널 아이덴티티가 품고 있는 문화적 동질성의 요소까지 대체하는 데는 명백한 한계가 있기 때문이다. 하버마스의 주장은 시티즌십의 현실적 자격 요건에 대해 다시 생각하게 하는 계기가 된다. 과연 시티즌십 부여의 자격은 무엇인가? 이를 엄격하게 할 경우, 특히 혈통이나 문화적 동질성을 강조할 경우, 다수의 거주자들을 비국민으로 배제하게 되며, 이는 국가적 결속을 저해하는 요인이 된다. 그렇다고 해서 시티즌십의 자격을 느슨하게 적용할 경우 연대의식의 토대가 약화될 수 있다. 즉, 국민의 자격을 규정하는 공통분모를 좁게 잡을 경우 국민의 동질감은 커지는 데 비해 비국민이 양산될 것이고, 공통분모를 넓게 잡으면 모든 거주자를 내셔널 아이덴티티로 포섭할 수 있지만 연대의식의 토대는 크게 약화되는 것이다.

이 문제에 관해서는 담론의 차원이 아니라 보다 현실적으로 접근할 필요가 있다. 과연 문화적 동질성(= 동포의식)을 가지지 않는 자가 헌법에 대해 충성을 맹세하고 법률적인 국민이 된다고 해서 이들을 동포인 시민과 똑 같이 생각하고 나아가 재분배 정책에까지 기꺼이 동의할 수 있는 공감(= 국민적 연대)이 형성될 수 있을까? 하버마스의 주장이 에스닉 동질성에 기반 한 내셔널 아이덴티티가 이미 형성되어 있는 국가들에 그대로 적용되기에는 상당한 무리가 있다고 여겨진다. 확실히 내셔널 아이덴티티는 만들어진 것일지도 모른다. 하지만 일단 만들어지면 그것은 현실의 확고한 실재성을 부여받아 법, 언어 그리고 역사에 구체화된다. 다문화국가와 같은 불가피한 경우가 아니라면, 현실적으로 존재하는 에스닉 동질성을 의도적으로 외면할 이유는 없다. 에스닉 동질성은 시티즌십을 구성하고 지지해온 중요한 요소이며 따라서 내셔널 아이덴티티는 헌법적 애국주의가 주장하는 '시민성' 이상의 것을 포함해야 한다. 국민의 범주를 확대하기 위해 내셔널 아이덴티티의 공통분모를 헌법에 대한 충성으로 좁히는 방식은 그 이외의 것을 잃는 방식이 될 수 있다. 이는 시티즌십의 재구성, 즉 다양한 문화적 아이덴티티가 표출되고 또 공존할 수 있는 새로운 틀의 모색이 필요한 대목이다.

4. 로컬 시티즌십

1) 정주settlement – 시티즌십의 새로운 근거

새로운 시티즌십의 모색은 데모스와 에스노스에 기반 한 내셔널 시티즌십이 점차 유효성을 잃어가고 있다는 현실적인 문제제기에서 비롯한다. 내셔널 아이덴티티는 더 이상 유일(력)한 카테고리가 아니다. 초국가적 이주자들 가운데는 장기간 실질적으로 거주하면서도 국적을 취득하지 않아 시민적 권리가 제약되는 경우도 있고, 거주국의 국적을 취득하였지만 자신의 아이덴티티를 국적이 아닌 에스닉 루트에서 찾는 경우도 있다. 그리고 재일코리안의 경우와 같이, 출신국의 국적을 계속 유지한 채 거주지의 지방정치에 참여하기를 바라는 경우도 있다. 입장을 바꿔서 현지인 또한 에스닉 루트를 달리하는 이주자들이 단지 법적으로 국적을 취득했다고 해서 그들을 국민으로 받아들이는 것 또한 쉽지 않다. 더 이상 동일 국가에 거주하는 자가 동일한 국적을 가지는 것도 아니며, 동일한 국적을 가진다고 해서 내셔널 아이덴티티를 공유하는 것도 아니다.

이러한 혼란과 불일치를 해소하기 위해서는 정주에 기반 한 새로운 시티즌십, 즉 로컬 시티즌십Local Citizenship의 새로운 자리매김이 필요하다. EU 시티즌십이나 글로벌 시티즌십이 국가를 넘은 영역에서 논의되는 새로운 시티즌십의 유형이라면, 로컬 시티즌십은 국가 하위의 거주지(도시) 단위에 그 근거를 두고 있다.[27] 이주자들 가운데는 현지에서 차별받지 않고 살아가기 위해 어쩔 수 없이 거주국의 국적을 취득하였지만, 국정 선거를 포함한 정치적 권리나 내셔널 아이덴티티에는 관심이 없는 경우도 적지 않다. 또한 역으로 국적은 가지지 않았지만 자신이 거주하고 있는 지역사회의 일원으로 각종 결사나 활동에 참가하고 있는 자들도 있다. 국적을 취득해도 에스닉 차이 때문에 ○○계라는 꼬리표를 단 채 완전한 국민이 되지 못하는 이주자들, 그리고 국적은 없지만 자신의 거주공간에서 이루어지는 생활정치에 참여하고자 하는 이주자들에게 있어, 로컬 공간(커뮤니티)은 국적에 무관하게 귀속감을 가질 수 있는 참여의 장이 될 수 있다.

정주에 기반 한 로컬 시티즌십의 주장은 일상생활의 공동성과 시민적 권리배분 사이의 불일치에 대해 문제를 제기한다. 각 도시에 살고 있는 정주자들은 거주국의 국적 취득 여부에 관계없이 지역 공동체의 사회관계에 편입되게 된다. 아리스토텔레스가 말한 '교환의 공동성'

---

[27] 현재 진행되는 EU 시티즌십은 보편적 인권에 입각하여 부여되는 것이 아니라 여전히 EU에 가입한 개별국가의 국적에 의존하고 있다는 점에서 초국가적 시티즌십의 완전한 형태는 아니다.

즉, 생활자로서의 사회적 교환이나 시장 참가자로서의 경제적 교환을 일상적으로 행하고 있는 것이다. 하지만 이 같은 교환의 공동성에도 불구하고 국적을 가지지 못한 거주자에게는 그에 상응하는 시민적 권리가 주어지지 않는다. 권리가 불공정하게 배분되는 것이다. 실질적인 교환의 공동성에 근거하여 그에 상응하는 시민적 권리가 주어져야 한다는 것이 로컬 시티즌십'의 주장이다.

교환의 공동성을 가지기 위해서는 정주성이 전제되어야 한다. 여행자나 일시적 거주자는 일상적으로 교환을 행하고 있다고 볼 수 없다. 정주를 규정하는 요인은 기간과 의식이다. 흔히 거주기간을 권리의 발생과 연계시키지만, 기간만으로는 정주 여부를 판단할 수 없다. 아무리 오랜 기간을 거주해도 그곳을 자신의 삶의 터로 여기는 의식이 없다면 정주로 보기 힘들다. 반대로 거주기간이 짧아도 그곳을 자신이 정주할 곳으로 여기고 실천을 행한다면 정주로 볼 수도 있다. 정주성의 확인에는 일정기간 거주하면서 그곳에 생활의 근거를 두고 있다는 정주의 '사실'과, 자신의 국적국을 포함한 그 어떤 곳보다도 거주지의 생활을 우선시 하는 정주의 '의식', 이 두 가지가 모두 요구된다.

로컬 시티즌십은 영주권the right of permanent residence과는 구별된다. 영주권이 외국인 이주자들에게 계속해서 거주할 수 있는 수동적인 법적 자격의 의미로 주로 사용되는 반면, 로컬 시티즌십은 참여를 포함한 지역 공동체의 구성원으로서의 완전한 성원권을 의미하는 적극적인 개념이다. 미국의 그린카드green card를 예로 들면, 어떤 이들에게 이는 국적취득을 위한 과도적 단계이지만, 다른 이들에게는 단지 합법적인 직업을 갖기 위해 필요한 증명서일 뿐이다. 사실상, 국적취득은 국민으로서의 모든 권리를 보장해 준다. 하지만 그것이 이민자에 대한 실질적인 차별까지 완전히 없애지는 못한다. 이처럼 국적취득이 실질적인 차별을 없애지 못하면서 단지 문화적 동화만을 강요하는 것으로 여겨진다면, 즉 불완전한 제2의 국민을 만들어 낼 뿐이라면, 차라리 권리에 대한 약간의 제약을 감수하고라도 국적을 바꾸지 않을 수도 있다. 만약 로컬 시티즌십이 제대로 인정된다면 국적 취득의 여부와 그 이유는 달라질 것이다. 즉, 생활상의 필요에 의해 자신의 아이덴티티를 바꿔가면서까지 국적을 취득하는 경우는 상당히 줄어들 것이다. 또한 자신의 내셔널 아이덴티티와는 별도로, 비록 제한된 형태이기는 하지만, 정주하는 지역사회의 완전한 성원이 될 수도 있다. 내셔널 시티즌십과 로컬 시티즌십이 반드시 일치할 이유는 없다. 이러한 점에서 내셔널 시티즌십과 구별되는 로컬 시티즌십의 의미와 내용을 명확히 하는 것은 매우 중요하다.

2) 로컬 시티즌십의 주체와 의미

로컬 시티즌십의 성원은 누구인가? 거주하고 있는 모든 이들이 자동적으로 성원이 되는 것은 아니며, 정주의 여부가 주된 근거가 된다. 여기서는 국적의 유무에 의한 전통적인 2분법, 즉 국민과 외국인의 구분이 아니라 정주자와 일시적 거주자의 구분이 더 중요한 지표가 된다. 이 경우 하마르T. Hammar가 데니즌denizen이라 부르는 정주외국인이 새롭게 권리의 주체가 된다.[28] 유럽에는 이러한 데니즌이 700여만 명에 이르는 것으로 파악되고 있다. 이들이 지닌 딜레마(권리의 부재)를 해결하기 위한 방법으로 흔히 국적취득이 장려되고 있다. 하지만 국적 취득만이 능사가 아니며 오히려 데니즌으로서의 권리, 즉 데니즌십denizenship의 적절한 보장은 좋은 대안이 될 수 있다.

아이덴티티의 지표로서의 국적의 의미는 점차 약화되고 있다. 이제 더 이상 국적이 같다는 사실이 운명공동체의 일원이라는 것을 의미하지 않게 되었다. 어떤 이는 원활한 경제적 활동을 위해 또 어떤 이는 올림픽 참가와 같은 개인적 성취를 위해, 다양한 이유로 국적을 변경한다. 이들 가운데는, 디아스포라의 경우처럼, 특정 국가와 그럴만한 연고를 가지고 있는 경우도 있지만 그렇지 않은 경우도 있다. 국가는 이제 국적을 소지하고 있다는 이유만으로 타국에 거주하는 자들에게까지 엄격한 충성(예를 들어 징병의 의무와 같은)을 부과하려고 하지 않으며, 개인 또한 국적은 자신의 의지에 따라 변경할 수도 있는 것으로 여기게 되었다. 특히 디아스포라와 같이 복수의 아이덴티티의 근거를 가진 자들에게 이러한 문제는 그리 낯설지 않다.

외국인이 특정 국가의 국적을 취득하는 것을 흔히 '귀화naturalization' 라고 표현한다. 이는 국적 취득이 단순히 시민적 권리의 획득에 그치지 않고 문화적 정체성의 수용까지 포함하고 있음을 암시한다. 즉, 귀화라는 용어 속에는 소수문화를 주류문화에 동화시키려는 사고와 이

---

28 데니즌이란 "군주의 칙령에 의해 영국 신민의 지위를 인정받은 외국인"을 의미하던 영어이다. 하마르는 이러한 오랜 용어를 끌어와서 영주 외국인을 가리키는 말로 사용하며, 그 의미는 "합법적인 영주의 자격을 가진 외국인 시민"이다. T. Hammar, "State, Nation and Dual Citizenship" in W. R. Brubaker(ed.), *Immigration and the Politics in Europe and North America*, Lamham : University Press of America, 1989, p.84.

를 거부하는 자들은 차별하겠다는 의도가 포함되어 있다. 국적 취득이 시민적 합의에 기반 한 권리와 의무의 승인만을 의미한다면, 정주 외국인들이 국적 취득을 주저할 이유는 별로 없다. 그러나 그것이 개인의 아이덴티티에까지 영향을 미칠 경우 문제는 달라진다. 그것이 만들어진 것이든 상상된 것이든 관계없이, 사람들은 자신의 내셔널 아이덴티티나 에스닉 루트를 버리기가 현실적으로 쉽지 않다. 그리고 그것을 강요해서도 안 된다.

다문화 충돌을 일찍이 경험한 미국이나 호주와 같은 다문화 국가들은, 앞서 살펴본 바와 같이, 내셔널 아이덴티티에서 에스닉 색채를 탈색하는 방법을 통해 이를 해결하고자 하였다. 그러나 에스닉 요소를 탈색하는 것만이 능사는 아니다. 국적이 자신의 에스닉 아이덴티티를 드러내는 유력한 방법이라고 생각하는 사람들에게 에스닉 요소를 포함한 의미의 국적은 여전히 중요하기 때문이다. 이 경우 내셔널 시티즌십을 구성하는 2가지 요소, 즉 데모스와 에스노스를 구분하는 것이 하나의 방법이 될 수 있다.

새로운 카테고리로서의 로컬 시티즌십의 의미는 무엇일까? 이를 위해서는 로컬 시티즌십을 통해 새롭게 권리의 주체로 등장하는 데니즌에 주목할 필요가 있다. 하마르에 의하면, 시티즌십에는 형식적 의미와 실질적 의미의 두 가지가 내포되어 있다.[29] 형식적 의미란 국가의 구성원, 즉 국민이 됨을 의미하며, 실질적 의미란 일련의 시민적 권리와 의무의 주체가 됨을 말한다. 그가 형식적 시티즌십과 실질적 시티

---

29 T. Hammar, *Democracy and the Nation State*, Adelshot : Avebury, 1990, p.3.

즌십을 나눈 이유는 이 두 가지가 반드시 일치할 필요는 없다는 점을 강조하기 위해서이다. 오늘날 상당수의 국가들에서 국적을 가진 자들만이 시민적 권리를 누리는 것은 아니다. 정주 외국인들은 국가의 법적인 구성원은 아니지만 실질적인 권리와 의무의 주체로 인정받고 있는 경우가 많으며, 특히 일상생활이나 직업 활동 등 사회·경제적 측면에서는 국민과 거의 대등한 취급을 받고 있다. 이처럼 실질적 권리의 주체가 되지만 형식적으로 국가의 법적인 구성원은 아닌 외국인을 통상의 국민이나 외국인과 구별하여 데니즌으로 표현한 것이다. 이러한 데니즌에는 국적의 취득이 가능함에도 불구하고, 자신의 의지에 따라 국적을 변경하지 않는 자들도 포함되어 있다.

3) 로컬 시티즌십과 지방참정권

로컬 시티즌십이 시티즌십의 새로운 카테고리가 되기 위해서는 내셔널 시티즌십과의 차별화가 가능해야 하며 또한 로컬 시티즌십의 단위가 되는 로컬 공동체의 독자성과 영역성에 대한 논리적 설명이 필요하다. 내셔널 시티즌십이 국민국가라는 하나의 완결된 공동체를 상정하고 있다면 로컬 시티즌십은 거주공간인 로컬을 완결된 공동체 단위로 하여 성립하기 때문이다.

우선, 로컬 시티즌십의 내용은 내셔널 시티즌십과 어떻게 다른가를 살펴보자. 아이덴티티와 관련된 부분을 별도로 하면, 데니즌에게는 부여되지 않는 대표적인 시민적 권리가 국가의 외교적 보호를 받을 권리이다. 현실의 국제관계에서 대외적인 성원 자격과 권리행사는 여전히 국가의 틀을 벗어나지 못하고 있기 때문이다. 따라서 데니즌의 경우 자신의 국적 국가를 통해 대외적 권리를 행사해야 한다. 이것은 개인의 자율적인 선택이 담보된다면 전혀 불평등한 것이 아니다. 그런데 국내적인 성원 자격과 권리에 주목할 경우, 현실적으로 가장 큰 쟁점은 정치적 권리의 인정 여부이다. 실제로 데니즌십 개념은 외국인의 참정권을 둘러싼 논란 속에서 더욱 구체화되었다. 국정 참정권을 데니즌에게 인정할 경우 내셔널 시티즌십과의 실질적인 차이가 없어져 굳이 데니즌십을 따로 규정할 필요가 없게 된다. 문제가 되는 것은 지방참정권의 경우이다. 로컬 시티즌십은 거주지인 로컬(도시)을 국가의 힘이 그대로 관철되는 단순한 하부기관이 아니라 하나의 완결된 공동체의 단위로 삼고 있다. 따라서 지방참정권의 승인은 정주 외국인을 로컬 공동체의 완전한 성원으로 인정하는가의 여부를 판별하는 상징적인 의미를 지닌다.

정주 외국인에게 지방참정권을 부여함에 있어 가장 큰 장애요인은 국민주권의 원리와의 충돌이다. 참정권을 국적에 연동하는 권리로 볼 경우 국적을 보유하지 않은 외국인은 지방참정권도 가질 수 없다. 독일, 프랑스, 이탈리아 등 대부분의 유럽 국가들은 지방참정권을 국민에 한정하고 있다. 스웨덴, 덴마크, 네델란드 등 데니즌에게도 지방참정권을 부여하는 국가들이 점차 늘고는 있지만 아직은 소수이며, 국적을 조건으로 삼는 인식이 여전히 지배적이다. 참정권을 국적에 연동시키는 사고방식을 깨기 위해서는 데모크라시와 국민국가와의 관계를 재고해야 한다. 국민국가와 데모크라시의 관계는 필연적인 것이 아니다. 데모크라시의 정치원리 형성에 있어 국가가 중요한 역할을 했음은 부인할 수 없다. 하지만 국가 단위의 대의제 민주주의나 내셔널 아이덴티티가 점차 한계를 드러내는 상황에서는 국민국가의 틀을 깨는 새로운 사고가 필요하다. 국민국가를 구성하는 두 축인 내이션과 스테이트 가운데 스테이트 부분에 대한 재구성이 필요한 것이다. 데모크라시의 새로운 존재방식에 대한 고민은 다음의 두 가지 측면에 주목하여 이루어져야 한다. 우선 하나는 기존의 국가단위의 데모크라시가 드러낸 한계, 즉 참여의 부재와 대표성의 불평등 문제에 대한 성찰과 대안 제시이며, 다른 하나는 글로컬화와 함께 전개되는 공간의 다원화, 즉 글로벌–내셔널–로컬로 이어지는 공간 스케일의 중층적 재편을 염두에 두어야 한다는 것이다. 구체적인 실천 전략으로는, 로컬 공간을 내셔널 공간이나 글로벌 공간과 함께 중층적으로 존재하는 독자적인 정치공동체의 단위로 인정하고, 이들 공간 단위에서 작동하는 정치원리 또한 각기 다르면서 상호보완적인 것으로 구성할 필요가 있다. 즉, 글로벌 시티즌십이 보편적 인권을 바탕으로 세계시민주의를 지향한다면, 로컬 시티즌십은 정주의 원리를 바탕으로 참여와 자율의 시티즌십을 실천할 수 있는 것이다. 이러한 다양한 스케일의 시티즌십들은 내셔널 시티즌십을 바로 대체하는 것이 아니라, 이를 다원화함으로써 기능적 결함을 보완하는 의미를 지닌다.

따라서 데니즌에게도 지방참정권은 부여되어야 하며, 그것은 정주의 원리에 그 근거를 두어야 한다. 근대적 시티즌십을 창출한 지배의 민주적 정당화 논리 자체에 주목하면, 정주외국인에게 지방참정권을 부여하는 것은 문제가 되지 않는다. 국민주권의 본래 취지가 국적을 가진 국민만이 주권자라는 데 있는 것이 아니라 치자와 피치자의 동일성의 원리를 표방하는 데 있기 때문이다. 이 경우 주권자는 해당 정치공동체의 정치적 의사결정에 따라야 하는 자를 말하며, 로컬 공동체(지방자치단체)의 레벨에서는 정주외국인도 당연히 주권자에 포함된다. 이와 함께 국가와 지방자치단체의 구성적 성격 또한 지방 참정권 논의에서 중요한 부분을 차지한다. 지방자치제도가 실시되고 있는 대부분의 국가에서 자치단체는 독립의 법인격을 가진 자율적인 단체이다. 각 자치단체마다 고유의 지방의회를 가지는 경우가 대부분이며, 이는 거주민에 의한 민주적 정당성을 충족시키기 위해서이다. 즉, 자치단체에서는 위로부터의 정당화(국가적 정당화)와 아래로부터의 정당화(주민에 의한 정당화)라는 2중의 정당화가 작동하고 있다. 여기서 주민에 의한 정당화란 지역 주민이 지역의 정치적 의사형성에 참여하고 그 결정에 따라야 한다는 것에 다름 아니며, 외국인도 정주하는 한에서는 주민이다. 또한 지방의회가 할 수 있는 고권행위(조례 제정)는 국가가 정한 법률에 위배될 수 없다는 점에서 데니즌에게 지방참정권을 부여하는 행위가 국민주권 원리에 손상을 가하는 것도 아니다.

데니즌에게 지방참정권을 포함한 로컬 시티즌십을 부여하는 것은, 국적취득 조건의 완화에도 불구하고 이를 통해 참정권을 행사하는 이 주민이 별로 늘지 않고 있는 독일 등의 현실적 상황을 감안할 때, 데니즌을 실질적인 정치의 주체로 참여시키기 위한 대안이 된다. 또한 한국이나 일본 그리고 동유럽의 국가들과 같이 여전히 민족성을 강조하는 국가들의 경우, 로컬 시티즌십은 시민적 권리와 에스닉 아이덴티티를 분리하여 다룰 수 있게 함으로써, 시티즌십에 내포된 에스닉 요소의 유효성을 살리면서 동시에 권리를 보장할 수 있는 새로운 대안이 될 수 있다. 재일코리안의 경우에서 볼 수 있는 바와 같이, 거주국의 국적 취득이 자신의 에스닉 루트를 부정하는 일종의 민족적 변절로 여겨지는 상황에서는, 시티즌십의 의미를 헌법에의 충성 정도로 폭넓게 해석하더라도 국적을 바꾸기가 쉽지 않다. 특히 과거 식민지 종주국과 식민국의 관계에 있던 다수의 이주자들의 경우 국적 취득을 통한 시민적 권리의 행사에는 많은 제약이 따른다. 이러한 점을 감안하면 로컬 시티즌십은 하나의 대안이 될 수 있다. 로컬 시티즌십은 초국가시대 시티즌십의 다양한 존재방식의 가능성을 제시할 뿐만 아니라 참여를 통한 자결이라는 민주적 권리의 확충으로도 이어질 수 있기 때문이다. 시티즌십의 다양한 존재방식을 허용한다면, 내셔널 시티즌십(국적)에의 집착이나 이를 둘러싼 포섭과 배제의 강요는 크게 줄어들 것이다.

참고문헌

Benhabib, S., "Citizens, Residents, and Aliens in a Changing World : Political Membership in the Global Era", *Social research* 66 / 3, Graduate Faculty of Political and Social Science, New School for Social Research, 1999.

__________, "Disaggregation of Citizenship Rights", *Parallax* 11 / 1, 2005.

Fainstein, S., "Planning and the just city", in Marcuse, p.et al(eds.), *Searching for the Just City : Debate in Urban Theory and Practice*, New York : Routledge, 2009.

Habermas, J., "Citizenship and National Identity : Some Reflections on the Future of Europe", *Praxis International* 12 / 1, 1992.

Hammar, T., "State, Nation and Dual Citizenship" in W. R. Brubaker(ed.), *Immigration and the Politics in Europe and North America*, Lamham : University Press of America, 1989.

Holston, J., "Urban citizenship and globalization" In Allen J. Scott(ed.), *Global City-Regions : Trends, Theory, Policy*, Oxford University Press, 2001.

Purcell, M., "Excavating lefebre : the right to the city and its urban politics of the inhabitant", *Geojournal* 58, 2002.

Soysal, Y. N., "Changing Citizenship in Europe : Remarks on post-national State, in D. Cesarani and M. Fulbrook(eds.), *Citizenship, Nationality and Migration in Europe*, New York : Routledge, 1996.

Taylor, p. J., "A Materialist framework for political geography", *Transactions* 7, Institute of British Geographer, 1982.

Wilterdink, N., "An Examination of European and National Identity", *Archives Européennes de Sociologie*, 34, 1993.

Young, I. M., "polity and Group Difference : A Critique of the Ideal of Universal Citizenship" *Ethics*, 99 / 2, 1989.

Basch, L., Schiller N. G. and Blanc, C. S., *Nations Unbound : Transnational Project, Postcolonial Predicaments and Deterretorialized Nation-State*, London : Routledge, 1994.

Benhabib, S., *The rights of others : Aliens, Residents and Citizens,* Cambridge : Cambridge University Press, 2004.

Gellner, E., *Nations and Nationalism*, New York : Cornell University Press, 1983.

Habermas, J., edited by Ciaran Cronin and Pablo De Greiff, *The inclusion of the other : studies in political theory*, Cambridge, Massachusetts : The MIT Press, 1999.

Hammar, T., *Democracy and the Nation State*, Adelshot : Avebury, 1990.

Heater, D., *Citizenship : The Civic Ideal in World History, Politics and Education*, London : Longman, 1990.

Kohn, H., *Nationalism : It's Meaning and History*, Princeton, NJ : Van Nostrand, 1955.

Kymlica, W. and Norman, W., *Citizenshipb in Diverse Societies*, Oxford : Oxford University Press, 2000.

Kymlicka, W., *Multicultural Citizenship : A Liberal Theory of Minority Rights,* Oxford : Oxford University Press, 1995.

Marshall, T. H. & Bottmore, T., *Citizenship and Social Class*, London : Pluto Press, 1992.

Miller, D., *On Nationality*, New York : Oxford University Press, 1995.

Ong, A., *Flexible Citizenship : The Cultural Logics of Transnationality*, Durham : Duke University Press, 1999.

Smith, A. D., *Nation and Nationalism in a Global Era*, Cambridge : Polity Press, 1995.

__________, *The ethnic Origins of Nations*, Oxford : Basil Blackwell, 1986.

Young, I. M., *Justice and the Politics of Difference*, Princeton : Princeton University Press, 1990.

2부

공간 차별과 차이의 연대

신지은·조정민　공공 공간에 대한 사적 개입과 전환
도쿄 공공 공원의 사유화와 공원 홈리스의 공간 실천을 중심으로

류지석　지역 문화정책과 로컬 정체성
루베의 문화예술정책을 중심으로

장세용　멕시코 오아하카 주 원주민의 남캘리포니아 이주와 트랜스로컬 연대

니할 페레라　미래를 향한 경쟁
레지빌리티, 저항 그리고 다라비 재개발

공공 공간에 대한 사적 개입과 전환*

도쿄 공공 공원의 사유화와 공원 홈리스의 공간 실천을 중심으로

신지은·조정민

1. '공공성'에 대한 공간적 접근

1990년대에 들어서면서 홈리스 문제가 본격화되고 있다. 홈리스는 흔히 일용노동자 문제 등 사회 내부적 모순에 따른 사회 문제로 인식되었다가, 점차 전지구화에 따른 토지이용변화와 세계적 불황에서 발생한 문제로 인식되고 있다. (지방) 정부는 도시문제로서의 홈리스 문제를 민간단체의 쉼터 마련, 시설물 건축, 급식 원조 등의 대책을 통해 해결하려고 하지만, 근본적인 해결을 이루지는 못하고 있다.

홈리스 문제는 다양한 입장들 예컨대 계급 문제, 실업 문제, 가족의 붕괴 등으로 접근하고 해결책을 모색할 수도 있겠지만, 우리는 '도시

---

* 이 글은 필자들의 논문 「공공 공간에 대한 사적 개입과 전환—도쿄 공공 공원의 사유화와 공원 홈리스의 공간 실천을 중심으로」(『인문연구』 67, 2013)를 수정하여 수록한 것이다.

에 대한 권리', '거주권', '공공성 / 공공 공간'이라는 개념들을 재사유하는 입장에서 접근해 보고자 한다. 따라서 이 연구의 목적은 단순히 홈리스 문제를 사회경제적인 측면에서 접근하여 그 해결책을 모색하는데 있지 않다. 좀 더 정확히 말하자면 이 연구는 홈리스 문제를 다루는 것이 아니다. 우리는 오히려 홈리스들이 '정주'하는 '공공 공간'의 기능을 살펴봄으로써, '시민성'과 '공공성', '도시'와 '시민', '공공 공간'과 '사적 공간', '권리', '인권' 등의 문제를 공간 차원에서 접근해 보고자 한다. 특히 신자유주의 자본주의의 거대한 움직임 속에서, '공공성'이 소수자를 감시하고 배제하는 '다수의 논리'로 작동하고 있으며 또한 '공공성'이 사유화 되는 경향이 있다는 점 등, 이 개념이 가져오는 다양한 혼란을 보여줌으로써 공공성 개념을 재구축할 수 있는 방법을 모색하고자 한다.

우리가 공공성을 사회구성의 포괄적 질서라고 볼 때 공공성 개념에는 다양한 요소들이 내재되어 복합적인 의미를 구성한다. 공공성의 주요 구성요소들은 연구자에 따라 상이하게 제시되는데, 신정완은 공중의 시선에 대한 개방성, 의사결정과정의 민주성, 기본적 재화와 서비스에 대한 평등한 접근성, 비시장적 원리에 따른 자원배분의 강화, 국민적 자산과 사회경제적 의제들에 대한 국민적 통제 등을 공공성이 함의하는 다섯 요소로 강조한다.[1] 조대엽은 세 가지 수준에서 구성요소를 찾고 있다. 즉 주체와 가치의 차원에서 공민성, 제도와 규범의 차원에서 공익성, 행위의 차원에서 공개성의 요소를 구분하여 제시함으로써 공

---

1 신정완, 「사회공공성 강화를 위한 담론전략」, 『시민과 세계』 11, 2007, 40~53쪽.

공성 개념을 더욱 복합적이고 다의적인 형태로 이해하고자 했다. 첫째, 주체와 가치의 차원에서 '공민성'의 요소이다. '공공'을 의미하는 public의 라틴어 기원인 poblicus는 populus에서 파생된 말이고, populus는 영어 people의 어원이다. 공공성 개념은 그 어원을 따져보았을 때, 이미 '인민'이라는 요소를 포함하고 있는 것이다. 오늘날 후기 근대의 정치질서에서 공공성의 주체는 따라서 국민이라기보다는 '시민'이 더 적합하다고 보는 근거가 여기에 있다. 둘째, 공공성은 제도와 규범의 차원에서 '공익성'을 내재하고 있다. 인간 삶의 근저는 경제적 요소로 이루어지는데, 공익성은 공동체적 삶에 필수적인 이 경제적 요소 즉 경제적 가치 혹은 효용적 편익설비에 관한 것이다. 이런 편익설비가 공동체 구성원에게 기본적으로 필요한 생존의 기초 자원으로 제공되기 위해서는 공적 관리 체계가 필요하다. 셋째, 공공성은 행위의 차원에서 '공개성'의 요소를 포함한다. 사적인 것이 특정한 소수에게만 제한되어 있는 데 반해 모든 이에게 접근이 개방되어 있는 것이 공적인 것이다. 많은 사람들이 공공성 개념에서 공론성publicity 요소를 많이 강조하는데, 이는 하버마스의 공론장public sphere 이론의 핵심적 내용이다. 여기서 강조되는 것은 일반적으로 인식 및 접근이 가능하다, 실제적으로 개방되어 있다는 의미뿐만 아니라, 진실하고 올바르다 등의 '공정성'의 의미도 포함되어 있다.[2]

사실 공공성이란 역사적으로, 사회적으로 구성되고, 따라서 역사와 사회에 따라 그 함의가 달라지는 개념이다. 위에서 설명한 공민성, 공

---

2 조대엽, 「현대성의 전환과 사회 구성적 공공성의 재구성—사회 구성적 공공성의 논리와 미시공공성의 구조」, 『한국사회』 13-1, 고려대 한국사회연구소, 2012, 9~10쪽.

익성, 공개성을 주된 내용으로 하는 현대의 공공성의 의미는 근대의 부르주아 시민사회와 근대 자본주의 사회를 계승하는 역사적 형성물이다. 왕조시대에는 국왕 개인을 정점으로 하는 절대적 공공성이 구축되어 있었지만, 근대 국민국가 시대에는 국민적 주체의 국가공공성이 형성되었다. 장기적으로 지속되는 역사의 구조사적 맥락에서 공공성은 달리 형성될 수 있고, 역사의 국면이 변동함에 따라 달리 구성될 수 있는 것이다. 다른 한편 공공성은 시대정신을 반영한다.[3] 당대의 바람직한 정신을 반영하고 있다는 점에서 공공성은 역사적으로 구성될 뿐만 아니라 '가치적'으로도 구성된다고 할 수 있다. 우리 시대의 공공성 개념에는 민주주의, 평등, 정의, 참여 등의 가치가 내재되어 있다.[4]

이와 같이 공공성이 역사적, 사회적으로 구성된다는 점에 유의한다면, 이 공공성은 현재 우리 사회에서 어떤 구성원을 대상으로, 어떤 정체성과 욕구를 중심으로 구성되는가, 우리 시대의 공공성의 구체적 내용은 과연 어떤 것인가, 현대의 시대정신을 반영하고 있는 공공성은 또 어떤 가치를 구현하고 있는가 하는 의문을 가질 수 있을 것이다.

공공성의 문제를 공간적 차원에서 살펴보면, 공공성이 많은 경우 소수자를 배제하는 폐쇄적인 형태를 띠고 있음이 쉽게 드러난다. 근대의 시민사회가 생산해 내는 공간은 다수자의 공간으로, 이는 소위 보편적, 중립적, 합리적, 이성적인 것으로 상상되는 공적 공간이다. 따라서 자연스럽게 소수자들의 일상적 / 비일상적 실천은 근대 시민사회가 가

---

3 백완기, 「공공성 논의의 필요성」, 윤수재 외편, 『새로운 시대의 공공성 연구』, 법문사, 2008, 20쪽.
4 조대엽, 앞의 글, 17쪽.

정하는 공적 공간에서 배제, 분리된 사적 공간의 영역에서 이루어지길 강요받는다.[5]

페인스타인Fainstein이 주장했듯이, 진보적 개혁의 가치를 포기할 때 도시 계획은 부르주아적 도시를 좋은 도시라고 선전하는 기업가적 사고를 전파하는 수단으로 전락하고 만다. 그리고 기업가적 사고에서 볼 때 좋은 도시란 외형적으로 드러나는 청결함, 질서, 새로움, 성장, 대형 건물, 쾌적성, 치장된 주거단지 등의 이미지를 함축한다. 여기에서 소외계층의 이해는 배제되거나 은폐되기 쉽고, 빈곤한 주민들에게 적합한 주거 시설에 대한 관심의 여지는 거의 없다.[6] 부가 도시 공간 내에서 배치되면서, 부자들은 빈민이나 주변인들과 분리된 곳에 거주하고, 높은 담장을 쌓아 자신들을 고립시키는 '프라이버토피아privatopias' 및 '문이 있는gated 공동체'를 형성한다. 부자들이 만드는 그들만의 유토피아는 시민권, 사회적 소속감, 그리고 상호부조, 공공성 등의 개념을 훼손시키고 있다.[7] 현대의 수많은 도시계획 모형들 예컨대 신도시주의, 도시디자인론, 스마트성장론 등은 대부분 이러한 기업가적 사고로 무장한 도시계획으로, 사회적 배제와 주체의 정책적 활동 등이 고려되지 못하고 있다.[8]

---

5 박경환, 「소수자와 소수자 공간―비판 다문화주의의 공간교육을 위한 제언」, 『한국지리환경교육학회지』 16-4, 한국지리환경교육학회, 2008, 304쪽.

6 조철주, 「탈근대적 계획환경 정합적 계획을 위한 근대계획의 재구성」, 『도시 행정 학보』 22-3, 한국도시행정학회, 2009, 359쪽.

7 데이비드 하비, 최병두 역, 『희망의 공간』, 한울, 2009, 209~210쪽.

8 최병두, 「탈신자유주의를 위한 대안적 도시 전략」, 『공간과 사회』 37, 한국공간환경학회, 2011, 20~21쪽. 물론 도시의 물리적 공간을 이윤창출을 위한 부동산 개발사업의 수단으로 간주하는 이런 경향에 반대하여, 도시를 경제적 가치 창출을 위한 대상으로 보기보다는 인간적 공동체적 삶이 영위되는 사회적 공간으로 이해하려는 시도도 한 편에 존재한다. 이런 시도와 노력은 예컨대 민주주의가 도시의 사회공간에 구체적으로 반영될

이렇게 볼 때 공공성이라는 개념뿐만 아니라 공공 공간도 역시 한계를 가지고 있음을 확인할 수 있다. 즉 시민사회 및 공적 공간 개념은 특수한 주체들을 선험적으로 배제하고 있다는 점에서 대단히 명시적인 한계를 보이고 있는 것이다. 따라서 이 용어들의 일반적인 사용을 좀 더 비판적인 입장에서 재해석하고, 이 용어의 내용을 새로 구축할 필요가 요청된다.

사실 이미 르페브르가 정확하게 지적했듯이 현대의 공적 공간은 사적 공간에 비해 자본에 의한 지배가 더 많이 관철되는 공간이다.[9] 뿐만 아니라 공적 공간은 언제나 관료주의의 위험을 안고 있고, 심지어 특정인의 사적 공간으로 전환될 위험을 가지고 있다. 따라서 공적 공간 그 자체가 곧바로 해방의 공간은 전혀 아닌 것이다. 마찬가지로 도시 공동체 구축과 공적 공간 활성화는 물적 공간을 구축한다고 해서 곧바로 주어지는 것은 아니다. 한 마디로 공공 공간은 투쟁의 장이다.

그렇다면 어떻게 공적 공간의 민주화를 요청할 권리, 도시에 대한 권리를 주장하고, 도시 공간 속에서 소수자들이 자신의 욕망을 표출할 수 있는 공간('소수자 공간')을 요청할 수 있을까? 어떻게 시민(권) 혹은 공공성에 토대를 둔 공적 공간을 좀 더 민주적인 공간으로 만들 수 있을까?

우리는 이 문제들에 곧바로 답하기 보다는 공적 공간으로 인식되는 '공공 공원'의 사례를 통해 이 문제들이 제기하는 점들을 살펴보고자

수 있도록 하기 위해, 도시공동체 복원 정책이나 도시 정체성 형성, 공적 공간의 구축 정책 등을 제시한다.

9 곽노완, 「도시권에서 도시공유권으로」, 『마르크스주의 연구』 8-3, 경상대 사회과학연구소, 2011, 207쪽에서 재인용.

한다. 우선 구체적으로 서울광장을 예로 들어 보자. 서울광장은 공적 공간인가 사적 공간인가? 일견 너무 간단한 질문 같지만 이 문제는 그렇게 간단하지가 않다. 서울광장에 사용허가제에서 신고제로 변경된 데 이어, 광화문 광장, 청계천 광장 등이 신고제로 추진되는 과정을 살펴보면, 서울광장은 처음부터 계속해서 공적 공간, 즉 모든 이의 것이며 누구나 자유롭게 사용할 수 있는 그런 공간은 아니었다는 것을 알 수 있다. 서울광장이 서울시의 소유이며, 서울시를 대표하는 서울시장이 이 광장의 사용과 처분권에 대한 최종 인가권을 갖고 있다면, 이 광장을 공적 공간이라고 할 수 있을까?

사실 공과 사의 구별이 상식으로 통하는 우리 사회에서도 이 두 영역의 경계는 대단히 유동적이다. 사생활의 보호와 공중의 알 권리가 충돌하고, 간통죄에 대한 법률의 정당성을 둘러싸고 논란이 벌어지는 것도 실은 공과 사의 경계에서 일어나는 수많은 갈등 가운데 하나이다. 여러 복잡한 논의들이 있지만, 보통 공적이라고 할 때, 그것은 감춰지지 않고 드러나 있다(가시성)는 점, 모든 사람에게 접근이 개방되어 있다(개방성)는 점, 부분이 아닌 전체(집단성)라는 특징을 가진다.[10]

이 구분은 공간의 영역에서도 마찬가지이다. 우리는 공적 공간과 사적 공간을 나눌 때도 이러한 특징들을 기준으로 구분한다. 흔히 도시 연구 분야에서는 공적 공간과 사적 공간을 공공 관청에 의해 관리되거나 공동체의 모든 성원에게 개방되어 있으며 그들에 의해 공유되는가 아니면 개인이나 특정 집단이 소유하고 배타적으로 사용하는 공간인가에 따

---

10 이승훈, 「민주주의 패러다임의 성찰—공공 영역과 '시민됨'의 문화적 조건」, 『사회이론』 37, 한국사회이론학회, 2010, 105쪽.

라 구분한다. 그런데 이런 구분들 속에서 공공 공간에 대한 기준은 여전히 모호한 채로 남아있다. 사실 우리는 공공 공간이라고 할 때, 흔히 공원이나 광장 등을 떠올리지만, 또한 쇼핑몰, 놀이공원 등을 떠올릴 수도 있다. 이처럼 공공 공간이란, 상업적 공공 공간commercial public space, 공공적으로 사용되는 건물publicitly used building, 사적으로 소유된 공공 공간privately owned public space 등 까지도 포함한다.[11] 이처럼 공공 공간은 다양한 양상을 띠며 심지어 서로 상충하기도 하는 많은 요인들을 포괄하면서 형성되는 것이다.

2. 공공 공원에서 공 / 사의 충돌

1) 공공성의 사유화와 정상화

공공 공간에 대한 해석의 차이와 그로 인한 충돌은 일본 도쿄도 시부야구澁谷區에 위치한 미야시타 공원宮下公園의 '나이키화' 과정에서 분명하게 드러났다.

미야시타 공원은 JR야마노테선山手線 시부야-하라주쿠原宿 사이의 선로와 메이지 거리를 따라 만들어진 길쭉한 형태의 인공지반 옥상공원이다. 1968년 도쿄올림픽을 대비하여 실시된 시부야 하천 지하 배수로 공사와 함께 공원도 정비되어 현재의 모습을 갖추게 되었다. 당시

---

11 김민진 · 김광현, 「현대의 공공성이 드러나는 집합적 공간 연구」, 『대한건축학회 학술대회 논문집』 29-1, 대한건축학회, 2009, 480~481쪽.

에는 '도쿄 최초의 공중공원'으로 화제를 모았다고 한다.

도쿄의 중심 번화가인 시부야 미야시타 공원에 홈리스들이 모여 텐트를 치고 생활하기 시작한 것은 1990년대부터이다. 당시의 일본은 부동산 거품 붕괴와 소규모 은행의 도산이 이어지는 등, 심각한 경제 불황을 겪고 있었다. 직장을 잃은, 혹은 집을 잃은 사람들이 하나 둘 모여 생활하기 시작한 이후, 공원 안팎에는 알루미늄 캔 수집, 잡지 판매 등의 자원 회수업, 노점, 경비, 청소 등의 일용직 도시 서비스업에 종사하는 홈리스들이 모여들게 되었다. 한 때 공원 거주자의 수는 130명에 이르기도 했는데, 이는 미야시타 공원이 일종의 거주 공간으로 기능하고 있었음을 알 수 있게 하는 대목이기도 하다.

이 공원에 다시 한번 큰 변화가 일어나기 시작한 것은 2008년경부터이다. 2008년 3월 10일, 시부야 구청 도시환경위원회는 주식회사 나이키저팬(이하 나이키사)에 의한 미야시타 공원 재개발 계획을 발표하는데 이때부터 미야시타 공원은 논쟁의 중심으로 떠올랐다. 시부야구는 노후화된 공원의 수리, 보수, 정비를 위하여 공원의 재개발을 실시한다고 밝혔지만, 그 과정에서 시부야 구청은 공원의 명명권을 나이키사에 매각하고(연간 사용료 1,700만 엔, 10년 계약), 또한 공원의 재개발 비용 전액을 나이키사가 부담하도록 하였다. 나이키사는 공원의 명칭을 '미야시타 NIKE 파크'로 변경하고, 스케이트 보드장, 풋살구장, 인공 암벽장 등을 설치하여 유료 공원으로 운영할 방침을 발표한다.

시부야 구청과 나이키사가 주장하는 공원 재개발의 이유는 노후화된 공원의 재정비와 안전한 스포츠 시설의 구비이다. 양자는 모두 공원의 정비를 통해 시민들에게 보다 '안전'한 '공공 공간'을 제공할 수 있다는 논리를 피력하고 있지만, 그 근저에는 공원의 홈리스 추방과 기업의 이윤 창출이라는 욕구가 전제되어 있다. 나이키사의 스케이트 보드장, 인공 암벽 등반 시설물 건설 계획은 올림픽 경기의 정식종목 후보로 주목받고 있는 스케이트 보드와 암벽 등반 경기가 스포츠 시장을 새롭게 개척할 수 있다는 계산에서 비롯된 것이며, 시부야 구청의 명명권 매각은 이를 통해 재원을 마련하고 동시에 홈리스도 추방한다는 계획 하에 이루어진 것이었다.[12]

여기에서 주목해야 할 부분은 미야시타 공원의 재개발이 공공성과 공익을 주창하고 있으면서도 실질적으로는 '정상적 시민normal citizen'의 모델에서 제외된 홈리스들을 배제하고, 또한 외형적 청결함과 편리함을 선전하는 기업가적 사고를 그대로 노정시키고 있다는 점이다. 실제로 시부야구의회 의원 이토 다케시伊藤たけし는 홈리스를 추방하는 것이 공원 정비의 목적 가운데 하나라고 밝힌 바 있다.[13] 이 점에 주목하면서 현대의 공공성 개념을 살펴본다면, 이 개념을 채우고 있는 실체는 일반적으로 다수자의 논리를 뒷받침하고 있는 것들임을 알 수 있다. 즉 '정상적 시민'의 모델에 의해 소수자적 가치들은 무시되는 경향이 강한 것이다. 공공성의 대상이 되는 혹은 공공성의 주체가 되는 공민(시민)은 보통 '전형적인 정상적 시민', '정상적이라고 간주되는 다수자'로,[14] 여기서는 소수자의 욕망과 관련한 것들이 표출될 수 있는 자리가 없다. 공공성이란 '정상성'을 유지하기 위한 기준이고, 따라서 소

---

12 山本敎久, 「宮下公園ノ..化計画..問)」, 『contempory sports critique』 22, 2010, 81쪽.
13 戸叶トシ夫, 「封鎖された公共圏 宮下公園2008~2010」, 『インパクション』 177号, 2010, 8쪽.
14 윌 킴리카, 장동진 외역, 『현대 정치철학의 이해』, 동명사, 2008, 455쪽 ; 최협, 『한국의 소수자, 실태와 전망』, 한울, 2004.

수자는 여기에서 차별되고 배제된다. 왜냐하면 소수자란 단지 소수의 이해 집단일 뿐이고, 이들이 주장하는 자율성은 공공의 가치(즉 다수자의 가치, 정상성의 가치)를 손상시킬 수 있기 때문이다.

따라서 공공성은 흔히 이기주의적이거나 개인주의적인 것과 대척되는 것이라는 일반적인 생각과 달리, 실체로서의 공공성은 (부분적이나마) 집단의 폐쇄적인 공공성을 가정하고 따라서 소수자를 배제하는 원흉이 되기도 한다. 특히 특정한 주체를 공공성과 동일시할 경우, 그 밖의 다른 주체들을 억압하거나 배제하는 논리를 정당화하는 데 사용될 수 있다. 또한 모든 구성원이 자유롭고 평등하게 참여한다고 해서 반드시 그것이 공공성을 증진시키지는 않는데, 님비NIMBY 현상이나 환경을 훼손하는 개발에 찬성하는 경우가 그 대표적인 사례일 것이다.[15]

이처럼 공공성의 대상이나 주체는 '전형적인 정상 시민', '정상이라고 간주되는 다수자'로, '정상'의 범주에서 벗어나는 소수자는 차별과 배제의 대상이 되기 쉽다. 미야시타 공원에서 거주하거나 야숙하는 자들은 정상이 아님은 물론, 정상 시민(특히 여성과 어린이)을 위협하는 존재이기에 이들은 추방의 대상이 되고 마는 것이다. 기업에 의해 유료화 된 공원의 안과 밖은 사용료를 지불할 수 있는 자와 없는 자로 나누어지고, 스포츠 장비를 구비한 자와 구비하지 못한 자로 나누어지며, 이용 시간 내에 들어갈 수 있는 자와 없는 자로 나누어진다. 공원의 펜스는 이렇게 공원을 정상적으로 사용할 수 있는 자와 없는 자로 나누고 자격을 가지지 못하는 자들을 배척하고 있다. 부적절한 사람을 축

---

15 이승훈, 「계급과 공공성. 공공성 주체로서 노동계급의 가능성과 한계」, 『경제와 사회』 88, 비판사회학회, 2010, 17쪽.

출하고 부적합한 시설을 개보수하여 2011년 4월 30일에 공개된 미야시타 공원은 2012년도 굿 디자인상을 수상하기에 이른다.[16]

공공 공원의 사유화 및 홈리스 추방 등에 대한 기나긴 항의와 비판을 거쳐 공원의 명칭을 지켜내기는 했으나, 홈리스들은 끝내 공원을 떠나야 했다. 공원 내에 거주하던 홈리스에 대한 지원과 수용 정책은 이들의 필요에 부응하지 못한 채 일단락되었다. 시부야 구청 공원과公園課는 미야시타 공원에 인접한 곳에 임시 가건물을 마련하여 홈리스의 이동을 촉구하였는데, 이때 이동의 대상은 미야시타 공원 '내'에서 천막, 판자 등을 치고 거주하던 사람에 국한되었다. 공원 밖에서 노숙하는 자나 공원 밖에 텐트, 판자 집을 가지고 있는 자, 공원 내에 거주하는 자라 하더라도 일정기간 그곳에서 살며 거주 형태를 가지지 않는 자는 제외되었던 것이다. 말하자면 시부야 구청의 홈리스 지원은 나이키사가 공원 개보수 공사에 착공할 수 있도록 사전에 환경을 정비하는 작업에 불과했다. 당사자의 의견과 의지에 상관이 없이 일정 시설을 정비하여 이들을 반강제적으로 입소시킨 결과, 미야시타 공원에 거주하던 사람들의 다수는 임시 가설 건물로 이동하거나 인접 지역으로 옮겨 가게 되었다. 그러나 여러 가지 이유로 입소를 거부하거나 혹은 거부당한 자들은 공원 밖의 도로, 거리 등에 텐트나 판자 집을 만들어 정주화, 정착화를 시도하고 있다. 물론 텐트나 판자 집 없이 거리에서 노숙을 하는 자도 있다.

---

10 '굿 디자인상'은 1957년에 일본 통산성이 만든 G(Good)마크를 제도화한 것으로, 1998년부터 민영화 되어 "우리들의 삶과 산업, 그리고 사회 전체를 풍부하게 만드는 좋은 디자인을 선정"하고 있다. 개보수된 미야시타 공원은 굿 디자인상을 수상하게 되었지만, 이는 나이키사에 의한 공원 개발을 합리화하는 측면도 없지 않았다.

〈사진 1〉 미야시타 공원에서 추방되어 거리에서 노숙하게 된 홈리스들의 짐. 이로써 '비정상적 시민'은 공공 공간에서 더욱 분명하게 노출된다.

〈사진 2〉 요요기 공원 입구에서 한참 들어가야 블루 텐트촌을 볼 수 있다. 몇몇 사람을 제외하고는 공원 내에 이런 곳이 있다는 사실을 알지 못한다.

결과적으로 이들의 삶터는 더 많은 '다수 정상 시민'의 안전을 위협하는 거리로 이전되어 더욱 심각한 '비정상화'를 초래하고, 공공성을 위협하고, 시민에게 불안감을 조성하는 '비정상적 시민'이 한층 분명하게 노출된 셈이다.(〈사진 1〉) 사실 홈리스에 대한 정부 정책은 대부분 센터를 만들어서 그들을 수용하려는 것인데, 이 수용이란 실상 그들을 공공 공간으로부터 '은폐'시켜 눈에 띄지 않게 만든다는 의미이다. 그렇다면 이렇게 공원에서 추방된 이들이 시설로 들어가 눈에 띄지 않게 된다면 괜찮겠지만, 그렇지 않고 다시금 거리에 남음으로써 이들의 존재가 공공 공간에서 가시화 된다면, 이는 결국 또 한 번의(어쩌면 여러 번의) 추방을 가져올 것이 분명하다. 왜냐하면 엥겔스가 말했듯, 부르주아들이 찾을 수 있는 유일한 문제의 해결책은 이 문제들을 다른 곳에 옮기라는 주장 외에 다른 것이 아니기 때문이다.[17]

---

17 데이비드 하비, 앞의 책, 212쪽.

미야시타 공원이 2012년도 굿 디자인상을 수상하였을 때, 이 공원은 공원 시설의 개보수에 관과 민이 협력한 사회적 실험으로 평가되었다. 경직된 공과 사의 제도적 경계를 유동시키고, 공공 공간이 어떻게 만들어지는지에 대해 돌아 볼 수 있게 되었다는 것이 공원 프로젝트(일명 나이키화)의 성과라는 것이다.[18] 문제는 어떠한 형태로 공과 사의 조합이 이루어지고, 어떠한 가치를 가진 공공 공간으로 탄생하는가 하는 것이다. 분명한 것은 공원의 공공성에 개입할 수 있는 '사'는 공원 거주자인 홈리스가 아닌 특정 사기업이라는 점이다. 기획된 공간 안에 홈리스가 개입할 여지는 전혀 없다. 메이지 도로를 사이에 두고 한쪽은 고층빌딩과 네온사인이 현란하며 다른 한쪽에는 미야시타 공원에서 내쫓긴 홈리스의 임시 거처가 적나라하게 노출되어 있다. 지금도 여전히 미야시타 공원 주변은 공간의 민주화를 되묻는 투쟁의 장이다.

2) 홈리스들의 공공 공간 전유

홈리스란 말 그대로 주거를 상실한 사람이다. 주거란 바깥의 위험으로부터 보호해 줄 뿐만 아니라 일상생활의 피로를 해소하고 건강을 지속하게 해 주어 사회생활을 유지할 수 있게 해주는 인간 생존의 기본적인 장이다. 주거는 보통 가족 내지 친밀관계가 이루어지는 사적 공간으로 이해된다. 따라서 이들은 사적 공간을 갖지 못한 채 모든 생활

---

18 GOOD DESIGN AWARD http://www.g-mark.org/award/describe/39393

을 공공 공간에서 영위해 나가는 사람들이라 할 수 있을 것이다.[19]

공공 공간에서 주로 생활하는 홈리스들은 매번 "시민을 위한 공간"인 '공공 공간'에서 쫓겨나는 위험을 가지고 있는데, 이 배제와 추방에 동원되는 논리가 바로 공공성 개념이다. 앞에서 지적했듯이 현대 우리가 생각하는 공공성 개념은 '정상 시민'을 대상으로 하는 개념이다. 대한민국 국민으로 태어나 서울 시민으로 살아왔다 할지라도, 이들이 홈리스가 되는 순간 모든 기초적인 권리를 상실한다. 이들은 국민도, 시민도 아닌 것이다. 따라서 주소지가 없는 이들의 경우 투표의 권리까지 잃게 된다. 뿐만 아니라, 형사소송에서 구속영장을 발부받아 피의자를 구속할 경우, 구속사유가 상당한 이유가 있고, 도주의 가능성이 있는 경우, 증거인멸의 염려가 있는 경우, 그리고 '주거부정의 경우' 구속할 수 있다. 심지어 50만 원 이하의 벌금, 구류, 과료에 해당하는 범죄에 관해서는 '주거부정의 경우에 한하여' 구속할 수 있다.[20] 이런 상황을 주지할 때 홈리스 문제는 단순히 계층의 문제나 빈곤, 실업 등의 사회 문제로 접근해서 해석해서는 불충분하다는 것을 알 수 있을 것이다. 오히려 홈리스를 전적인 타자이자 절대적 소수자로 접근하고, 공공성과 인권 개념을 재구성함으로써 해결책에 접근해야 할 필요를 제기한다.

다시 공간의 문제로 돌아와서 홈리스 추방 문제가 내포하는 공공성 개념을 살펴보자. 공공 공원에서 주거 허용 및 공공 공간에서 홈리스들의 '주거권' 등은 대단히 첨예한 논의의 대상이 될 것이다. 우리는 이

---

19 물론 노숙인 쉼터나 시설 등에 거주하거나 거리와 시설을 오가며 생활하는 사람들도 있다.
20 형사소송법 70 · 201조.

문제에 곧장 대답하기 보다는, 르페브르의 '도시에 대한 권리'를 가지고서, 홈리스들에게서 인간으로서의 권리와 시민으로서의 권리를 박탈하는 논리로 작용했던 공공성 개념을 비판적으로 다시 살펴봄으로써 우회적으로 그 답을 찾고자 한다. 프랑스의 마르크스주의 철학자이자 사회학자인 앙리 르페브르가 『도시에 대한 권리』(1968)[21]를 출간한 이래, '도시에 대한 권리'는 현대 자본주의적인 도시 속에 내재되어 있는 모순들에 주목하고, 대안적인 도시 공동체를 상상하고 실천하는 지침이 되고 있다.

이 책에서 그가 주장하는 핵심적 주제는 도시에 거주하는 모든 시민들이 도시가 제공하는 편익을 향유할 권리, 도시의 정치와 행정에 참여할 권리, 자신들이 원하는 도시를 스스로 만들 권리 등이다. 이를 좀 더 자세하게 정리해 보면 다음과 같다. ① 작품으로서의 도시에 대한 권리, ② 도시공간을 도시거주자들 모두를 위한 사용가치를 최대화할 공간으로 보는 전유appropriation의 권리, ③ 도시생활을 변혁하고 부활시키는 권리로서 참여의 권리, ④ 자본의 동질화된 공간에 맞서 차별적인 공간을 생산할 권리, ⑤ 정보의 권리, ⑥ 시민권을 넘어서서 외국인을 포함한 모든 도시거주자의 권리, ⑦ 도시중심부에 대한 권리, ⑧ 거주생활의 권리(단순히 거주공간에 대한 권리를 넘어서서, 도시에서의 삶 자체를 작품으로 만들 권리 내지 혁신된 도시생활의 권리)[22] 등이다.

르페브르의 논의 외에도 도시에 대한 권리를 둘러싸고 다양한 논의

---

21 Henri Lefebvre, *Le droit à la ville*, 3e édition, Economica, Anthropos, 2009.
22 곽노완, 앞의 글, 203면 ; 강현수, 「'도시에 대한 권리' 개념 및 관련 실천 운동의 흐름」, 『공간과 사회』 32, 한국공간환경학회지, 2009.

가 이루어져 왔다. 데이비드 하비는 "도시에 대한 권리는 우리 가슴 속의 희망을 좇아 도시를 변화시킴으로써 우리 자신을 변화시킬 권리"라고 주장했다. 나아가 도시의 변화는 도시화 과정을 지배하는 집합적 권력의 작동의 영향을 받기 마련이므로, 도시에 대한 권리는 "개인적 권리라기보다는 공동의 권리"라고 보아야 한다. 하비가 보기에 우리 자신과 도시를 (재)창조하는 자유는 우리의 가장 소중한 인권임에도 불구하고 가장 무시되었던 인권이다.[23] 이상의 논의들을 간단히 요약해 보자면 도시에 대한 권리의 핵심은 도시에서 살아가는 모든 사람들이 배제 당하지 않고 자신들이 만들어낸 도시공간을 직접 관리하고 사용하며, 새로운 도시적 삶의 양식을 만들어내는 공동의 권리를 가지는 데 있다.

그렇다면 '도시에 대한 권리'를 홈리스의 경우, 특히 공공 공간에서 추방되는 홈리스의 경우에 적용시켜 본다면 어떤 논의를 끌어낼 수 있을까? 우리는 홈리스들이 공공 공간을 '전유'하는 데 주목하고자 한다. 자본주의 사회에서 공공 공간은 여타의 모든 것과 마찬가지로 그것이 가진 교환가치가 주목 된다. 하지만 홈리스들은 공공 공간 혹은 도시 공간 전체를 사용 가치로 바라본다. 이 때 '전유'란 소유권 개념과 뚜렷하게 구별되는 개념으로, 자신의 신체, 욕망, 시공간을 스스로 장악하여 주체적으로 관리하는 것을 의미한다.

물론 어떤 이들은 공공 공간은 '모두'의 것이기 때문에, 이 공간을 마치 제 것(제 집)인 양 사용하는(거주하는) 홈리스들은 문제적이라고 볼

---

23 David Harvey, "The Right to the city", *New Left Review* 53, 2008, p.23 ; 강현수, 『도시에 대한 권리―도시의 주인은 누구인가』, 책세상, 2010, 42쪽에서 재인용.

수도 있을 것이다. 하지만 홈리스들이 자기 소유로서 소유권을 주장하며 공공 공간에 거주하는 것은 아니다. 그렇다면 홈리스들이 집단적으로 공공 공간에서 거주하는 일본 도쿄의 요요기 공원代々木公園[24]의 경우, 이 거주 공간(블루텐트)은 사적인 공간인가, 공적인 공간인가? 이 모호한 질문에 답하기 위해서 우리는 사적인private 것과 인신적인personal 것을 구분해야 할 필요가 있다. 여기서 '인신적인 공간'이란 개인이나 친밀집단이 인신적인 안정, 휴식, 사색, 인식적인 욕망의 향유 등을 위해 필요로 하는 닫힌 공간이다. 곽노완[25]은 마르크스가 '사유 재산'과 '인신적인 재산'을 구분했던 것을 따라, '사적 공간'과는 다른 '인신적인 공간' 개념을 제기한다. 마르크스는 자본주의를 넘어선 대안사회에서 토지와 생산수단은 공동소유로 전환되어 이에 대한 사유재산은 폐기되어야 한다고 보았지만, 이것이 곧 개인재산의 폐기를 의미하는 것은 아니다. 즉 토지와 생산수단을 제외한 소비재의 일부는 여전히 개인재산으로 남을 것이라는 생각이다. 따라서 사회주의적 대안 사회에서 모든 공간이 공동 공간 내지 공유 공간이 된다고 해도 사유 공간만 폐기될 뿐 인신적인 공간은 소멸되지 않는다. 즉 어떤 공간이 공유화 되더라도 이곳에 거주하는 개인의 고유한 사용권이 보장되는 것이다. 공공

---

24 도쿄 하라주쿠原宿에 인접한 대규모 공원으로, 공원 안쪽 한편에는 푸른색 천막으로 텐트를 만들어 홈리스들이 거주하는 "블루텐트 촌ブルーテント村"이 자리하고 있다. 텐트 수와 거주자의 숫자를 정확하게 파악하기는 어려우나 2000년대 초반에는 300~400명가량이 거주했다고 한다. 거주자의 대부분은 중년, 노년의 독신 남성이지만, 여성, 청년, 외국인 등 다양한 부류의 사람들이 살고 있다. 그 가운데는 10년, 20년, 30년에 걸쳐 장기간 거주하는 사람도 있다. 2004년 도쿄도에 의한 '이피드 이행사업'에 의해 거주자들의 일부가 떠나기도 했다.(力道さん・山形さん・小川てつオ, 「ホームレスに歴史あり―代々木公園テント村の歴史」, 『現代思想』 34-9, 2006, 132~146쪽)
25 곽노완, 앞의 글, 207~210쪽.

공간인 공원에서 거주하는 홈리스들은 텐트와 벤치를 자신의 소유라 주장하는 것이 아니라, 그것을 전유하여 사용하는 것이다. 즉 이들은 공공 공간을 자기 소유의 사적 공간으로 변환시키는 것이 아니라, 인신적인 공간으로 이용하는 것이다. 권력과 자본에 의해 지배받는 공공 공간은 전유된 공간으로 변모된다. 이런 점에서 지배받는 것과 전유된 것, 지배받는 공간과 전유된 공간은 늘 함께 붙어 다닌다는 르페브르[26]의 분석은 적절하다.

바로 이런 점에서 주소지가 없어 모든 권리에서 배제되는 홈리스들이 거리에 주소지를 가지게 된 사례는 대단히 흥미롭다. 시부야 역 근처와 요요기 공원 블루텐트촌을 오가며 살고 있는 여성 홈리스 화가 이치무라 미사코市村美佐子 씨는 우편함을 만들고 우체국에 가서 주소를 등록했다고 한다. 실랑이도 있었지만, 어쨌든 그 주소지로 우편물이 배달되고 있다. 주소는 "24번지 R246 철교아래 서쪽 종이박스 로켓"이다.[27] 이 경우 홈리스들이 공공 거리를 사유화 했다고 보면서 비난할 수 있을까? 오히려 이것은 길거리를 자기 소유의 집으로 사유화했다고 보기 보다는, 이들이 길거리를 인신 공간으로 전유하는 것이라고 보는 것이 더 적합할 것이다.[28]

---

26 앙리 르페브르, 양영란 역, 『공간의 생산』, 에코리브르, 2011, 258~262쪽.
27 신지영, 「아름다운 피고들의 고미니티에 초대합니다! 이주 노동자 민우 씨와 홈리스의 '246 키친'」, 『인문학 통신 / 일본에서 마을 만들기』, 2009. 10. 30, www.greenbee.co.kr/blog/808.
28 공공 공간 내에 위치한 홈리스의 거주 공간이 '인신 공간'으로 인식되는 경우는 오사카시大阪市 기타구北区 오기마치 공원扇町公園을 둘러싼 한 사건에서도 확인할 수 있다. 텐트 생활을 하고 있는 노숙자 야마우치 유지山内勇志 씨는 여권 취득을 위해 주소지를 등록할 필요가 생기게 되었다. 수년간 오기마치 공원에 거주하며 우편물도 받아 온 야마우치 씨는 공원을 주소지로 신고하려 했으나 구청이 수리하지 않자 2005년 3월 16일 제소를 단행한다. 2006년 1월 27일, 오사카 지방 법원은 주소란 "객관적으로 생활의 본거지 실체를 구비하고 있는지 아닌지에 의해 결정하는 것"으로, 야마우치 씨의 텐트는 이에 해당된다

3. '소수자 공간'으로서의 고미니티

홈리스는 길거리에서 잠을 자야 한다는 점에서 노숙자로 불리기도 하고, 일정한 거처가 없다는 점에서 부랑인이라고 불리기도 한다. 이들은 흔히 사회의 낙오자, 사회에서 배제된 타자로서의 소수자로 이해되는 경향이 많다. 그런데 홈리스는 소수자로 간주되는 다른 집단들, 예컨대 여성, 외국인 노동자 등과 달리, 특별한 현상적 개념적 범위가 없다. 그리고 이들 소수자들의 소수자성 — 성, 민족, 인종, 계급 — 이 그다지 가변적이지 않음과 달리, 홈리스의 소수자성은 대단히 가변적이다.[29] 다시 말해 사회구성원(다수자) 중 누구나가 어느 날 갑자기 홈리스가 될 수 있기 때문이다. 사실 한국에서 이들은 오래 전부터 부랑자나 거지라는 이름으로 살아 왔지만 '특수한 사람들'의 문제로 크게 주목을 받지 못하다가, IMF를 계기로 '보통 사람들'도 홈리스가 되는 경우가 늘어나면서 사람들의 관심을 끌기 시작했다. 이처럼 홈리스들은 다른 소수자 집단에 비해 다수자(보통 사람들)와 소수자(특수한 사람들)의 사이를 가장 쉽게 넘나들고, 그들이 가지는 내적 차이도 대단히 크고 많다. 이런 이유들은 이들이 하나의 정치적 집단을 이루지 못하도

며 야마우치 씨의 주장을 전면 지지하는 판단을 내렸다. 야마우치 씨는 오기마치 공원을 점유할 권리를 가지고 있지는 않으나, 주소지를 등록하기 위한 조건, 즉 객관적 거주 사실을 가지고 있는 것이다. 2007년 1월 23일 오사카 고등 법원 공소심에서는 '건전한 사회 통념'에 위배된다는 이유로 야마우치 씨의 청구가 기각되었으나, 홈리스의 거주 공간이 인신 공간의 맥락에서 이해되고 있음을 알 수 있다.(「新・「裁判官」がおかしい!(第4回) ホームレスに「公園への住民登録」を認た超エリート裁判長」, 『週刊新潮』 53(10), 2008, 142~145쪽)

29 김준호, 「공공공간에 대한 소수자의 권리를 위한 시론」, 『공간과 사회』 36, 한국공간환경학회, 2011, 42쪽.

록 막는 방해 요소로 작동한다.

우리는 이 절에서 물적 공공 공간인 공원에서 벌어지는 공간에 대한 권리, 그리고 공공성과 시민성 간의 모순과 투쟁 등을 살펴보고자 하지만, 이것이 이러한 권리의 제도화에 초점을 맞추고 있지는 않다. 우리는 오히려 탈정치화 되고 있는 도시 질서에 균열을 내는, 공공성의 이름으로 위협받고 추방당하는 이들, 결코 하나의 범주로 환원되지 않는 이질적인 이들이 공공 공간 안팎에서 생존을 위한 공동의 싸움을 벌이는 사이 공간들을 보여줌으로써, 도시공간의 생산과 소비, 전유의 방식이 재편될 수 있는 가능성을 보여주고자 한다.

1) 쓰레기 공동체 – 가장 공공적인 공동체

'소수자 공간'은 이들의 소수자로서의 정체성, 즉 다수자와의 차이가 반영되는 공간일 것이다. 이 '차이의 공간'으로서의 '소수자 공간'은 다수자들의 '정상적'인 생활에서 떨어져 나온 공간으로, 사회의 지배적인 질서를 교란시키는 공간이다. 이 소수자 공간은 기존의 인권과 평등권, 휴머니즘과 문화적 상대주의를 내세우는 공동체주의 혹은 자유주의적 논의들이 내세우는 주장들과 차별화된다. 즉 공사의 이분법을 유지하면서 공적인 것(공공 공간)과 사적인 것(사적 공간) 사이에서 어느 것을 확대할 것인가를 고민하기 보다는 이 이분법 자체를 의문에 부치며 해체하는 것, 시민사회의 규준에 도전하는 것, 사회의 정상 규범과 사회적 통합을 중시하는 제도적 장치의 마련에 주목하기 보다는 일상

공간에서 비제도적인 정체성 정치를 추구하는 것이다.[30]

앞에서도 지적했듯이 홈리스들은 단순히 계급이나 성, 인종 등의 카테고리로는 묶이지 않는 다양성을 그 특징으로 한다. 그리고 이들은 자신들이 가진 수많은 내적 차이들을 하나의 통일성으로 환원하지 않으면서 '공통적인 것the common'을 생산해 낸다. 네그리와 하트는 봉건 시대의 '공유지'를 뜻하는 the commons라는 말과의 연속성을 살리면서도 다중의 공통성이 갖는 독특함을 강조하기 위해 이 단어의 마지막 s를 빼고 the common으로 사용한다. 이들은 공통된 것이란 생산되는 것이고, 사람들 간의 소통, 협동, 협력은 바로 이 공통된 것에 기반하고 있을 뿐만 아니라, 계속 확장하는 관계 속에서 공통된 것을 생산한다고 본다. 그렇다면 홈리스 공동체에서 '공통적인 것'의 구축이란 무엇을 의미하는가? 홈리스들은 이데올로기적 요인들이 아니라, 그들이 처한 어려움의 공통된 성격(공공 공간으로부터의 배제와 추방, 자기 '집'에서 거주할 권리의 박탈 등)에 의해, 스스로를 조직하고 표현할 수밖에 없는 형태들에 의해 통일된다. 이들은 공공 공간이 점차 사유화 되고 더욱 더 정상화 되어 가는 경향 속에서, 즉 전지구적인 배제와 추방의 공통 체계 속에서 살고 있는 것이다.[31] 하지만 이들은 자신을 이 공통적인 것 속에서 인식하면서 또한 자신의 특이성의 권리를 표현하고, 정상 규범과 척도에 맞서 과잉과 위반을 보여준다. 이런 의미에서 네그리는 다중을 '괴물스러움'으로 표현한다.

---

30 박경환, 앞의 글, 305쪽.
31 안토니오 네그리·마이클 하트, 조정환·장남영 역, 『다중』, 세종서적, 2008, 234~256쪽; 안토니오 네그리, 서창현 역, 『네그리의 제국 강의』, 갈무리, 2011, 90~94쪽.

　미야시타 공원의 당사자들을 면담하면서 이들의 공생형 거주에 관한 연구를 진행한 전홍규는 공원 내 홈리스들의 삶이 공원으로의 이주를 결심하는 순간부터 식생활을 해결하고 거주할 공간을 마련하며 일자리를 구하는 일련의 과정이 모두 상호 협력으로 이루어지고 있음을 보여주었다. 이들의 많은 경우 공동 재정주와 공동체 형성, 공동 자립 등을 희망하는데, 2001년에는 미야시타 공원 홈리스들로 구성된 자치회가 발족되기도 했다.[32] 물론 이들이 대단히 '의식적으로' 공통된 것을 만들어내고, '의식적으로' 네트워크를 이루며, '의식적으로' 다수자 중심의 공공성 개념에 저항한다고 보기는 어렵다. 하지만 이들의 집단적 존재가 가시화되기 시작하면서, 이들은 '정상적인 공공 공간'에 하나의 균열로 존재하고 있다는 점은 부인할 수 없다. 그리고 홈리스들이 공공 공간에서 추방되는 사태는 역으로 이들의 존재를 더욱 가시적으로 만들었고, 이는 결과적으로 공공성의 개념을 전면적으로 검토하도록 만들었다.

　2008년경부터 미야시타 공원의 나이키화가 가시화되면서 내적 차이를 담지한 자들의 공간적 실천은 더욱 구체적으로 드러났다. 시부야 구청과 나이키사의 방침이 한 지역 언론을 통해 공론화 된 이후, 개인과 시민단체의 반대 운동이 한동안 이어졌던 것이다. 홈리스 지원자, 조형 예술가, 활동가, 음악가, 저널리스트, 용역 노동자, 시간제 노동자, 실업자, 학생, 문화연구가 등 다양한 층위의 시민들이 반대 집회나 데모에 참가하여 미야시타 공원의 기업화를 저지하기 위해 목소리를

32　전홍규, 「홈리스 커뮤니티의 공생형 거주에 관한 연구―시부야구 미야시타 공원의 당사자 참가형 조사를 중심으로」, 『도시와 빈곤』 59, 2002, 80~97쪽.

미야시다 공원의 나이키화에 반내!
http://irregularrhythmasylum.blogspot.kr/2008/08/blog-post_31.htm

높였다. 이들은 공통적으로 시부야 구청의 정책 결정이 불투명하게 진행되었다는 점과 공공장소가 일정 사기업을 위한 마케팅 공간으로 활용되는 점, 그리고 홈리스 강제 퇴출의 부당함 등을 고발하였다. 특히 경찰을 동원한 시부야 구청의 행정집행이 예고되면 '시부야·야숙자의 생활과 거주권을 지켜내는 자유연합澁谷·野宿者の生活と居住權をかちとる自由連合'이나, '모두를 위한 미야시타 공원을 나이키화 계획으로부터 지키는 모임みんなの宮下公園をナイキ計畵から守る會', '미야시타 공원 아티스트 인 레지던스宮下公園アーティスト·イン·レジデンス'를 중심으로 반대 집회가 전개되었다.

공공 공간을 향유하는 이들의 방식이 결코 정치적 조직화의 형식을 띠지 않는다는 점은 강조할 필요가 있다. 우리는 특히 이 공동체가 지구화를 둘러싸고 일어났던 다양한 항의 운동들이 보이는 수행적이고 축제적인 성격을 보여준다는 점도 강조할 필요가 있다고 본다. 심지어 이들이 자신들을 추방하고자 하는 힘에 대한 항의 운동을 전투적으로 벌일 때조차 그 시위는 연극적이고 거기에는 코스프레, 익살스러운 노래들, 슬로건, 온갖 쓰레기로 만든 다양한 악기들 등이 어우러져 있었다. 사람들은 페트병에 돌을 넣어 악기로 만들고, 버려진 깡통과 프라이팬 역시 타악기로 사용했으며, 티셔츠에 일그러지게 그려 넣은 나이키 로고도 항의의 메시지를 발신한다. 이렇게 폐품으로 무장한 신체의 움직임은 타악기 리듬과 함께 시부야 일대를 거대한 카니발 공간으로 변화시킨다. "소비와 노동 모두로부터 배제된 자들이 도시로 역류"하는 광경이 펼쳐지는 것이다.[33]

한편 일부 아티스트들은 홈리스들이 강제 퇴거 당한 이후 2010년 3

월 하순경부터 미야시타 공원에 거주하며 공원의 재개발을 저지하는 활동을 펼치기도 하였다. 망가진 우산이나 자전거가 공원 내에 오브제로 설치되고 주말에는 라이브 공연이나 영화 상연, 워크 숍 등의 장이 마련되었다. 이들의 활동은 동영상, 트위터 등의 매체를 통해 널리 알려져 일본 국내는 물론이고 CNN이나 BBC와 같은 주요 해외 미디어에 보도되었고, 오스트리아와 파리 등에서는 나이키에 대한 항의 운동이 이루어지기도 했다.[34]

이것은 대단히 독특한 감각과 활력을 지니고 있다. 일본의 미야시타 공원의 변화 과정들을 소개했던 신지영은 바로 이 점이 공원을 지키기 위한 싸움이 지닌 가장 빛나는 지점이라고 썼다.[35] 이 시위는 거리 축제이기도 했기 때문에, 거기서는 분노와 축제적인 요소들이 섞여 있었다. 그러나 시위가 축제적이라고 말할 때 이는 단순히 그 시위의 분위기만을 말하는 것은 아니다. 오히려 그 시위의 조직화에 있어서도 마찬가지이다. 다양하고 특이한 주체들 사이에는 항상적인 대화가 존재하고 이 대화는 다성성多聲性을 그 특징으로 한다. 그리고 이러한 공통적인 구성을 통한 각 주체의 전반적인 풍부화가 존재한다. 이것은 우리가 이들을 '다중'으로, 그들의 행위를 새로운 주체성과 새로운 언어를 생산하는 내레이션으로 해석할 수 있게 해준다.[36]

---

33 山本敦久, 앞의 글, 83쪽.

34 白石草, 「市場化される公共空間—ナイキに買収される渋谷・宮下公園」, 『世界』, 2011, 137쪽.

35 신지영, 「'즐겁게' 싸우면서 태어나는 또 다른 마을」, 『인문학 통신 / 일본에서 마을 만들기』, 2010. 4. 16, www.greenbee.co.kr/blog/1021.

36 안토니오 네그리・마이클 하트, 앞의 책, 260쪽. 네그리는 미하일 바흐친의 대화주의, 그리고 이 대화주의를 특징짓는 다성성과 카니벌 개념 등을 자신의 다중론에 적극 활용한다. 즉 대화적 내레이션과 다성적 구조, 축제적 관점 등은 하나의 정치적 조직화의 형식

다중은 어떤 하나의 중심적인 동일성으로 결코 환원될 수 없는 수많은 내적 차이로 구성되어 있다. 즉 다중은 다양한 문화, 계급, 성, 노동 형식, 삶의 스타일, 세계관 등, 모든 특이한 차이를 가진 다양체multiplicity로 존재한다. 다중은, 하나의 동일성으로 환원되지 않으며 온갖 유형들이 모여 구성된다는 점에서는 대중과 비슷하다. 그러나 대중의 본질은 무차별성이며 모든 차이는 대중 속에서 사라짐에 반해, 다중 속에서는 차이들이 서로 다른 상태로 남아 있다. 결국 다중 개념이 제기하는 도전은 다양체가 내부적으로 다르게 남아 있으면서도 공동으로 소통하고 공동으로 활동하는 것이 성공할 수 있는가 하는 문제에 달려 있다.[37] 쓰레기로 이루어진 공동체인 '고미니티(쓰레기를 뜻하는 일본어 '고미ごみ'와 공동체를 뜻하는 'community コミュニティー'의 합성어)', 그리고 고미니티의 '고미니케이션'에 대한 평가도 역시 이 문제와 직접적인 연관이 있을 것이다.

도쿄 길거리 한 복판에 차려지는 노상밥상 '246키친'은 시부야 역 근처 철로 아래 246번지에서 열린다. 이 '246키친'은 받아 온 음식 재료, 남은 재료, 주워 온 재료 등을 모아 음식을 만들어 서로 대접한다. 이치무라 미사코 씨는 "쓰레기는 정말 훌륭하게 퍼블릭한 것이에요. 누구의 것도 아니죠. '이건 어쩔까? 나라면 이렇게 해!' 하면서 이상한 것을 만들거나 인간관계를 배워갑니다. 말하자면 고미니케이션이죠. 중요한 건 누구와 같이 노는가가 아닙니다. (…중략…) 중요한 건 놀이에 얼마나 집중하는가, 시간을 얼마나 공유하려고 하는가, 얼마나 열심히

으로 이해하기 어려운 다중의 특성, 시위자의 분노와 축제적 환희가 공존하는 다중의 운동을 설명하는데 적절하다.

37 장시복, 「'다중'은 대안세계화운동의 희망인가?」, 『대안세계화운동의 이념』, 경상대 사회과학연구원 사회과학연구총서 31, 한울, 2010, 111쪽.

그 장소를 만들어 가는가 입니다"[38]라며 홈리스들의 공동체와 홈리스들의 커뮤니케이션을 강조한다. 이치무라 미사코 씨의 이야기에서 흥미로운 것은 공동체는 바로 공공성(퍼블릭 한 것)에 기반하고 있다는 것이다. 공공성의 가장 일반적인 의미란 바로 이런 것, 즉 누구도 소유하고자 감히 시도하지 않는, 누군가의 소유가 될 수도 없는 것, 그리고 또한 모두의 것이 아닐까?

2) 공공성의 경계, 공공 공간의 안과 밖

미야시타 공원의 사례뿐만 아니라, 한국에서도 많은 경우 단속 기간에 홈리스들은 공공 공간에서 추방되고 이동한다. 그런데 공공 공간(공원, 역사)에서 추방된 이들은 흔히 또 다른 공공 공간(거리, 광장)으로 이동한다.

도쿄 고토구江東區에 위치한 다테가와 공원竪川公園에서는 홈리스들이 물을 사용하는 것을 막기 위해 (공원에서 살지 못하도록 하기 위해) 수도 시절을 봉쇄했다. 그리고 이들을 공원 바깥으로 쫓아내고, 공원을 둘러싸는 펜스를 둘렀다. 쫓겨난 홈리스들은 그 펜스 옆에 또 다시 천막을 치고 거주하지만, 물을 제대로 공급받을 수 없어 어려움을 겪고 있다. 이 공원은 원래 물리적인 구조 상 따로 펜스가 필요하지 않은 곳이었는데, 홈리스들이 공원 내에 접근하지 못하도록 펜스를 두르고, 시

---

38 신지영, 「아름다운 피고들의 고미니티에 초대합니다! 이주 노동자 민우 씨와 홈리스의 '246 키친'」, 인문학 통신 / 일본에서 마을 만들기, 2009.10.30, www.greenbee.co.kr/blog/808.

〈사진 3〉

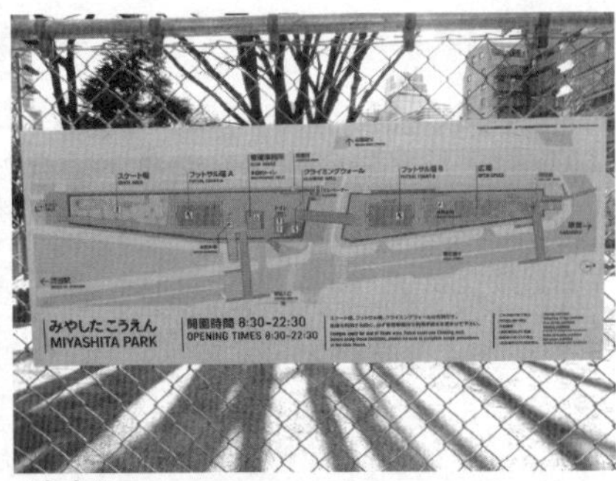

〈사진 4〉

〈사진 5〉

〈사진 6〉

〈사진 7〉

〈사진 8〉

〈사진 3〉 미야시타 공원 내의 풋살구장. 여기도 역시 펜스로 둘러싸여 있다.

〈사진 4〉 새로 정비된 미야시타 공원의 안내 표지판. 개방 시간과 스케이트장, 암벽 등반장, 풋살구장 등의 시설이 유료임을 알리고 있다.

〈사진 5〉 요요기 공원 블루텐트촌을 둘러싸고 있는 〈입립금지〉 푯말과 노끈 펜스.

〈사진 6〉 새로 정비된 미야시타 공원은 펜스가 둘러져 있다. 펜스로 두 개의 공공 공간(공원, 거리)이 나뉜다. 공원에서 추방된 홈리스 블루텐트(우)와 공원 내부의 풋살구장(좌). 이 경기장의 이용은 유료이고, 펜스로 둘러싸여 있다.

〈사진 7〉 다테가와 공원 출입 금지 표시. 시간을 정해둬 낮에만 출입이 가능하다.

〈사진 8〉 다테가와 공원에서 추방된 홈리스들의 항의의 메시지를 담은 플랜카드. "구청장 야마자키 다카아키는 폭력·추방에 대한 책임을 져라. 행정대집행을 그만두라."

민의 접근도 시간을 정해 제한하기 시작했다.(《사진 7~8》)

공공성이란 공민을 위한 것이고, 공익성을 내재하고 있으며, 공개성의 요소를 포함한다. 그런데 지금 우리가 분석하고 있는 공공 공간에서 홈리스가 추방되는 이 사태들에서는 공공성 개념이 전혀 작동하지 않고 있음을 알 수 있다. 홈리스들이 공공성의 주체로서 인정받지 못한다는 점에서 공민성의 요소가 문제시 되고 있고, 인간 삶에 기본적인 공공재와 재화(물, 전기, 연료, 도로 등)의 사용을 제한 받는다는 점에서 공익성이 위반되고 있으며, 모든 이에게 열려 있는 개방성을 특징으로 하는 공공성 역시 작동하지 않는다.

이 문제는 결국 공공성의 경계에 대한 사유를 촉발한다. 즉 공공성의 안과 밖은 무슨 기준으로 나눠지며, 이 경계를 만드는 이는 누구인가? 공공 공간 내부로의 출입이 허가된 자와 공공 공간에서 추방되는 이는 누구인가?

과거 '도시의 공기가 사람을 자유롭게 한다'는 말이 있었다. 농노들이 신분의 속박으로부터 탈피하여 중세 도시의 법적 실체들 내에서 개인의 자유를 주장함에 따라 이런 생각이 형성된 것이다. 억압적인 농촌의 삶에서 떠나 도시로 온 이들 세대는 도시를 자신들의 피난처로 간주했다. '도시'와 '시민권'은 이러한 형성 과정에서 긴밀하게 서로 연계된다. 그러나 또한 도시는 소외와 하위계급, 포괄할 수 없는 '타자성'의 공간이자, 공해와 타락의 지형이기도 하다. 이런 상황 속에서 '도시city'와 '시민citizen'은 어원적으로는 연계되어 있지만, 공적 상상력에서는 대립되는 것으로 만들어 버렸다[39]는 데이비드 하비의 주장은 우리의 분석 속에서 커다란 울림을 가져온다.

법이란 게 참 우습더라고. 방범기간이면 경찰이 건수를 채우기 위해 부
랑아들을 잡아들였는데, 난 항상 같은 죄목이었지. '주거 부정, 직업 무, 우
범지대 배회하며 무위도식하고, 지나가는 행인에게 불안감 조성'이라고 말
야. 한데, 즉결에서 어떤 날은 무죄고 어떤 날은 며칠씩 구류가 떨어지는
거야. 판사가 전날에 부부싸움이라도 하고 나오면 재수 옴 붙은 거지.[40]

공공성(공공 공간)의 경계는 마치 위의 인용문에서 홈리스 화자가 이
해하는 법의 경계와 마찬가지로 대단히 모호하다. 〈사진 6〉의 오른쪽
에 보이는 푸른색은 미야시타 공원 근처의 홈리스 블루 텐트이다. 원
래 미야시타 공원 내부에서 생활하던 이들이 공원이 사유화 되면서 길
거리로 쫓겨난 것이다. (사실 공원이 사유화 되지 않았다고 해도 '정상화' 과정
을 거치면서 결과는 유사해 졌을 것이다.) 공원에서 길거리로의 이동은 어떤
의미를 가지는가? 사실 양쪽은 모두 공공 공간이다. 한 쪽은 비록 사적
으로 소유된 공공 공간privately owned public space이라 해도 공공 공간으
로 여전히 기능하고 있다. 〈사진 5〉는 요요기 공원 내 블루텐트 촌의
입구 모습이다. 이 텐트촌을 두르고 있는 노끈 펜스와 '입립금지' 푯말
은 어떻게 해석해야 할까? "이 곳은 사람들이 살고 있는 주거지입니다.
그들의 사생활을 방해하지 마십시오"라는 의미에서, 즉 내부를 보호하
는 펜스인가? 아니면 공공 공원에 심어 놓은 나무와 풀들을 보호하기
위해 들어가지 말라고 만들어 놓은 펜스이고, 결국 홈리스들이 이 금
지의 명령을 위반하고 이 경계를 가로질러 내부로 침입한 사태를 역설

---

39 데이비드 하비, 앞의 책, 217~218쪽.
40 윤수종, 「넝마공동체의 성격과 그 변화」, 『진보평론』 15, 2003, 140~141쪽.

적으로 보여주는 펜스인가? 아니면 이들의 삶에 대한 타인의 접근을 금지하는 격리의 의미를 가지는가?

이 까다로운 문제들은 공공 공간(공원)에서 벌어지는 공간에 대한 권리 — 도시권, 점유권, 시민권 — , 그리고 공공성과 시민성 간의 모순과 투쟁을 대단히 역설적인 방식으로 보여주고 있다. 사실 이 '소수자 공간' 그 자체가 진보적일 수는 없다. 이는 사회에서 주변으로 몰린 소수자들이 그 자체로 저항적일 수 없는 것(저항적이지 않은 것)과 마찬가지이다. 다만 이 소수자들의 공간이 사적 소유권, 점유권 등 자본주의 사회의 예민한 부분을 노골적으로 건드리고, 사적 소유권이 강하게 뿌리 내리고 있는 자본주의 사회의 한 복판에서 빈 공간을 찾아 스며드는 것, 그래서 그 공간의 성격이 변화되는 것을 주도하거나 혹은 막아내는 것. 이 점이 바로 우리가 주목하는 점이다. 미야시타 공원의 나이키화를 반대한 한 예술가는 "도시에는 정비될 수 없는 장소, 비틀어진 공간, 즉 빈 공간이 항상 존재하고 있다. (…중략…) 빈 공간이기 때문에 노숙자의 판잣집이 들어설 수 있다. 빈 공간은 공공지와 사유지가 분화하기 이전과 같은 공간이다"[41]고 말하면서, 미야시타 공원은 이와 같은 성격을 가진 공간이라고 했다. 공적인 것과 사적인 것이 분화하기 이전의 공간, 혹은 공적인 것과 사적인 것이 긴장감을 가지고 공존할 수 있는 공간이 바로 푸코가 의미했던 대로의 '헤테로토피hétérotopie'[42]이다.

41　カール・カッセゴール,「ノーマンズランド・自律ゾーン・公共空間ー「空き地」をどうやって守るかという問題と宮下公園について」,『インパクション』178, 2011, 38쪽.

42　Michel Foucault, *Le corps utopique* suivie de *Les hétérotopies*, Nouvelles Editions Lignes, 2009.

　푸코의 논의 속에는 세 가지의 공간이 등장한다. 첫째, 일상적이고 정상적인 공간으로 한 사회의 구성원들은 모두 이 공간 안에서 사회가 구성해 둔 정상적 규칙을 따라 자신의 일상을 영위한다. 둘째, 유토피아이다. 이것은 사람들이 꿈꾸는 비실재적 공간으로, 사회 구성원들의 의식과 무의식을 보여주기도 하고, 또한 구성하기도 한다. 마지막으로 여타의 공간들과 절대적으로 다른 헤테로토피이다. 이는 현실 세계 안에 존재한다는 점에서 실재적이지만, 정상적인 공간과는 구별된다. 또한 일상의 정상 공간이 아니라는 점에서 유토피아와 특성을 공유하지만, 또한 현실 세계에 존재한다는 점에서 유토피아는 아니다. 요약하자면 헤테로토피는 현실적이면서 동시에 비정상적(신화적) 공간이다.

　헤테로토피는 사회의 정상적인 일상 공간에 반하며 그것들을 문제시한다. 이곳에는 특수한 상황에 처한 사회의 구성원들이 머무르기도 한다. 중세의 경우 임신 기간 혹은 생리 기간 동안 여성들이 머물렀던 공간이나 고대의 성역 등이 헤테로토피에 속한다. 그 후 점차 요양원, 고아원, 정신병원, 수용소, 감옥 등을 의미하게 된다. 그 외에도 아이들의 놀이 공간으로 이용되는 놀이터에서부터 학교, 공장, 집장촌, 선박 등도 포함한다. 푸코에 따르면 모든 인간 사회는 헤테로토피를 가지고 있으며, 헤테로토피에 의해 유토피아가 동시적으로 규정되고 구성된다. 헤테로토피는 한 사회의 구성 조건을 형성하는 일종의 '반 공간 contre-espace'으로 이해해야 할 것이다. 홈리스 블루텐트촌이 이런 헤테로토피로 해석될 여지는 이치무라 미사코 씨의 다음과 같은 말에서도 확인된다.

이 마을이 언제부터 형성되었는지 기록은 남아 있지 않아요. 그러나 이 공원에서 25년이나 30년간 계속 살고 있는 사람들이 있습니다. 오래 전부터 사회구조가 홈리스를 생산해 왔기 때문이지요. 단지 돈의 문제만은 아닙니다. 외국인, 장애인, 전과자, 성적 소수자, 괴짜이거나 교육을 받지 못해 따돌림 받는 사람들도 블루텐트 마을이라면 콤플렉스를 느끼지 않고서도 살 수 있어요. 대도시 도쿄 한복판에 이처럼 대안적인 마을이 형성되어 있다는 게 대단하다고 느꼈습니다.[43]

공공 공간을 정상적이고 일상적인 공간으로 유지하려고 할 때, 즉 정상적인 공공성 개념을 가지고 이질적이고 비정상적인 것을 제거하고자 할 때, 이 공공 공간은 헤테로토피로 전환된다. 왜냐하면 이 공간에서 공공성 개념은 정상적인 의미로 작동하지 않기 때문이다. 다시 말해 이 공간에서는 공민성, 공익성, 공개성 등 공공성 개념이 가지는 의미들은 퇴색한다.(누가 공민이고, 누구를 위하는 것이 공익이며, 누구에게 공개되어 있다는 말인가?) 공공 공간은 이렇게 해서 공공성의 균열을 가져온다. 이제 이 공공성의 의미는 전적으로 새롭게 재편되고 재구성 되어야 한다. 이처럼 공공 공간이 헤테로토피의 성격을 담지하게 될 때, 이 공공 공간은 보편적으로 교환될 수 없거나 공식적인 제도와 상식적 규범을 넘어서는 새로운 사회영역이 되며, 실종되었던 주체들이 다시 등장하는 가능성의 공간으로 수용 될 수 있을 것이다.

---

43 이치무라 미사코, 신지영 역, 『저⋯⋯ 여기에 있어요』, 올벼, 2009, 153쪽.

4. 공공성 전환과 공간 실천

우리는 공공성의 위기(공공성의 붕괴, 공공성의 해체) 문제는 공간적인 측면으로 접근해야 할 필요가 있다고 보는데 그 이유는, 현대의 공공성 문제(좀 더 정확히는 공공성의 파괴)가 자본주의와 직접적인 연관이 있기 때문이다. 즉 자본주의의 발달은 공간에 대한 점유에 기반 하기 때문이다. 자본의 축적 과정은 이윤을 추구하는 경제 활동이나 노동 착취, 그리고 착취를 용이하게 하는 사회적 통제에 국한되지 않는다. 자본 축적을 위한 활동은 공간적으로 발생하며, 이에 따라 공간은 늘 새롭게 재편된다. 새로운 공간이 자본주의 시장에 편입되고 있으며, 공간 환경 자체가 상품화되어 자본 축적의 주된 요소가 되기도 한다. 뿐만 아니라 공공성의 위기와 관련된 다양한 현상들 중 특히 공공 공간의 사유화, 공공 공간에서의 배제와 추방 등의 문제를 분석해 보면, 공공성의 위기 문제는 분명 공간에 대한 접근으로 보충되고 해석될 필요가 있음을 알 수 있을 것이다.

공공 공원의 사례를 통해 살펴본 현대의 공공성 개념은 대단히 많은 문제점을 가지고 있다. 즉 현대의 공공성 개념을 뒷받침 하는 '정상 시민' 모델은 결과적으로 소수자적 가치들을 무시되는 결과를 가져오기 때문이다. 공공성의 주체가 되는 시민은 '전형적인 정상 시민', '다수자'로, 여기서는 소수자의 욕망과 관련한 것들이 표출될 수 있는 여지가 없다. 왜냐하면 (다수 정상 시민의 기준에서) 소수자란 단지 소수의 이해 집단일 뿐이고, 이들이 주장하는 자율성은 공공의 가치(즉 다수자의 가치, 정상성의 가치)를 손상시킬 수 있기 때문이다.

따라서 실체로서의 공공성은 (부분적이나마) 집단의 폐쇄적인 공공성을 가정하고 따라서 소수자를 배제하는 근거로 사용된다. 즉 공공성에 포용이 아닌 배제의 기조가 작동하는 순간 공공성은 폐쇄적 집단성으로 돌변하게 되는 것이다. 가장 대표적인 사례가 바로 20세기 초의 파시즘이다. 자신들의 어려운 처지를 집단 세력화로 돌파하고자 했던 병리적 의식이 민주주의 사회의 취약한 공적영역을 점거하면서 국가차원의 파괴력을 창출했던 것이다.[44] 이런 극단적인 사례를 들지 않더라도, 근대의 부르주아 시민사회의 전통을 계승하는 공공성은 언제나 배제의 문제를 내포하고 있다. 따라서 소수자의 권익이나 환경 문제 등과 같이, 중요하긴 하지만 한 사회의 지배적 가치로부터 벗어나 있는 이슈는 쉽게 배제의 대상이 될 것이다. 우리가 이 글에서 살펴 본 홈리스 역시 이런 측면에서 공공성 논의 대상에서 쉽사리 배제되고 있고, 또한 공공 공간에서도 추방되고 있다.

따라서 현대의 공공성을 구성하는 요소는 무엇인가 하는 문제는 다시 논의되고 재구성되어야 할 필요가 있다. 사이토 준이치는 이를 '욕구 해석의 정치'라고 말하는데, 이 정치는 사적인 것과 공적인 것의 경계를 둘러싼 가장 중요한 투쟁 가운데 하나이다. 곧 어떤 필요나 욕구를 공공적으로 대응해야 할 것인가, 아니면 개인 / 가족 등에 의해 사적으로 충족되어야 할 것인가를 둘러싼 투쟁이다. 간단히 말해 공공성은 바로 이러한 '욕구의 정의'를 둘러싼 투쟁의 차원을 포함하는 것이다.[45] 현대 한국 사회의 촛불집회가 경직된 정부의 제도와 집권층의

---

44 로컬리티 인문학 편집위원회, 「좌담회－공공성과 로컬리티」, 『로컬리티 인문학』 4, 부산대 한국민족문화연구소, 2010, 17쪽.

권위주의적인 이념, 기존 노동조합이나 시민단체의 수직적이고 제한된 운동을 뛰어넘는 개별 시민들의 수평적 욕구를 통해 공공성의 재구성을 강력하게 요구했던 것처럼, 하나의 이데올로기로 범주화 할 수 없는 홈리스들의 소수자적 욕망이 근대의 다수자적 공공성을 재편 혹은 확장할 것을 요청하고 있는 것이다. 이는 무엇 보다 국민국가와 정상 사회 개념에 바탕을 둔 근대 사회질서 구조뿐만 아니라 근대의 가치와 상식, 양식에 관해서도 전면적인 반성을 필요로 한다. 복잡성과 예측할 수 없는 것이 증대하는 현대의 '위험사회'에서는, 우리는 기존의 이념과 가치, 제도와 규범, 행위의 차원에서 구축된 공공성, 시민, 공공 공간 개념으로는 감당할 수 없는 다중multitude과 이질적인 공간(헤테로토피), 공통적인 것을 마주하고 있기 때문이다.

---

45 사이토 준이치, 윤대석 외역, 『민주적 공공성』, 이음, 2009, 80~81쪽.

참고문헌

강현수, 「'도시에 대한 권리' 개념 및 관련 실천 운동의 흐름」, 『공간과 사회』 32, 한국
    공간환경학회지, 2009.

곽노완, 「도시권에서 도시공유권으로」, 『마르크스주의 연구』 8-3, 경상대 사회과학
    연구소, 2011.

김민진·김광현, 「현대의 공공성이 드러나는 집합적 공간 연구」, 『대한건축학회 학
    술대회 논문집』 29-1, 대한건축학회, 2009.

김준호, 「공공공간에 대한 소수자의 권리를 위한 시론」, 『공간과 사회』 36, 한국공간
    환경학회, 2011.

로컬리티 인문학 편집위원회, 「좌담회 - 공공성과 로컬리티」, 『로컬리티 인문학』 4,
    부산대 한국민족문화연구소, 2010.

박경환, 「소수자와 소수자 공간 - 비판 다문화주의의 공간교육을 위한 제언」, 『한국
    지리환경교육학회지』 16-4, 한국지리환경교육학회, 2008.

백완기, 「공공성 논의의 필요성」, 윤수재 외편, 『새로운 시대의 공공성 연구』, 법문
    사, 2008.

신정완, 「사회공공성 강화를 위한 담론전략」, 『시민과 세계』 11, 2007.

신지영, 「'즐겁게' 싸우면서 태어나는 또 다른 마을」, 『인문학 통신 / 일본에서 마을
    만들기』, 2010.4.16, www.greenbee.co.kr/blog/1021

______, 「아름다운 피고들의 고미니티에 초대합니다! 이주 노동자 민우 씨와 홈리스의
    '246키친'」, 『인문학 통신 / 일본에서 마을 만들기』, 2009.10.30, www.greenbee.
    co.kr/blog/808.

윤수종, 「넝마공동체의 성격과 그 변화」, 『진보평론』 15, 2003.

이승훈, 「계급과 공공성. 공공성 주체로서 노동계급의 가능성과 한계」, 『경제와 사
    회』 88, 비판사회학회, 2010.

______, 「민주주의 패러다임의 성찰 - 공공 영역과 '시민됨'의 문화적 조건」, 『사회이
    론』 37, 한국사회이론학회, 2010.

장시복, 「'다중'은 대안세계화운동의 희망인가?」, 『대안세계화운동의 이념』, 경상대
    사회과학연구원, 사회과학연구총서 31, 한울, 2010.

전홍규, 「홈리스 커뮤니티의 공생형 거주에 관한 연구 - 시부야구 미야시타 공원의

당사자 참가형 조사를 중심으로」, 『도시와 빈곤』 59, 2002.

조대엽, 「현대성의 전환과 사회 구성적 공공성의 재구성-사회 구성적 공공성의 논리와 미시공공성의 구조」, 『한국사회』 13-1, 고려대 한국사회연구소, 2012.

조철주, 「탈근대적 계획환경 정합적 계획을 위한 근대계획의 재구성」, 『도시 행정 학보』 22-3, 한국도시행정학회, 2009.

최병두, 「탈신자유주의를 위한 대안적 도시 전략」, 『공간과 사회』 37, 한국공간환경학회, 2011.

강현수, 『도시에 대한 권리-도시의 주인은 누구인가』, 책세상, 2010.

최　협, 『한국의 소수자, 실태와 전망』, 한울, 2004.

네그리, 안토니오, 서창현 역, 『네그리의 제국 강의』, 갈무리, 2011.

______________ · 하트, 마이클, 조정환 · 정남영 역, 『다중』, 세종서적.

르페브르, 앙리, 양영란 역, 『공간의 생산』, 에코리브르, 2011.

사이토 준이치, 윤대석 외역, 『민주적 공공성』, 이음, 2009.

이치무라 미사코, 신지영 역, 『저…… 여기에 있어요』, 올벼, 2009.

킴리카, 윌, 장동진 외역, 『현대 정치철학의 이해』, 동명사, 2008.

하비, 데이비드, 최병두 역, 『희망의 공간』, 한울, 2009.

Foucault, Michel, *Le corps utopique* suivie de *Les hétérotopies*, Nouvelles Editions Lignes, 2009.

Lefebvre, Henri, *Le droit à la ville*, 3e édition, Economica, Anthropos, 2009.

「新·「裁判官」がおかしい!(第4回)ホームレスに「公園への住民登録」を認た超エリート裁判長」, 『週刊新潮』 53(10), 2008.

カール·カッセゴール, 「ノーマンズランド·自律ゾーン·公共空間—「空き地」をどうやって守るかという問題と宮下公園について」, 『インパクション』 178, 2011.

力道さん·山形さん·小川てつオ, 「ホームレスに歴史あり-代々木公園テント村の歴史」, 『現代思想』 34-9, 2006.

白石草, 「市場化される公共空間-ナイキに買收される澁谷·宮下公園」, 『世界』, 2011.

山本敦久, 「宮下公園ナイキ化計畫を問う」, 『comtempory sports critique』 22, 2010.

戸叫トシ夫, 「封鎖された公共圏 宮下公園2008~2010」, 『インパクション』 177, 2010.

지역 문화정책과 로컬 정체성[*]

루베의 문화예술정책을 중심으로

류지석

1. 루베–공업도시에서 재난도시로

루베는 프랑스 노르빠드깔레 지역région Nord-Pas-de-Calais, 벨기에와의 국경에 위치한 인구 10만 규모의 도시이다. 18세기까지 루베는 특별할 것 없는 평범한 농촌이었다. 그러나 19세기 초 영국에서 수입된 기계를 사용한 면과 양모의 제사공장이 들어서고 이어서 기계화된 소모peignage 공장과 직물공장이 들어서면서 루베는 급속하게 산업혁명의 과정을 밟게 된다. 인구 9천여 명 정도의 농촌이 1860년 5만 명, 1896년에는 인구 12만 규모의 산업도시로 변모하면서 '프랑스의 맨체스터'로 불릴 만큼 섬유산업의 중심지가 된다. 프랑스 혁명 때 없어졌던 루베시의 문장을

* 이 글은 필자의 논문 「지역 문화정책과 로컬 정체성–루베의 라 삐신 미술관의 사례를 중심으로」(『코기토』 73, 2013)를 수정하여 수록한 것이다.

1859년에 새로 만들면서 섬유공업을 상징하는 실감개, 얼레빗과 북의 이미지를 사용할 정도로 루베의 정체성과 섬유공업은 떼어놓을 수 없는 관계였다. 현재는 오스트레일리아에 있는 국제 양모거래소가 과거 루베에 있었다는 것은 당시 루베가 프랑스뿐 아니라 유럽 제일의 섬유공업 도시였음을 입증하는 것이다. 1909년에는 세계섬유박람회가 루베가 자랑하는 바르비외 공원Parc Barbieux에서 열렸다. 프랑스와 유럽 각국 그리고 아르헨티나, 오스트레일리아, 뉴질랜드에서 3,300여 업체가 참가하고 170만 명이 방문한 이 행사는 대통령이 직접 참석할 정도로 중요하였다. 루베의 영광시대는 아직도 남아있는 부르주아 주택들과 릴Lille을 연결하는 궤도전차, 가스등과 전기등의 빠른 보급 그리고 루베의 두 섬유 사업가의 후원으로 시작된 빠리-루베 도로 싸이클 경기 등에서 쉽게 알 수 있다. 비록 양차 세계대전과 세계경제공황 기간 동안에는 위기를 겪기도 하지만 섬유산업의 중심지로서의 루베의 명성은 60년대까지 이어진다. 70년대부터 오일쇼크, 산업구조의 개편과 후발 공업국들과의 생산비 경쟁에서 뒤지게 되었고 도심에 위치한 낡은 공장들은 설비증설이나 교체도 어려워지면서 대부분의 공장들은 문을 닫게 된다. 루베의 대표적인 기업인 모뜨 보쉬Motte-Bossut 방직공장도 80년대 초 파산함으로써 루베의 섬유공업은 마지막 조종을 울린다. 루베는 실업자의 증가, 도심의 동공화, 이민 노동자 밀집 지역의 슬럼화, 범죄율의 상승 등 경제적, 사회적 어려움에 직면하게 되었다. 이 시기 루베의 중심가는 문 닫은 빈 공장 건물과 곳곳에 사람들이 떠난 낡은 집들이 방치되면서 을씨년스러운 모습을 띠고 있었다. 루베는 공업도시의 특성상 기업주나 관리직에 있는 부르주아 층과 두껍게 형성된 노동자층의 비중은 높

았지만 중산층의 비율이 상대적으로 낮았고 이러한 인구와 경제구조는
위기에 취약했다. 루베의 부르주아 계급은 주거여건이 급속히 악화되
자 생활환경이 더 나은 인근의 도시로 옮겨갔고 경제·사회적 위기로
노동자층은 실업자로 전락하였고 그 여파로 자영업자들까지 붕괴되면
서 프랑스에서 가장 가난한 도시가 되었다. 노르빠드깔레는 1950년대
부터 석탄, 철강, 섬유 등의 주력산업이 하나씩 경쟁력을 잃어가면서 지
속적으로 경제위기와 그에 다른 사회적 문제를 겪은 지역이었고 루베는
그런 모든 문제가 집약적으로 드러나는 대표적 도시였다.

　루베의 정체성을 특징짓는 가장 중요한 요소는 공업화 과정과 그 이
후의 경제위기에 따른 복합적 문제와 관련되어 있다. 현재 프랑스에서
가장 심각한 사회적 갈등요소로 대두되고 있는 외국인 이민자의 차별
과 통합문제는 루베에서 이미 오래전에 시작되었다. 섬유공업을 중심
으로 한 산업화는 많은 노동력을 필요로 하였고 초기에는 이웃한 벨기
에에서 유입된 노동자들에 의해 루베의 섬유산업은 급속하게 성장한
다. 루베의 경우 이웃한 벨기에 출신 거주자가 수만 명에 이르렀고 이
는 당시 벨기에에서 네 번째로 큰 도시에 해당하는 규모였다. 그 뒤를
이어 이탈리아, 폴란드 등에서 이주 노동자들이 도착하였고 60년대에
는 그 자리를 포르투칼과 북아프리카의 마그레브 출신 노동자들이 메
꾸었다. 노동집약적 산업이면서 상대적으로 낮은 임금을 받는 직종인
섬유산업의 특성상 그런 노동 조건을 받아들일 수 있는 외국인 노동자
들이 많을 수밖에 없었다. 1872년에 루베 전체 인구 중에 외국인의 비
율이 56%에 이르렀고 한 세기가 흘러간 뒤에도 전체 인구의 1 / 5정도
인 22,000명의 외국인 노동자가 루베에 거주하였다. 급속한 도시화와

외부 인구의 유입은 그들이 거주할 주택들을 필요로 했고 도시 곳곳에 급하게 서민주택들이 건설되었다.[1] 이들 지역의 집들의 상당수는 1차대전 이전에 지어진 것으로서 위생시설 등의 주거 여건이 열악하였고 시간이 흐르면서 노후화되었고 하층 노동자들의 집단 거주지가 되었다. 서민임대아파트HLM 단지도 루베의 곳곳에 들어섰는데 이주 노동자들의 주거 비율이 높았고 실업과 범죄 등의 문제가 심각해지면서 루베의 여러 지구가 도시문제를 해결하기 위한 재개발 및 지역경제 활성화를 위한 정책의 대상이 되는 민감도시지역(ZUS)과 비과세도시지역(ZFU)으로 지정되었다. 프랑스 방리유 소요사태가 일어났을 때 루베에서도 가게와 자동차에 대한 방화가 잇달았는데 경제·사회적 어려움이 80년대 극우정당 국민전선Front National에 대한 높은 지지율로 나타났고 그에 따른 지역의 심각한 사회적 갈등이 이러한 문제의 근원에 내재하고 있었다.[2] 루베는 그야말로 재난도시ville sinistrée로 전락하게 된다.[3] 이러한 문제를 해결하기 위하여 프랑스 정부와 지방자치단체가 도입한 대표적인 정책은 "도시정책politique de ville" 이라 부르는 도시

---

1   좁은 길 양편으로 동일한 형태의 소형주택들이 늘어선 "메종 드 쿠레maison de courée"라 불리는 주택단지는 릴Lille, 뚜르꾸엥Tourcoing, 루베를 중심으로 한 북프랑스 지역의 독특한 건축형태이다.

2   예를 들어 본격적으로 실업과 도시문제가 심각해지던 1984년 유럽의원 선거에서 국민전선은 19.1%의 득표를 얻었고 루베는 프랑스에서 가장 높은 지지율을 획득한 지역 중의 하나였다.(이기라·양창렬 외,『공존의 기술』, 그린비, 2007, 232쪽)

3   1980년대 루베의 위기는 여러 가지 면에서 쉽게 극복되기 어려운 구조적 문제를 가지고 있었다. 80년대 들어서 프랑스에서 지방분권화와 국토균형발전정책이 본격적으로 시행되기 시작했지만 노르빠드깔레 지역의 중심도시인 릴에 비하면 루베는 여전히 인프라나 투자의 우선순위에서 뒤처질 수밖에 없었다. 더구나 1970년대 신도시 정책에 따라 릴과 인접한 곳에 건설된 빌뇌브다스끄Villeneuve d'Ascq는 강력한 경쟁자로 등장한다. 릴대학과 연구소들이 새 캠퍼스로 이전하고 새로 개통된 지하철까지 연결되면서 이 신도시는 단번에 릴 인근의 중요도시가 되고 루베는 상대적으로 더욱 소외되는 결과가 발생한다.

재개발 정책이다. 이 정책의 큰 방향은 도시 재개발과 지역경제 활성화이지만 문화정책과 교육정책과도 연계되어서 실행되었다.

이 글은 사회적 갈등과 차별의 문제가 심각했던 루베에서의 지역 문화정책이 로컬 정체성에 어떤 영향을 주었는지 그리고 이러한 정책이 지역이 안고 있는 사회적 문제 해결에 어떤 도움을 주었는지를 살펴보는 것을 목적으로 한다. 그 분석의 구체적 대상은 루베의 라 삐신 미술관이 중심이 된다.[4] 경제적, 사회적 어려움에 직면했던 도시에서 도시재생 프로그램을 진행하면서 추진하였던 미술관의 건립이 큰 성공을 거두었고 이를 계기로 도심이 활력을 되찾고 새로운 발전 가능성을 확인한 루베Roubaix의 경우는 주목할 만한 가치가 있다. 경제위기와 섬유산업의 퇴조로 프랑스에서 가장 가난한 도시 중 하나로 전락했고 사회적 갈등과 차별의 문제가 심각했던 루베에 미술관을 짓는 것은 큰 도전임에 틀림없었다. 그런데 이 미술관은 급속하게 프랑스의 최상위 미술관으로 자리 잡는다. 이 예기치 못했던 성공은 루베시의 과거 이미지를 씻고 새로운 희망과 가능성을 열어두는 계기가 되었으며 주민들에게는 잃어버렸던 자부심을 되찾는 기회가 되었다. 로컬 문화정책이 그 지역의 정체성 형성과 변화에 어떤 역할을 하였는지를 알아보기 위하여 먼저 루베와 시립수영장의 역사, 미술관의 탄생배경과 프랑스의 분권적 문화정책에 대하여 알아보고 라 삐신 미술관이 루베의 정체성에 어떤 영향을 끼쳤는지를 분석할 것이다.

---

4 라 삐신 미술관의 정확한 명칭은 라 삐신. 앙느레 딜리상 예술산업박물관La Piscine. Musée d'Art et d'Industrie André Diligent이다. 이 글에서는 편의상 라 삐신 미술관으로 부르기로 한다. 앙드레 딜리장은 이 미술관의 설립계획을 세울 당시 루베 시장이었으며 그의 업적과 도움을 기억하기 위하여 미술관에 그의 이름을 붙였다.

2. 라 삐신의 탄생 – 미술관과 수영장의 만남

시인 아메데 프루보Amédée Prouvost는 루베를 "예술의 과거도 아름다움도 역사도 없는 도시ville sans passé d'art, sans beauté, sans histoire"라고 혹독하게 평가한다. 그의 평가의 정당성은 논외로 하더라도 일반적으로 사람들이 루베에 대하여 갖는 인상은 "1,000개의 굴뚝으로 둘러싸인" 공업도시, 노동자의 도시, 이민자들의 도시였지 문화나 예술을 떠올리기는 힘들었다. 그런데 60여 년 동안 미술관조차 없었던 도시에 그것도 경제적, 사회적으로 가장 어려운 시기에 과거 시립수영장이었다가 폐쇄된 건물에 미술관을 건립하려는 계획이 수립된다. 주민들과의 연대성이라는 사회적 기능을 강조하며 건립된 이 미술관이 지역에 끼치게 될 영향과 주민들의 반응을 알아보기 위해서는 먼저 수영장과 미술관이 결합하게 된 역사적 배경을 살펴볼 필요가 있다.

1) 루베 미술관의 역사[5]

루베에서 미술(박물)관의 역사는 1835년 지역에서 생산된 섬유제품들의 샘플을 모아서 보관하면서 시작되었다. 당시 시립도서관의 사서이던 떼오도르 뢰리당Théodore Leuridan이 관리를 맡은 이 산업박물관은 산업혁명 시대의 기억을 보존하고 경제적, 기술적으로 이룩한 영광스

5 　브뤼노 고디숑Bruno Gaudichon 관장과의 인터뷰(2012.03.26). *Roubaix*, *La Piscine*, Gallimard, 2011, 34~38쪽 참조.

러운 산업유산을 영속시키려는 시도였다. 1862년 뢰리당의 요청으로
시립도서관과 문서보관소가 있던 옛 제사공장 건물 2층에 소규모의
미술관이 문을 연다. 여기에는 섬유 샘플뿐 아니라 회화와 미술품들도
함께 보관된다. 그 후에 시가 직접 작품들을 구입하기도하고 시민들과
예술가들로부터 기증받은 작품도 더 해진다. 그러나 1875년 8만 명 규
모의 도시였던 루베시의 위상에 비하면 수장품들은 그 질과 양에서 매
우 초라했다.

  1882년 국립산업기술학교의 설립을 위하여 시와 국가가 협약을 맺
으면서 시가 미술관에 보유하는 모든 수집품을 국가에 양도하고 이 미
술관은 국가가 직접 관리하는 국립미술관의 위상을 갖는다. 소장품은
웅장한 학교 건물의 3개 층에 걸쳐 전시된다. 1층에는 조각품과 도자
기 작품들이 전시되었고 2층에는 섬유 제품 그리고 3층에는 회화 작품
들이 전시되었다. 그 후 1902년 빅또르 샹삐에Victor Champier가 관장을
맡으면서 루베국립미술관은 도약기를 맞는다. 국가의 지원을 받아서
작품을 사들이고 상당한 수의 예술품들을 기증받으면서 전시품은 양
과 질에서 큰 발전을 이룬다. 1924년 루베의 섬유 중개상이던 앙리 슬
로스Henri Selosse는 회화와 조각품등 자신이 수집한 예술품 전체를 미
술관에 기증한다. 여기에는 앵그르Ingres와 파땡 라뚜르Fatin-Latour의 작
품도 포함되어있었다. 같은 해에 루베 출신의 화가 장 조셉 베르Jean-
Joseph Weerts(1846~1927)는 루베에 자신의 이름을 딴 미술관 건립을 위
하여 89점의 작품을 시에 기증한다. 이를 위하여 그의 작품을 소장하
고 있던 개인들과 국가도 기부에 동참한다. 그러나 별도의 미술관을
개관하지는 못하고 시청사 1층에 별도의 전시실을 마련하여 이 작품

들을 전시하였고 1981년까지 유지되었다.[6]

2차 세계대전이 일어나기 직전에 미술품들을 보호하기 위해서 미술관은 문을 닫았고 종전 후에도 여러 가지 이유로 재개관하지 못하였다. 그 이유 중 하나는 기존의 소장품들은 이미 시대와 유행에 뒤졌고 새로운 작품들을 매입하여 전시품 목록을 새롭게 재정비할 여건도 되지 않았기 때문이다. 1959년 국가는 루베미술관의 관리를 포기하였고 시도 관리의 어려움을 들어 미술관 운영을 맡지 않게 되면서 루베는 오랫동안 미술관이 없는 도시가 된다. 그 후 오랫동안 루베시의 미술품들은 어려운 경제적 여건과 무관심 속에 방치되거나 여기저기 흩어져 보관되었으며 심지어 일부 소장품들은 도난당하거나 훼손되는 사태가 발생한다. 베르미술관을 관리하던 디디에 쉴만Didier Schulmann 학예관은 이러한 상황을 타개하기 위하여 일단 여기저기 흩어져서 제대로 관리되지 못하고 있던 미술품들을 모아서 관리할 수 있는 방안을 모색한다. 1983년 지자체 선거에서 삐에르 프루보Pierre Prouvost 시장이 물러가고 앙드레 딜리장 시장이 취임하면서 그 동안의 논의가 원점으로 돌아갔고 이 쉴만의 기획은 빛을 보지 못하고 폐기되고 만다. 그러나 루베에 미술관이 필요하다는 주장은 예상치 못한 곳에서 다시 시작되었다. 1988년 루브르박물관은 조르쥬 드 라 뚜르Georges de La Tours의 작품 "창을 든 성 토마스"를 매입하기 위하여 국민들의 성금을 마련하는 순회 전시 행사를 가졌다. 이 작품은 루베에서도 전시되었는데 슐

---

6 "La Piscine expose ses Weerts", *La Tribune de l'Art*, 2012.7.19. 현재 라 삐신 미술관은 그의 작품을 300점 이상 소장하고 있으며 미술관의 일부 공간에 그의 작품을 상설 전시하고 있다.

리만은 이를 계기로 그동안 방치되었던 과거 미술관 건물의 일부 공간을 정비하여 루베시가 보관하고 있던 일부 미술품들도 동시에 전시하였다. 성황리에 막을 내린 이 전시회로 인해 많은 시민들은 루베에도 미술관이 필요하다는 인식을 갖게 되었다.

2) 라 삐신[7]

1912년 루베 시장선거 중에 실내 수영장의 건설 계획이 중요한 의제로 떠오른다. 그러나 1914년 1차 세계대전이 발발하면서 이 계획은 보류되고 만다. 1919년 이 계획은 다시 검토대상이 되고 1922년 6월 16일 시의회는 수영장 건립을 위한 토지 구입을 허가하고 특별위원회를 구성하여 브뤼셀, 빠리, 낭시와 스트라스부르에 있는 수영장을 방문하여 어떤 형태의 수영장을 건설할지 연구한다. 시는 덩께르끄Dunkerque 수영장과 릴의 공공 목욕탕 설계 경험이 있는 지역출신의 건축가 알베르 바에Albert Baert에게 "프랑스에서 가장 아름다운 수영장"의 설계를 맡기기로 결정한다. 그러나 루베의 수영장은 단순한 수영장이 아니었다. 당시 급속한 산업화에 따라 노동자의 유입이 증가하였고 급하게 이들이 거처할 주택들을 건설하지만 여러 세대가 좁은 마당을 공유하며 함께 살던 빈민주택maison de courée은 대부분 위생시설이 열악한 상태였다. 따라서 이 문제를 해결하기 위하여 사회당 출신의 시장 장 르바Jean

---

7   브뤼노 고디숑과의 인터뷰(2012. 03. 26). *Roubaix, La Piscine*, Gallimard, 2011, 16~31쪽 참조.

Lebas는 복지정책 차원에서 공공 목욕탕의 기능도 함께 갖춘 수영장의 건설을 계획한다. 라 삐신의 건립은 주민 복지와 여가활동의 문제를 동시에 염두에 둔 사업이었다. 샹 가rue des Champs에 위치한 수영장 입구는 비잔틴 양식을 응용한 사원건축의 파사드 모습을 지니고 있고 지금도 시립목욕탕Bains municipaux이라고 새겨진 글자가 그대로 남아있다. 이러한 이중의 기능을 만족시키기 위하여 중앙에 위치한 올림픽 규격의 풀장 양편으로 2개 층에 걸쳐 목욕탕과 탈의장들을 배치한다. 1층에는 34개의 남성용 목욕탕과 휴게실, 사우나, 이발소 등이, 2층에는 22개의 여성용 목욕탕과 미용실, 휴게실이 있었다. 설계자는 풀의 양쪽 벽 상단에 커다란 장식창을 만듦으로써 빛의 유입을 통한 자연조명을 시도한다. 풀장은 전체적으로 아르데코 양식의 타일과 장식으로 꾸며지고 풀의 한쪽 끝에는 바다의 신인 넵튠의 머리 형상 조각을 배치하고 이를 통하여 물이 풀장으로 공급되도록 세심한 배려를 하였다. 루베사람들은 이 조각을 사자le lion라고 불렀고 풀장에서 가장 중요한 상징물로 기억하고 있다. 설계자 바에는 시가 요구하는 이중의 조건을 만족시키는 아름다운 수영장을 완성하였고 1932년 수영장이 개장하자 루베와 인근에서 매년 40~50만의 이용객이 방문하였다. 1934년 잡지 『바띠르Bâtir』는 유럽에서 가장 아름다운 수영장 중의 하나로 루베의 수영장을 선정한다.

라 삐신은 당시 루베지역의 사람들에게는 매우 소중한 교류와 만남의 장소였다. 루베의 어린이들은 여기서 수영을 배우기 시작했고 부르주아 계급의 아이들과 노동자의 아이들이 아무런 문제없이 함께 어울리고 놀 수 있는 공간이었다. 청년들에게도 이곳은 만남과 여가의 장소였고 여기서 친구나 연인을 만나서 즐거운 시간을 보낸 추억과 함께 성장했다. 집에 목욕시설이 없었던 노동자 가족들은 이곳에서 주말에 함께 목욕과 이발을 하였다. 따라서 이곳은 상대적으로 사회적 계급의 차이나 차별의 문제를 극복할 수 있는 공존의 장소이며 50여 년간 여러 세대에 걸쳐 라 삐신은 루베의 사람들에게는 기억을 공유할 수 있는 사회적 소통의 장소였다. 이 점은 이 수영장 공간이 후에 미술관으로 변화하는 과정에서도 매우 중요하게 작용한다. 1985년 안전상의 이유로 문을 닫고서 루베시는 당시 건물의 상태 때문에 스포츠 시설로 재개관하는 것은 불가능하다고 결론을 내렸지만 이 공간을 어떻게 활용할지 바로 결정하지 못하였다. 대학 기숙사 심지어는 나이트클럽으로 리모델링하자는 주장도 있었다. 안전상의 이유를 들어 이 건물을 완전히 철거하자는 주장이 힘을 얻어서 한때 시는 이 건물의 전면적인 철거를 고려하였다. 그러나 많은 루베시민들은 그들에게 이 장소가 갖는 의미와 소중한 일상적 기억의 공유를 이유로 철거에 반대하였다. 더구나 이 건물이 가지는 건축적 아름다움과 독특한 양식으로 인해 건축유산으로서 보존되어야할 필요성이 강조되었다.

3) 사회적 연대의 미술관

1989년부터 루베 미술관의 건립 계획이 여러 차례 언급되었으나 구체화되지 못하고 있었다. 실업률이 30%가 넘는 도시에서 많은 돈을 들여 미술관을 짓겠다는 발상은 큰 논란을 불러일으켰다.[8] 당시 시 행정을 주도하던 중도 우파 의원들조차도 이러한 제안에 우려를 나타냈다. 어려운 루베의 현실에서 미술관 건립이 과연 우선순위에 속하는 것인지 그리고 건축과 관리를 위하여 필요한 재원마련은 어떻게 할 것인지를 두고 격론이 벌어졌다. 더구나 루베에 위치한 미술관에 방문객이 얼마나 올지 알 수 없는 불확실성은 회의주의자들의 입지를 강화시켰다. 노동자의 도시인 루베에 상대적으로 엘리트와 부르주아 문화의 상징인 순수예술 미술관을 설립하는 것은 비현실적 발상이라는 주장도 제기되었다. 부르디외의 말을 빌리지 않더라도 일반적으로 문화적 취향은 사회적, 경제적 계급에 따라 다른 성향을 지니고 있으며 미술관에서의 예술품 감상은 전통적으로 중산층 이상의 전유물로 여겨졌기 때문일 것이다. 처음에는 이 프로젝트 자체에 적극적이지 않았던 딜리장 시장은 문화담당 부시장과 이 프로젝트를 맡아 미술관 건립의 전 과정을 책임지게 될 브뤼노 고디숑Bruno Gaudichon의 열정과 설득으로 문화정책의 중요성에 대하여 확신을 갖게 되고 그 후 그는 이 프로젝트의 가장 적극적인 지원자가 된다.

1990년 시는 이 프로젝트의 입안을 위하여 전문가를 영입하기로 결정하고 모집을 한다. 단 한명의 지원자가 있었는데 그가 바로 고디숑이었으며 현재 라 삐신 미술관의 관장이다. 뿌아띠에와 빠리에서 큐레이터로 활동하며 까미 끌로델 전시회를 기획하기도 한 그는 먼저 루베를 방문하여 미술관이 들어설 입지를 물색하였다. 당시 루베 주변의 도시에는 나름 특성이 있는 미술관들이 존재하였다. 빠리지역을 제외

8　루베시의 15~64세 사이의 경제활동인구의 실업률은 1999년 31.3%, 2009년 28.7%로 프랑스에서 가장 높은 편에 속한다.

하고는 지방에서 가장 규모가 컸던 릴 미술관Palais des Beaux-Arts de Lille
은 내부 리모델링과 확장공사를 시작했으며 신도시인 빌르뇌브 다스
끄Villeneuve d'Ascq에는 10여 년 전부터 현대미술관Musée d'Art Moderne이
자리 잡아서 성공적으로 운영되고 있었고 가장 가까이에 있는 뚜르꾸
엥Tourcoing 미술관도 리모델링 공사를 끝내고 재개관한 상태였다. 그
는 루베 주변 지역에 있는 다른 미술관들과의 차별성을 가지면서도 루
베가 갖는 지역적 특성을 가장 잘 드러내줄 수 있는 장소를 찾았다. 그
는 60년 이상 미술관이 없던 루베에 들어설 곳은 사람들이 쉽게 교감
할 수 있는 익숙한 장소가 이상적일 것이며 그곳은 바로 라 삐신이라
는 확신을 가진다(Le Journal des Arts 135, 2001.10.26). 앙드레 딜리장 시장에
게 라 삐신에 미술관을 건립한다는 조건으로 프로젝트 책임자를 맡겠
다고 한 고디숑은 적극적으로 라 삐신이 미술관으로 최적의 입지임을
정치권과 시민들에게 주방하며 그들을 설득하였다. 그 후 소란스러운
토론과 여러 차례의 회의를 거친 뒤에 미술관 건립 안은 마침내 시의
회를 통과하였다. 시는 국제공모를 통하여 접수된 구체적인 재개발 안
들을 검토하였고 결국은 오르세미술관의 설계에 참여하였던 장 뽈 필
리뽕Jean-Paul Philippon의 안이 채택된다. 방치되었던 미술품과 문 닫은
건축유산이 만나는 과정에는 문화정책의 매개 역할이 중요하게 작용
한다. 상황은 전혀 다르지만 방치된 기차역 건물을 개축한 오르세미술
관이나 미술관의 건립이 침체된 도시에 활력을 불어 넣으며 세계적 명
소로 각광받게 된 빌바오의 구겐하임 미술관은 문화예술정책이 현실
에 대해 가지는 변화의 힘과 정치적 영향력을 보여주는 대표적인 사례
이다. 라 삐신의 건립과정에도 루베시의회와 정치권을 설득하는데 문

화정책의 중요성과 현실적 효과가 강조되었고 이는 제5공화국의 사회당 정부에서 시도된 다양한 문화정책과 문화의 지방분권화에 대한 이해가 필요한 대목이다.

3. 지방분권적 문화정책

1959년에 창설된 프랑스의 문화부는 프랑스 문화정책을 담당하는 핵심부서이다. 프랑스 조각방식의 특성상 새 정부가 구성될 때 장관의 수에 따라 일부 업무의 주관 부처가 변경되는 경우가 종종 있어서 현재 올랑드 대통령의 좌파연합 정부에서는 문화커뮤니케이션부로 통합 운영되고 있다. 초대 장관이었던 앙드레 말로André Marlaux와 최장수 장관이었던 자크 랑Jack Lang은 프랑스의 대표적인 문화부 장관으로 기억된다. 말로는 문화부의 토대를 닦은 사람이었고 미테랑 집권기 동안 막강한 권한을 가지고 소위 말하는 대사업Grands Travaux을 완수했던 랑의 재임기에 문화민주화와 지방분권적 문화정책이 본격적으로 시도된다(Moulinier, 2002, 177~215 참조).

프랑스 제5공화국 헌법에는 국가가 모든 이에게 교육과 문화에 대하여 동등한 권리를 보장한다고 명시되어 있다. 이러한 정신은 드골 대통령이 1959년 앙드레 말로를 초대 문화부 장관에 임명함으로써 구체화되었다. 말로는 문화부의 사명이 가능한 많은 사람들에게 인류의 예술적 자산에 근접하게 하는 것으로 정의하고 프랑스 전역에 문화의 집Maison de la Culture을 개관하여 빠리와 엘리트층의 전유물처럼 여겨졌던 문화 활동을 더 많은 사람들이 향유할 수 있도록 하자는데 있었다(우무상, 2003, 358~360). 그러나 이 시기에는 여전히 국가와 중앙정부가 국민통합의 중심에 있었고 지방자치단체들을 지도하는 역할이 주요하다는 정치적, 정책적 방침에는 큰 변화가 없었다.

오랫동안 중앙집권적 행정시스템이 강했던 프랑스에서 시 단위의 지자체의 자립화는 70년대에 시작되었지만 80년대 제5공화국 최초로 좌파정권이 들어서고 1982~1983년부터 여러 분야에서 본격적으로 탈분권화 정책이 가동되면서 문화예술 분야에서도 탈분권화 정책이 탄력을 받는다. 자크 랑 문화부 장관은 1981년 사회당 정부의 첫 예산 편성을 위한 토론에서 문화 분권에 대하여 흥미로운 발언을 하였다. 그는 분권은 다음과 같은 세 종류의 권리를 주장하는 것이며 동시에 의무도 동반한다고 말한다. 그것은 예술가들이 자신의 도시에서 창작활동을 할 권리, 선출된 지자체장들이 자율적인 행정과 문화정책을 수립할 권리 그리고 시민들이 충분히 문화생활을 누릴 권리이다. 그리고 국가는 지방에 새로운 통로를 만드는데 동참함으로써 수 세기 동안의 상처와 문화의 수평화를 바로잡을 의무를 가진다(Moulinier, 2002, 14).

이런 관점에서 세 가지 문화분권화를 구별할 수 있다.

첫째 예술적 분권화 다른 말로 문화의 탈빠리화는 국토 빠리 이외의 지역에 문화 활동의 중심지를 만드는 것.

둘째 정치 행정 탈분권화는 권한을 이양 / 양도함으로써 지자체의 문화 결정권을 증대시키는 것.

셋째 유네스코나 유럽집행위원회와 같은 국제기구의 용어에 속하는 것으로 프랑스에서는 많이 제기되지 않았던 시민적 분권화는 문화적이고 사회적인 결정권을 관련된 주민들에게 부여하고, 보통 사람들이 자신과 관련된 일을 관리하고 시민권을 확대시키고, 소수자와 소외된 사람들의 표현을 존중하는 시민적 분권화가 있다(Moulinier, 2002, 15).

그러나 여기서 우리가 주목하는 것은 정치행정적 탈분권화이다. 자크 랑이 최장수 문화부 장관을 맡기 이전에 박물(미술)관의 행정과 관리체계는 지방분권의 체계를 갖추기 시작한다. 1977년에 이미 지역문화사업관리국Direction Régionale des Affaires Culturelles(DRAC)이 각 지역에 설치되었다. 여기서는 지역 미술관의 재정, 인력관리, 소장품의 보존관리와 전시에 이르기까지 각종 지원과 자문을 수행한다(나애리, 2006, 15~16). 또한 직접 해당지역의 문화유산을 보호하고 문화 사업들을 관리함으로써 지역의 로컬리티를 반영할 수 있고 지역민들의 정체성과 공동체 의식을 고양할 수 있는 장점이 있다.

프랑스 문화정책의 또 다른 중요한 방향은 문화민주화이다. 문화정책의 일차적인 목표가 문화유산의 보전과 예술 창작의 활성화 그리고 많은 사람들에게 문화유산과 예술품에 대한 접근성을 높이는 것이라 할 수 있다. 문화도 공공 서비스의 성격을 가진다고 보는 프랑스 문화정책의 이념은 경제적, 사회적 불평등을 해소하는 것과 마찬가지로 문화적 불평등의 문제에도 중요성을 부여한다. 박물관의 일요일 무료개방 등의 정책을 통한 문화민주화의 시도는 제한적이기는 하지만 어느 정도의 성과를 보여주고 있다(송기형, 2010, 365~385). 관객의 수나 관람객의 유형에서 분명히 효과가 있는 듯 보인다. 그러나 이러한 현상을 분석하는 과정에서 학자들이나 전문가들에 따라 의견을 달리한다(문시연, 2009, 284~287).

프랑스 문화부에서 발표한 1985년~2003년 사이의 프랑스인들의 문화 활동 유형과 참여인구에 관한 통계를 살펴보면 문화민주화 정책이 시행된 기간 동안 전반적으로 문화 활동 인구수는 늘어난 것이 분명하지만 그것이 문화민주화의 결과로 보기에는 미흡한 점이 있다(*Culture Prospective*, Ministère de la Culture, 2007-3 참조). 예를 들어 자크 랑 장관 시절에 큰 성공을 거두었던 '영화축제Fête du cinéma'와 같은 행사에도 불구하고 영화 관람 인구에는 큰 변동이 없다. 또한 주목해야 할 점은 1980년대와 2000년대 사이의 바칼로레아 합격자의 수가 26%에서 62%로 대폭 증가했다는 것이다. 상대적으로 문화예술 교육의 혜택을 받은 세대의 수가 증가했음에도 불구하고 전반적인 문화 활동 인구의 수의 증가는 완만하거나 큰 변화가 없었다. 특히 전통적으로 고급문화로 분류되는 고전음악, 무용 분야에는 큰 변동이 없으며 정부가 박물관, 미술관의 무료입장 정책 등 문화 분야에 투입한 재원을 고려하면 문화민주화 정책이 현실적으로 성공 거두었다고 보기에는 어려움이 있다.

그러나 문화 활동과 향유의 기회를 단순히 인구 구성비로만 따지지 않고 중앙과 지방, 중심과 주변이라는 관점 즉 '빠리와 문화의 사막지대인 지방'이라는 구도에서 살펴본다면 상대적으로 문화 활동 참여 인구나 기회가 늘어나고 지역단위의 자율성이 증가한 것은 분명하다. 이 점은 문화예산의 편성에서도 드러난다. 중앙정부와 지자체의 문화예산을 살펴보면 조금씩 국가의 예산 비중은 줄어들고 지역(기초단체, 도, 지역) 예산의 몫은 늘어간다. 최근의 통계로는 문화부 약 30억 유로, 지자체와 지역에 약 70억 유로의 비율로 예산이 집행되었다.[9] 그러나 기사에Guy Saez의 지적처럼 예전처럼 국가가 완전히 문화를 지배하는 상황도 아니며 그렇다고 로컬이 국가중심주의에 대항하여 제대로 반격을 가한 것도 아니다(Saez, 1995, 122). 프랑스에서 모든 예술인들의 절반 이상이 파리와 그 근교에 산다는 통계를 볼 때 현재 상황에서 예술의 지방 분산화는 분명히 그 한계가 있다. 1983년의 문화 분권화는 "거의 아무것도 하지 않은 것과 하는 척하는 것의 중간 어디엔가 위치한다"라는 비판은 그러한 상황을 적나라하게 드러낸다(Moulinier, 2002, 182). 사실 사회당의 정강정책에 따라 '모든 사람에게 문화를culture pour tous, égalité d'accès à la culture'이란 이념에 따라 문화 분야의 분권화도 매우 빠르게 진전되었을 것으로 생각할 수 있지만 실상은 그렇지 않았다. 특히 문화부가 지자체에 권한을 이행하는 부분은 몇몇 경우, 예를 들어 도서관과 도 단위의 아카이브를 제외하고는 큰 진전이 없었다. 가장 중요한 이유는 중앙 중심적 관료주의가 쉽사리 사라지지 않았기 때문일 것이다. 사실 문화부는 대규모의 권력 이양보다는 지자체와의 협의와 협약을 통한 분권화 내지 분산화 정책을 선호하였다. 이러한 문화 정책의 현실에 대하여 일부 전문가들은 문화에 대한 국가의 개입을 "식민적 상황"으로 비판하고 문화활동의 본질은 철저하게 "지역적 문제"임을 강조한다(Moulinier, 2002, 253).

---

9 문화부의 예산 중 절반 정도는 빠리 지역을 위하여 투입된다는 사실을 볼 때 여전히 빠리 중심주의는 강하게 유지되고 있다.

4. 라 삐신 미술관과 로컬 문화정책

루베에서 라 삐신 미술관을 설립하기위한 노력이 이루어지고 있을 때 이러한 지역 문화정책은 당시 정부가 내놓은 다양한 도시정책과 맞아떨어졌다. "문화와 경제는 같은 싸움을 하고 있다"라는 자크 랑의 말처럼 당시 어려운 경제 여건 속에서 발생하는 도시문제를 해결하기 위한 방법으로 정부와 지자체 모두 문화에 주목하였다. 사회통합을 가속화하고 시민성을 고양하며 주거지로서의 매력을 높이기 위하여 문화가 제공해줄 수 다양한 가능성 때문에 "사회적인 것의 문화화"는 더욱 가속화된다(Pryen & Rodriguez, 2002, 45).

80년대 말 정부는 지자체들과 에서 문화협약convention culturelle을 맺고 로컬에서의 문화 활동을 활성화시키려는 노력을 한다. 1989년 11월 루베는 정부와 문화협약을 맺는데 그 중요내용은 다음과 같은 네 가지 방향으로 설정되었다(Lusso, 2008, 83).

① 인형극과 같은 생동하는 공연에 중요성을 부여한다.
② 산업 유산을 보존하여 도시의 기억을 되살린다.[10]
③ 젊은 층에게 문화에 대한 관심을 불러일으키고 교육한다. 이를 위하여 문화에 눈을 뜨도록 아뜰리에 / 교실을 만들고 모두에게 열린 문화 활동 장소를 정비하고 동네 문화 행사를 조직하고 예술가들의 거주를 제공한다.

---

[10] 루베지역에 그나마 남아있던 마리오네뜨와 같은 민중예술의 전통이 산업화 과정에서 사라질 위기에 있었다.

④ 일관성 있는 문화 프로젝트를 기획할 수 있도록 1990년까지 루베시청
에 문화담당부서를 신설한다.

이 글의 주제와 관련하여 주목할 필요가 있는 것은 산업유산의 보존
과 활용을 통하여 도시의 기억을 되살린다는 두 번째 항목이다. 도시
재생 프로그램과 문화정책을 통하여 루베의 과거 기억을 보존하고 로
컬 정체성을 되살리는 작업은 라 삐신 미술관 프로젝트 이전에 이미
시작되었다. 1970년대 말 프랑스에서는 산업유산의 가치와 보존에 대
한 관심이 높아지기 시작하였다. 이때부터 프랑스의 풍부한 기념물과
예술 자산에 산업 기념물도 포함시키려는 움직임이 본격화되었다. 이
러한 경향은 프랑스 산업과 기업의 역사와 관련된 유산의 위상을 재고
시키는 계기가 되었다. 공기업과 사기업을 포함한 대기업과 노동조합
들도 이러한 의식을 공유하게 되면서 기업과 노동 관련 문서와 기록들
을 체계적으로 정리하고 보존하는 작업의 중요성을 깨닫게 되었다.
1983년 프랑스 정부는 프랑스 국립 문서보관소 산하에 최초로 노동계
와 산업의 역사와 관련된 자료들을 모아서 노동계문서보관소Centre des
Archives du Monde du Travail를 만들기로 결정한다(Clouet 참조). 많은 산업유
산이 있고 노동자의 역사에서 매우 중요한 의미를 지니는 루베는 이
센터가 들어설 충분한 자격이 있는 도시였다. 정부가 문화 분권화 정
책의 일환으로 실시한 이 센터의 유치 과정에는 지자체의 많은 노력이
있었다. 오랫동안 방치되었던 모트 보쉬Motte-Bossut 방적공장 건물을
사들여 전면 보수과정을 거쳐 1994년 노동계 문서보관센터를 개관하
였다. 역사유산으로 지정된 공장건물의 전면부 파사드는 그대로 보존

하고 내부는 완전히 개조하여 8층의 공간에 문서고와 열람실, 문화공
간 등을 배치하였다.

라 삐신 미술관은 그 다음으로 루베가 시도한 대형사업이었다. 이러
한 규모의 사업을 벌일 때 당연히 가장 중요한 요소는 재정부담의 문
제이다. 라 삐신 미술관의 건립에 필요한 재원은 1억 3,100만 프랑이었
으며 정부가 4,200만 프랑을 부담하였고 나머지는 대부분 지역région과
도 그리고 유럽연합에서 부담하였다. 지자체는 토지와 건물을 제공하
며 개관 이후 발생하는 관리, 유지비를 부담하는 것으로 합의하였다.[11]
라 삐신이 건설되는 동안 루베시는 미술관에 전시될 소장품의 일부와
미술관의 모형을 시청에 전시함으로써 시민들에게 이 계획에 대한 정
보를 제공하고 지속적인 관심을 유도하였다.[12]

5. 새로운 로컬 정체성의 형성 – 차별에서 다양성으로

2001년 라 삐신 미술관이 개장하자 루베와 인근 도시뿐 아니라 외국
에서까지 관람객이 몰려들었다. 라 삐신은 곧 프랑스에서 가장 중요한
미술관의 하나로 그 위상이 높아졌는데 사실 전시품이나 소장 예술품

---

11 현재 루베시는 미술관에 연 350만 유로 정도의 예산을 투입하고 있다(*Le Journal des Arts* 356, 2011.11.4).

12 이러한 로컬의 문화예술정책이 가지는 현실 정치적 함축과 의미는 여기서 다루지 않기로 한다. 그러나 1983년~1994년까지 루베 시장이었던 앙드레 딜리장과 그를 이어서 2012년까지 시장직을 수행한 르네 반디렌동René Vandierendonck이 지역에서 문화정책이 가지는 중요성을 인식하고 일관성 있게 라 삐신 미술관을 지원했다는 점은 매우 중요한 사실이다.

의 명성으로 본다면 라 삐신의 이러한 성공은 예외적이다. 연간 20만 명 정도의 방문객은 처음 시에서 예상했던 것보다 4배 정도 많은 관객 수이다. 주르날 데 자르Journal des Art는 매년 프랑스의 박물관과 미술관에 설문지를 돌리고 이를 바탕으로 순위를 매긴다. 이 순위는 방문자의 수뿐 아니라 미술관의 활성도와 관객 유인도, 소장품 등에 대한 다양한 내용을 반영한다. 최근 몇 년 동안(2005~2011) 라 삐신 미술관의 순위를 살펴보면 2009년 한 해만 제외하고 라 삐신 미술관은 5위~11위 사이에 있다.[13] 2006년과 2008년의 순위는 빠리의 루브르박물관, 오르세미술관, 뽕삐두 센터 등 프랑스의 대표적 미술관에 이어 지방 미술관들 중에서 수위를 차지하였다.[14]

까미 끌로델, 피카소 등 일부 작품을 제외하고는 세계적인 명성이 있는 예술가의 작품이 없음에도 불구하고 라 삐신 미술관이 이처럼 짧은 기간에 큰 성공을 거둘 수 있었던 데는 몇 가지 배경이 있다. 우선 루베가 도시의 전반적인 인프라 정비 계획과 함께 미술관의 건립을 추진하였기 때문이다. 프랑스와 유럽을 연결하는 TGV역이 있는 릴과의 대중교통이 오래된 전차 노선에서 지하철로 바뀐 것은 미술관으로의 접근성을 높여주었다. 그리고 도심 재정비 정책과 공공 공간의 활성화

---

13 "Classement des musées", *Le Journal des Arts*, 2006~2012.

14 최근 루브르박물관의 랑스Lens 분관이 개관하고 짧은 기간 동안 많은 관객들이 방문하면서 프랑스에서 문화예술분야의 지방분권화정책이 다시 화제가 되었다.("Succès pour le Louvre-Lens, trois semaines après son inauguration", *Le Monde*, 2012. 12. 28) 이러한 문화예술정책은 주민들에게 수준 높은 문화와 예술을 향유할 기회를 제공할 뿐 아니라 로컬의 경제적, 사회적 문제 해결에 도움을 줄 것이라는 점 때문에 도시정책과도 밀접한 관계가 있다. 그러나 분관이 들어설 도시를 결정하는 것은 물론 전시물의 구성까지도 빠리에서 결정되었고 박물관의 건립과 관리, 유지는 지자체에서 맡는 방식으로 진행되었으므로 루브르박물관의 랑스 분관은 지방분권décentralisation이라기보다는 빠리 중심주의를 벗어난 지방분산déconcentration에 더 가까워 보인다(*Le Monde*, 2012. 12. 28).

를 통하여 산업유산의 가치와 활용도를 높였다. 특히 정부로부터 비과세도시지역(ZFU)으로 지정받음으로써 창업과 투자를 촉진하고 일부 폐 산업시설을 상업지구로 개발하는 사업을 통하여 도심을 활성화하였다. 미술관 주변 지역은 의류, 디자인과 관계되는 기관과 업종이 들어설 수 있도록 유도하였다. 이와 같은 인프라의 재구축과 함께 2004년 릴이 주변의 도시들과 연계하여 주최한 유럽문화수도 행사는 라 삐신 미술관이 프랑스를 벗어나 유럽 여러 나라에 알려질 수 있는 계기를 마련해주었다. 미술관이 갖고 있는 작품의 질적, 양적 한계는 수시로 특별 전시회를 기획함으로써 관객이 다시 찾을 수 있는 장소로 만들었다. 피카소, 샤갈, 드가, 시냑 등의 기획전은 대성공을 거두었고 지역민들에게 수준 높은 작품을 감상할 수 있도록 했다.

이러한 성공이 단지 미술관의 성공에 그치는 것이 아니라 루베라는 도시의 이미지와 정체성에 미치는 영향 또한 매우 컸다. 이런 시각에서 다음의 몇 가지 사실에 주목할 필요가 있다. 첫째는 미술관이 가지고 있는 고유한 장소성과 상징성이다. 많은 루베주민들은 자신이 갖고 있는 수영장에 대한 기억을 떠올리며 그 장소가 독특한 매력을 지닌 미술관으로 훌륭하게 변모한 모습에 큰 만족감을 느꼈다고 이야기한다. 건축가는 중앙 수영장의 모습을 가능하면 그대로 유지하려고 노력하였다. 안전을 위하여 바닥을 높여서 얕지만 항상 풀에 물이 고여 있도록 설계하였다. 이것은 이곳이 원래 수영장이었음을 상기시켜줄 뿐 아니라 풀 양쪽에 있는 햇살무늬의 대형 창으로부터 유입되는 빛과 합쳐져서 신비한 느낌을 주기 위해서였다. 중앙 전시실 양쪽으로 2층으로 늘어서있던 목욕탕과 샤워실도 원 형태를 최대한 유지하되 앞뒤로

투명창과 문을 설치하여 각각의 방이 독립된 전시실이 되도록 작업하였다. 또한 방문객들에게 감각적 체험을 통하여 수영장을 떠올릴 수 있도록 풀에서 나는 소음을 주기적으로 틀어주고 수영장 특유의 냄새도 특별 제작한 장치를 통하여 사람들이 맡을 수 있도록 하였다. 이 미술관이 예술작품뿐만 아니라 과거 루베의 섬유산업을 상징하는 수많은 옷감 샘플과 복식관련 자료를 전시하고 수집하는 산업박물관의 역할도 동시에 한다는 점에서 루베라는 도시의 정체성을 놓치지 않는다. 과거 섬유도시로서의 전성기를 누리던 시절 루베를 상징하는 유산에 대한 애착은 바로 이 도시가 갖고 있는 자기정체성의 재확인이다.

둘째 라 삐신은 처음부터 "연대의 미술관musée solidaire"을 표방하였다. 원래 수영장이 갖고 있던 사회적 기능과 평등과 소통의 정신을 기억하고 경제적, 사회적 어려움을 겪고 있는 지역민에게 문화예술의 혜택을 누릴 수 있도록 배려한다는 철학이 바탕에 있었다. 그래서 미술관의 직원들도 지역의 탈산업화 과정에서 실업자가 된 사람들을 채용하려고 노력하였다. 처음에 이들은 미술관이 가지는 공공서비스의 성격을 이해하지 못하여 관람객을 맞거나 새로운 직업 환경에 적응하는데 어려움이 있었으나 시간이 지남에 따라 이런 문제는 자연스럽게 해결되었다. 또한 평소 문화적 혜택을 받지 못하던 소외층에게는 무료입장권을 제공하여 원할 때면 언제든지 방문할 수 있도록 배려했으며 다양한 시민 대상 프로그램은 라 삐신 미술관의 특징 중의 하나이다(Nord Eclair, 2009.05.16). [15] 일반인을 대상으로 하는 예술 강좌는 에꼴 드 루브

---

15 루베에서는 18세 미만, 사회편입 최저소득 대상자, 구직자 등은 미술관 무료입장의 혜택을 받는다.

르Ecole de Louvre와 함께 하나의 주제에 대하여 전문가들의 5~6강좌를 듣는 프로그램과 미술관 회원들amis de La Piscine을 대상으로 하는 예술 관련 강연도 주기적으로 열리고 있다.

셋째 라 삐신 미술관이 중요하게 생각하는 기능은 루베시민들에게 봉사하는 것이며 특히 미래 세대인 어린이들에게 예술교육의 기회를 주는 것이다.[16] 1년에 3만 명 어린이들이 미술관을 방문하며 어린이들을 위한 아뜰리에 교실은 미래의 시민들과 미술관에서 연결시켜주는 중요한 통로이다. 미술관에서 가장 아름다운 장소인 두 정원 사이에 어린이 교실을 위한 아뜰리에를 둔 이유도 여기에서 찾아 볼 수 있다. 여기에 참여하는 많은 어린이들은 경제적 약자에 속하는 가정의 자녀들이며 이런 프로그램을 통하여 예술 활동에 참가할 뿐 아니라 사회적 안전망으로 편입되는 효과를 가진다. 4~12살까지의 어린이들을 유치부(4~6살)와 초등부(7~12살)의 두 그룹으로 나누어 다양한 방식으로 운영된다. 분기별로 등록하는 수요반은 미술 아뜰리에와 섬유 아뜰리에가 있다. 또한 바캉스 때마다 열리는 특별반도 있으며 10~18세를 대상으로 하는 만화 아뜰리에도 열린다. 이 외에도 각급 학교 및 지역기회균등위원회Délégation Régionale à l'égalité des chances과 연계하여 어린이와 청소년들에게 관찰, 분석, 표현 능력을 발달시키고 예술활동을 통하여 감수성을 자극하고 즐거움을 얻도록 유도하는 60~70여 개의 다양한 프로그램이 운영되고 있다. 시립수영장으로 사용되던 시절의 기억을 가진 세대는 이제 최소 30대 이상의 세대들인 만큼 미래의 세대

---

[16] 브뤼노 고디숑과의 인터뷰 (2012.03.26).

들에게 예술활동과 참여의 기회를 줌으로써 미술관이 사회적 통합과 연대의 기능을 수행하는 것은 매우 중요한 일이다.

넷째 많은 루베시민들은 프랑스에서 손꼽히는 아름다운 미술관을 갖게 되었다는 사실에 큰 만족감을 느끼며 라 삐신을 통하여 루베가 갖고 있던 부정적 이미지를 탈피하고 자신이 살고 있는 도시에 대한 자부심을 갖는 계기가 되었다는 점을 강조하였다.[17] 2011년 루베는 정부로부터 "예술과 역사의 도시Ville d'art et d'histoire"라는 공식명칭을 얻게 된다. 사실 이전의 루베가 갖고 있던 도시 이미지를 생각한다면 이런 새로운 정체성의 부여는 상징적 의미가 매우 크다. 더구나 라 삐신 미술관이 가져다주는 관광을 통한 지역경제의 활성화라는 실질적인 효과도 무시할 수 없는 측면이다.

다섯째 10여만 명 정도의 인구를 가진 루베에는 100개국 이상의 다른 국적을 가진 주민이 살고 있다. 산업화와 함께 시작된 오랜 이민자의 역사를 가진 루베는 대표적인 다문화와 혼종의 도시이다.[18] 루베에서 새로운 영감을 받아서 자신의 예술세계를 펼치기 위하여 국립루베무용단의 단장으로 정착한 세계적인 안무가 캐롤린 칼슨Carolyn Carlson은 이러한 다양성과 혼종성이야말로 이 도시가 갖고 있는 에너지이며 독특한 색깔이라고 이야기한다. 즈느베에브 베르소G. Verseau의 표현을 따르면 문화는 경제와 정치를 담당한 다른 기관이 실패한 바로 그곳에서 성공한다(Lusso, 2008, 84).

---

17 장 프랑수아 부다이에Jean-François Boudaillez 루베 문화담당 부시장과의 인터뷰 (2012.03.27).
18 루베가 대표적인 다문화 도시인 것은 분명하다. 그러나 프랑스에서 공적인 차원에서의 다문화에 대한 논의는 전통적으로 공화주의와 정교분리laïcité의 문제와 충돌을 일으켜왔고 통합정책의 방향을 두고도 많은 논란이 된 사항이다.

라 삐신 미술관의 개관을 맞아 르몽드지가 소개한 기사에서 보듯이 루베가 문화를 통하여 위기를 타개할conjurer la crise 수 있을지 그리고 다문화 로컬의 주민들에게 사회적 결합cohésion sociale을 가져다주는 기회가 될지는 아직 확실하지 않다(Le Monde, 2001.10.21). 시와 주민들의 노력에도 불구하고 높은 실업률과 산적한 사회경제적 문제들로 루베는 여전히 고통 받고 있다. 그러나 라 삐신 미술관의 사례는 통합적인 문화-도시정책이 루베에서 과거의 기억과 유산을 보존하면서 새로운 정체성을 만들어 가고 미래에 대한 희망과 발전 가능성의 기회를 제공하였다. 결국 로컬의 사람들에 대한 문화(정책)적 배려는 주민들을 위한 사회 복지적 요소와 연결되어있다. 따라서 라 삐신 미술관은 예술품을 보존, 전시하는 일반적인 기능 이외에도 ① 도시의 이미지를 변화시키고 ② 산업계와의 유대관계를 만들고[19] ③ 우선적으로 도시의 어린이들을 대상으로 사회적 변화의 도구를 구축하는 것이다(Pryen & Rodriguez, 2002, 63). 라 삐신 미술관의 사례에서 보듯이 공동의 기억은 지역민들에게 사회적 관계를 유지시키고 로컬의 역사에 대하여 이야기하고 참여할 기회를 제공하며 심리적으로도 변화에 동참한다는 안정감을 제공한다. 이제 문화정책은 개방과 열림의 도구로 그리고 미래를 향한 변화의 정신을 구현한다. 라 삐신 미술관의 사례는 지역문화정책의 사회적 효과가 경제적, 사회적 위기를 겪고 있는 다문화 로컬 루베에서 갈등과 차별의 문제를 극복할 수 있는 가능성을 제시한다는 점에서 주목할 가치가 있다. 그러나 그 구체적인 작업과 효과는 바로 주민들이 살며 함

---

19 대표적으로 지역의 역사와 산업유산 보존과 관련된 활동과 지역 기업들의 협력과 후원을 통한 메세나 활동이다.

께 호흡하는 그 곳 로컬에서 이루어진다는 점에서 지역의 상황에 맞는 문화정책의 수립과 실행이 중요성할 것이다.

참고문헌

나애리, 「1980년대 이후 프랑스 박물관의 변화와 문화정책」, 『프랑스문화예술연구』
      18, 2006.
류지석, 「지역 문화정책과 로컬 정체성-루베의 라 삐신 미술관의 사례를 중심으로」,
      『코기토』 73, 2013.
문시연, 「프랑스문화정책 50년-문화 민주화를 중심으로」, 『프랑스문화예술연구』
      30, 2009.
송기형, 「프랑스공화정과 문화정책. 문화민주화와 박물관 무료관람정책」, 『프랑스
      학연구』 51, 2010 .
우무상, 「프랑스의 지방문화 정책-지방문화 촉진을 위한 중앙정부의 지방분산 및
      지방분권 정책」, 『한국프랑스학논집』 43, 2003.

이기라 · 양창렬 외, 『공존의 기술』, 그린비, 2007.

"Un Musée d'art et d'industrie pour conjurer la crise à Roubaix", *Le Monde*, 2001.10.21.
"Bruno Gaudichon : il vous fait aimer les musées", *Nord Eclair*, 2009.5.16.
"La Piscine expose ses Weerts", *La Tribune de l'Art*, 2012.7.19.
"Succès pour le Louvre-Lens, trois semaines après son inauguration", *Le Monde*, 2012.12.28.
Lusso, Bruno, "Les Politiques culturelles à Roubaix, à la croisade de l'urbain et du social",
      Culture and Local Governance, 1, 1, 2008.
Poirier, Philippe, "De l'Etat tutélaire à l'Etat partenaire. La coopération entre l'Etat et les
      villes 1959~2009", *Affaire culturelles et territoires*, La documentation française, 2000.
Saez, Guy, "Ville et culture : un gouvernement par la coopératio", *Pouvoirs* 73, 1995.

Le Journal des Arts 135, 2001.10.26 · 356, 2011.11.4.
Roubaix, 50 ans de transformations urbaines et de mutations sociales, PU de Septentrion, 2006.
Culture Prospective, Ministère de la Culture, 2007-3.
Roubaix, La Piscine, Gallimard, 2011.
Clouet, Mathieu, *Roubaix du XIXe au XXIe siècle*, Service Eucatif du C.A.M.T.

http://www.archivesnationales.culture.gouv.fr/camt/fr/serviceEducatif/donnees_
se_presentation/brochure_roubaix.pdf

Dubois, Vincent, *La Politique culturelle*, Belin, 1999.

Moulinier, Pierre, *Politique culturelle et décentralisation*, L'Harmattan, 2002.

Pryen, Stéphanie · Rodriguez, Jacques, *Quand la culture se mêle du social*, CLERSE, 2002.

http://www.culture.fr

http://www.latribunedelart.com

http://www.lejournaldesarts.fr

http://www.lemonde.fr

http://www.nordeclaire.fr

http://www.roubaix-lapiscine.com

멕시코 오아하카Oaxaca 주 원주민의 남캘리포니아 이주와 트랜스로컬 연대*

장세용

1. 오아하카 주 원주민의 남캘리포니아 이주

2006년 여름에서 가을까지 멕시코의 최서남단에 자리 잡은 오아하카 주estado 오아하카 시Oaxaca de Juárez[1]에서 교사들이 1592년 에스파냐인들이 건설한 광장을 점거하고 교사와 학생의 교육혜택 확대를 요청하고 나섰다. 경찰이 교사들을 거칠게 진압하는 과정에서 사태가 확산되어 점차 호전적인 사회운동으로 전화했다. 오아하카 주 3백여 사회조직의 동맹체 오아하카민중회의Asamblea Popular de los Pueblos de Oaxaca,

---

* 이 글은 필자의 논문 「멕시코 오아하카Oaxaca 주 원주민의 남캘리포니아 이주와 트랜스로컬 연대」(『인문연구』 67, 2013)를 수정하여 수록한 것이다.

1 면적 93,793㎢ 2011년 인구 3,836,122, 주州 명칭 wə'ha : kə/wə-HAK-kə(영) wa'xaka(스페인) 오아하카 시Oaxaca de Juárez의 후아레스라는 명칭은 오아하카 주 출신으로 1861~72년 대통령을 지낸 존경받는 베니토 후아레스(Benito Juárez, 1806~1872)의 이름에서 따온 것이다.

APPO가 교사파업을 적극 지지하고 수천 명이 행진을 벌여 주청사와 연방 사무실, 국영 TV와 방송국을 점거해서 바리케이드를 치고 커뮤니티 위원회를 조직하며 전국적 임시위원회 대표를 선출했다. 이들은 80년 동안 오아하카 주를 통치해온 제도혁명당(PRI) 정부와 당시의 울리세아 루이스Ulisea Ruiz 주지사 행정부에 깊은 불신을 제기했다. 주목할 것은 이들 전국교직원노조 22구역지부 소속 교사와 교육노동자들은 오아하카 주 각지에서 왔지만, 다수는 멕시코의 다른 지역이나 미국 특히 LA로 이주한 가족이나 친척 또는 은퇴한 전직 동료였던 사실이다. 운동은 처음부터 LA의 가족 구성원이나 조직들과 연계를 갖고서 발전했다. 다수의 교사와 원주민지도자를 포함한 양국원주민전선(FIOB)²은 22구역지부 및 민중회의와 가장 활발하게 접촉한 조직 가운데 하나였다. LA 거주 오아하카 주 출신 이주민들은 본향 경찰의 폭력적 교사 탄압에 큰 관심을 갖고 현지의 격렬한 시위를 생중계로 접하며 지원 방도의 수립을 원주민전선 지도자들에게 요구했다.

LA거주 오아하카 주민들이 본향의 사회운동에 적극적인 관심과 참여에 나선 배경이 무엇인가? 크게 보면 온정주의적 원주민 지원정책인 인디헤니스모indigenismo를 넘어서 원주민 자치와 해방을 모색하는 인디아니스모indianismo 운동과 연관시킬 수 있다. 그러나 이 연구는 그것이 작동하는 구체적 현실을 탐색하는 일환으로 오아하카 주가 1980년

---

2 1991년 캘리포니아에서 Frente Mixteco Zapoteco Binacional(FMZB)으로 설립, 3년뒤 Triquis, Chatinos 및 Mixes족을 포함하여 Frente Indigena Oaxaqueño Binacional(FIOB)로 명칭이 바뀌었다. 2005년 오아하카에서 열린 제5회 총회에서 Michocán출신 Purépecha족과 인접한 Guerrero 주 출신 Mixtec족을 포함하고자 Frente Indigena de Organizaciones Binacionales로 명칭을 바꾸었지만 두문자 FIOB는 그대로 유지한다. 이하 본문에서 '원주민전선'으로 축약한다. http://fiob.org.

이래로 미국, 특히 캘리포니아 남부로 원주민 출신 이주민을 대거 송출한 현상에 주목한다. 오아하카 주민들의 미국이주는 전체 주민의 27%가 참여한 콜리마Colima 주, 23%가 참여한 타마울리파스Tamaulipas 주에 비교하면 7%로서 절대 수는 적지만, 1990년대 부터 급증한 이주와 진보적 행동주의가 학술적 관심을 끌고 있다. 현재 오아하카 주 중 부산악계곡 원주민 사포텍Zapotecos부족과 믹스텍Mixtecos부족 공동체가 평균 가구 34%의 고밀도 이주를 발생시켜[3] LA, 샌 디에고, 오렌지 카운티, 샌 버나디노San Bernadino를 비롯한 남캘리포니아에 20여만 명이 거주하고 애리조나, 오레곤, 워싱턴 주를 비롯한 각 지역으로 진출하여 '히스패닉 아메리칸 인디언'으로 불리고 있다.[4] 소득, 산업화 및 고용지표에서 사회발전과 경제조건이 멕시코에서 가장 뒤떨어져 브라세로 프로그램이 마지막까지 시행된 지역이며, 공용 스페인어에 미숙하여 메스티소에게 이류국민 취급 받는 오아하카 주 원주민들이 남캘리포니아에 집단거주하게 된[5] 배경은 무엇인가? 여기서는 1993년

---

3   Jeffrey H. Cohen, *The Culture of Migration in Southern Mexico*, University of Texas Press, 2004, pp.21 · 63 · 65.

4   Javier Huizar & Isidor Cerda, "Indigenous Mexican Migrants in the 2000 U. S. census : 'Hispanic American Indians'", Jonathan Fox & Gaspar Rivera-Sagaldo(eds.), *Indigenous Mexican Migrants in the United States*, San Diego : Uni. of California, 2004, pp.279~302. 현재 캘리포니아 인구 3,650만에 1,300만이 라티노이고 그 가운데 1100만이 멕시코 기원이어서 "Mexifornia"화를 경고하는 목소리까지 있다. Peter Schrag, *Not fit for our Society : Immigration and Nativism in America*, Uni. of California Press, 2010, p.211. LA 카운티에 오아하카 원주민 출신 이주민이 69,000 명 정도 거주하며 오아하카 레스토랑이 여러 곳 있고 오아하카인 민속예술화랑Oaxacan Folk Art & Gallery이 산타모니카 피코Pico대로 2919에 소재한다(2919 Pico Blvd, Santa Monica, CA 90405).

5   노봉사들의 미국 남부 이주는 19세기부터 시작되었고 1942년 미국과 멕시코의 쌍부협정으로 농업노동자들에게 합법적 단기계절노동 브라세로Bracero 프로그램이 1964년까지 시행되었다. 그러나 농장 파시즘이라 불린 억압적 노동조건에서 밀밭폭동과 파업이 일어났고 노동조합의 출현을 가져왔다. 이 프로그램은 멕시코 이주민 형성에 큰 자극을 주

북미자유무역협정 발효에서 비롯하는 멕시코 경제의 신자유주의화와 경제통합의 가속화가 초래한 경제위기가 사포텍과 믹스텍의 불법이주를 적극 추동한 사실에 주목한다.

현재 세계에서 가장 많은 이주민 송출국가 멕시코 이주민의 역사는 4세대까지 배출한 서부 멕시코 할리스코Jalisco 주가 출발점이다.[6] 1980~90년간에 멕시코 출신 이주민 480만 가운데 절반이 캘리포니아로 이주했고[7] 미국사회에서 1990년대에 증가한 이주민 1천 백삼 십만 명 가운데 43%가 멕시코계이다. 최근 라틴계Latinos를 아프리카계를 제치고 미국 사회 제1의 소수민족이 된 배경이 여기 있다. 통계상 지난 20년간 멕시코인은 전통적 정착지 캘리포니아, 텍사스, 일리노이를 넘어 북부와 동남부(조지아, 캐롤라이나, 아칸소) 등으로 이주 목적지가 다양해졌다.[8] 그러나 여전히 30%는 남부 캘리포니아에 자리 잡고 그 가운데 절반이상은 노동자로 취업에 필요한 행정적 절차를 갖추지 못한 미등록undocumented 이주민이다.[9] 최근 LA로 대표되는 전통적 정착지에서

있었고 지금도 그 유제가 불법이주노동자 형식으로 남아 있다. Carey McWilliams, *Factories in the Field : The Story of Farm Labour in California* (1939), Hemden : Archon Books, 1969; Uni. of California Press, 1999.

6 제2도시 과달라하라Guadalajara가 주도이다. cf. W. A. Cornellius, D. A. Fitzgerald & Scott C. Borger(eds.), *Four Generation of Norteños : New Research from the Cradle of Mexican Migration*, San Diego : University of California Press, 2009.

7 Lynn Stephen, *Transborder Lives : Indigenous Oaxacans in Mexico, California, and Oregon*, Duke U. P., 2007, p.75.

8 Douglas S. Massy & Chirara Capoferro, "The geographic diversification of American immigration", Massy(ed.), *New Faces in New Places : The changing geography of American imigration*, Russell Sage, 2008, pp.39~40; Eileen Diaz McConnell, "The U. S. destination of contemporary Mexican immigrants", *International Migration Review* 42-4, 2008, pp.791~792; Fernando Riosmena, "Pathways to El Norte : origins, destinations, and characteristics of Mexican migrants to the United States", *International Migration Review* 46-1, 2012, p.28.

9 멕시코계이주민 가운데 등록 노동자와 미등록 노동자 사이에 임금격차는 비슷한 교육수

높은 주택임대료와 낮은 임금으로 포화상태에 이른[10] 멕시코계 이주 민들은 미국의 산업구조조정에 따른 일자리를 찾아 이동하며 중서부 에서는 주로 육류가공업, 동남부에서는 농업, 섬유노동자, 육가공 플 랜트, 채소와 과일 재처리장 또는 판매장에 취업하고 있다. 그들은 전 국적으로 교육수준과는 큰 관련 없이 건설업, 레스토랑과 호텔 같은 서비스업에 저임금미숙련 노동력의 주요 제공자이다.[11]

기존에 오아하카 주 원주민의 이주는 다른 멕시코인들과 마찬가지 로 주로 남성이 반년~1년 주기로 오가는 단기 순환 이주였다. 그러나 북미자유무역협정 이후 불법이주자들의 남캘리포니아 정착 사례가 급증했다. 특히 샌 화킨San Joaquin 계곡지역 지역, LA와 샌 디에고에 정 착한 이주민들은 지역과 종족적 정체성에 바탕을 두고 위성공동체를 형성하여 본향과 사회경제적 관계는 물론 정치문화적 연결망을 유지 하며 순환이동하고 이것이 오아하카 본향의 로컬거버넌스와 정치문 화에 다양한 영향을 끼치고 있다. 지금까지 이들의 이주는 멕시코인이 국민국가 경계를 넘는 초국가적 또는 경계넘기 개념으로 설명되었 다.[12] 그러나 필자는 이것을 트랜스로컬 이주 현상으로 설명한다. 초

준일 경우 남성은 17% 여성은 9%로 알려진다. 단 직업이 지속적이면 8%와 4%로 떨어진 다. Mattew Hall, Emily Greenman and George Farkas, "Legal status and wage disparities for Mexican immigrants", *Social Forces* 89-2, 2010, p.507.

10 Ivan Light & Elsa von Scheven, "Mexican migration networks in the United States, 1980~ 2000", *International Migration Review* 42-3, 2008, p.718.

11 Mattew Hall & George Farkas, "Does human capital raise earnings for immigrants in the low-skill labour market", *Demography* 45-3, 2008, p.632.

12 대표적으로 Gaspar Rivera-Salgado, "Mixtec activism in Oaxacacalifornia : Transborder grassroots political strategies", *American Behavioral Scientist* 42-9, 1999, pp.1439~58; Velasco Ortiz, *Mixtec Transnational Identity*, University of Arizona Press, 2005, p.15. 오아하카 의 '산 환 델 에스타도'San Juan del Estado 무니시피오municipio를 다룬 국내 연구에서는 '국제 노동이주'로 설명 되었다. 주종택, 「미국의 이주정책과 멕시코의 국제노동이주의 형태」,

국가적 이주 개념이 통상 개인, 집단, 기업이 국경을 넘는 단기적 '사건적 이동'으로서 위로부터 국가와 자본을 통하여 전지구화로 포섭되는 현상을 강조한다면, 트랜스로컬 이주는 주기적 '순환이동'이 전지구화를 전유하며 새로운 로컬리티를 형성하는 복합적 공간 현상이라고 개념화를 시도한다. 이것은 남부캘리포니아 지역이 히스페닉으로 불린 멕시코인들의 역사적 거주공간이며 '국경을 넘은 것이 아니라 국경이 그들을 넘어온' 친숙한 공간인 것과 맞물린다.[13] 여기서 오아하카 원주민 이주자들이 멕시코계라는 정체성을 부정하는 것은 아니다. 그러나 이들이 남캘리포니아에 새로운 위성공동체를 건설하여 본향공동체와의 유대관계를 유지하고 문화의 혼종화와 '정치문화적 정보와 교통과 참여행동의 연결망'[14] 공간을 형성하는 양상은 이들의 이주현상을 재해석할 필요를 요청한다. 이 글은 이들이 순환과 정착을 병행하며 본향의 로컬거버넌스에 제3공간 구성원으로 참여하여 종족성과 로컬리티를 재구성하고 이중국적 개념의 발전을 자극한[15] 것을 트랜스로컬 현상으로 평가하고[16] 그 논리의 타당성 확보에 초점을 둔다.

『라틴아메리카연구』 24-2, 2011, 1~26쪽.

13 임상래, 「미국 남서부Southwest의 문화·지리적 이해—멕시코성과 국경성을 중심으로」, 『라틴아메리카 연구』 22-1, 2009, 75~98쪽.

14 Kimberly M. Grimes, *Crossing Borders : Changing Social Identities in Southern Mexico*, University of Arizona Press, 1998, pp.12~19.

15 David Fitzgerald, *A Nation of Emigrants : How Mexico manages It's Migration*, Uni. of California Press, 2009, p.33.

16 물론 멕시코의 주류 국민 메스티소 역시 위성공동체를 형성하고 복합공간을 이동하는 것을 보여준다. 그러나 이들은 종교공동체의 성격을 띠는 경우도 많지만, 원주민들은 공동체에 관습법의 적용을 받으며 양국가 조직이 본향의 로컬거버넌스에 참여하여 로컬리티를 재구성하는 양상은 독특한 차이가 있다고 본다.

2. 북미자유무역협정 이후
오아하카 주 원주민의 이주 배경

멕시코 전체로 보면 최근까지도 나와Nahua족과 마야Maya족 등 원주민들은 이주행렬에 많이 참가하지는 않았다. 그러나 북미자유협정이 가져온 페소화위기로 농촌경제가 열악해지면서 분위기가 크게 달라졌다. 결정적 계기는 멕시코 정부가 미국의 선행요구 조건을 받아들여 공유지ejido를 폐지하고, 집단농장의 사유화와 외지인에게 토지매각, 국내농가 보조금 지급 축소로 말미암아 미국과 캐나다 곡물과 종자의 급속한 수입증가, 특히 커피원두 가격 폭락으로 농업경쟁력을 급속도로 약화시킨 현실이다.[17] 실질임금이 하락하고 기초소비품 소비자 지원이 감소한 상황에서 미국은 원주민 종족성이 공식적 약점이 되지 않는 사회로 알려지면서, 현실에 만족하지 못한 젊은이들의 이주 신드롬을 크게 자극했다. 그 결과 베라크루즈, 시나로나Sinalona, 소노라Sonora, 바하Baja 캘리포니아를 거치는 이주행렬이 남부캘리포니아에 오아하카 출신 이주민공동체들을 형성시켰다. 물론 이것이 모두 원주민공동체인 것은 아니고, 내부에도 종족성에 따라 미묘한 문화적 차이가 있다. 이주민의 정체성 형성에서 근본 원천이 되는 것은 국민의 구성원이라는 인식보다는 물질화한 풍경으로 구성된 고향의 장소가 기억의 기원이 되는 공동체에 있다.[18] 필자가 원주민 공동체를 언어를 비롯한

---

[17] Patricia Fernandez-Kelly & Douglas S. Massy, "Border for whom? The role of NAFTA in Mexico-U. S. migration", *ANNALS of the American Academy of Political and Social Science* 610, 2007, pp.99·105. 공유지 해체는 농업경영의 최후 보루를 박탈하여 농업포기가 속출했다. 이것은 미국이 나프타 체결시에 값싼 원주민노동력 획득을 염두에 두었던 것을 말한다.

문화적 종족성과 장소성에 기반을 둔 로컬 공동체 단위로 이해가 바람직하다고 보는 이유가 여기 있다. 이때 로컬공동체는 유동하는 경계와 정체성을 가진 복수종족성multiethnical이 복수로컬multilocal에서 전개되는 다중공간multiscalar으로서 의미를 가진다.

　　로컬은 의미, 문화적 형식과 실천들이 이주의 강화를 통해서 생산, 수송 및 재기술되는 유동 공간으로 재평가 받는다. 로컬은 이주민이 오기만 하는 장소가 아니라 그들이 살고 서로 다른 나라에서 다양한 장소들을 연결시킬 수 있는 공간이다.[19]

　　오아하카 중앙계곡의 사포텍 부족과 믹스텍 부족 농촌공동체가 국경도시 티화나Tijuana 엔세나다Enseneda 로사리토Rosarito를 거쳐 LA로 노동이주 행렬에 가담한 시기는 브라세라 프로그램이 끝난 1974년부터이다. 이들은 먼저 국경도시 임가공공장maquiladora 취업으로 장차 미국 도시에서 겪을 문화적 충격을 완화시켰다.[20] 접경지 엘 노르테El

---

18　Ortiz, *Mixtec Transnational Identity*, p.105. 전인구 1 / 10이 원주민이다. 인구는 나후아틀Nahuatl 2,445,969(언어사용자 1,659,269) 마야Maya 2,475,575(892,723) 사포텍Zapotec 777,253(505,992), 믹스텍Mixtec 726,601(510,8010) 순서이다. 워학커 주 2005년 센서스는 사포텍 357,134, 믹스텍 290,049, 마사텍Mazatec 164,673, 치나텍Chinatec 104,010, 믹세Mixe 103, 089, 차티노Chatino 42, 477, 트리크Trique 18,292, 후아베Huave, 15,234, 쿠이카텍Cuicatec 12,128, 초케Zoque 10,000명 등으로 조사되었다. 통계상 워학커 주는 인구의 48%가 원주민이다. 참고로 유카탄 주는 59%가 마야족이다.

19　Alejandro Castañeda, *The Politics of Citizenship of Mexican Immigrants*, New York : LFB Scholarly Pub., 2006, p, 12

20　1980년대 중반부터 주로 멕시코-미국 국경 도시에 면세부품과 원료를 수입하여 조립생산한 완제품을 10~25% 정도 가공요금을 부가하여 수출하는 공장이 80년대 중반 20만명 1990년대 말 100만명 이상을 고용한 결과 멕시코 산업은 노동가치로서 임금만이 수출가에 반영되어 외화소득의 주요원천이 되는 불안한 국민경제를 지탱하는 산업 구조가 활성화되었다. '가공요금'을 뜻하는 마킬라Maquila는 대부분 멕시코 · 아시아 · 미국계 회사

Norte캘리포니아의 주요도시 멕시칼리Mexicali와 티화나의 임가공공장
에 취업한 많은 농촌청년들은 월경을 시도했다. 그러면 왜 하필 LA가
주요 목적지였나? LA는 멕시코와 근접한 대도시라는 지리적 조건을
넘어서 금융, 하이-테크, 엔터테인먼트 분야 고소득자가 많이 사는 세
계도시이며, 다양한 구성원들이 경계를 넘는 전략적 지리공간으로서
포스트-포드주의 메트로폴리스의 패러다임이 관철되는 현장이었
다.[21] 그 결과 가사노동을 비롯한 서비스 분야 저임금 고용직 노동수
요가 상대적으로 풍부하여 이주민 노동시장의 수용력이 컸다.[22] LA의
가사노동 수요의 급증은 특히 여성 이주까지도 가속화 시켰다.[23]

이다. Raúl Delgado Wise & James M. Cypher, "The strategic role of Mexican labour under NAFTA : Critical perspectives on current economic integration", *ANNALS of the American Academy of Political and Social Science* 610, 2007, pp.120~142; Carol Zabin & Sallie Hughes, "Economic integration and labour flows : Stage migration in farm labour markets in Mexico and the United States", *International Migration Review* 29, 2008, pp.395~422.

21 Saskia Sassen, "Local actors in global politics", *Current Sociology* 52-4, 2004, pp.649~70; Ivan Light, *Deflecting Immigration : Networks, Markets, and Regulation in Los Angeles*, Russell Sage Foundation, 2006, p.18.

22 민주당이 주도한 1964년 민권법Civil Rights Act은 고용평등을 강조하여 여성이 가사노동을 벗어나 비서, 판매원, 공공서비스 분야는 물론 환자가정, 병원, 카페, 호텔 등에 고용을 허용하여 여성 이주에 자극제가 되었다. 70~80년대부터 여성 이주 증가로 가족과 친족의 결합이 늘어나 새로운 이주민 관계망 형성이 진행되었다. 이것은 원주민 공동체 내부에서 여성의 교육 수준이 높아지면서 송출에 동의가 이루어지고. 미국 자체에는 1986년 이민개혁과 통제법Immigration Reform and Control Act(IRCA)이 요건을 충족하는 모든 이주자에게 문호를 개방하고 가족재결합을 원하는 여성의 이주를 인정했다. Bribrilia Cota-Cabrera, Emily Hildreth, Andrea Rodríguez & Viridiana Cansesco Zárate, "San Miguel Tlacotepec as a community of emigration", Wayne A. Cornelius, David Fitzgerald, Jorge Hernández-Díaz & Scott Borger(eds.), *Migration from the Mexican Mixteca : A Transnational Community in Oaxaca and California*, San Diego; University of California, 2009, pp.15~17.

23 Susan González Baker, "Mexican-origin women in southwestern labour market", Irenne Brone(ed.), *Latinos and African woman at work : race, gender and economic inegality*, Russell Sage Foundation, 1999, p.249; Light, *op. cit.*, p.51. 그러나 현재는 노동수요 추동demand-driven 이민은 점차 약화되고 공급자 추동supply-driven 이민으로 변화하는 경향을 보이면서 가사노동 이주의 내용이 변화하고 있다.

오아하카에서 가장 큰 원주민 집단인 사포텍 이주민 관련 연구는 일찍부터 축적되었다. 오아하카 시에서 31km 떨어진 중앙계곡 틀라코룰라Tlacolula 지구에서 사포텍 문화를 유지하는 도시이며 인구 5,600명의 테오티틀란Teotitlán de Valle 주민의 경우가 대표적 사례이다. 20세기 초에 이미 직조와 농업의 대체 수입을 찾아서 오아하카 시, 치아파스 주 타파출라Tapachula, 특히 수도 멕시코 시티 등 멕시코 전역에 단기계절 노동자로 이주를 거쳐 남캘리포니아에 정착한 역사는 다른 사포텍 공동체도 비슷하게 겪었다.[24] 사포텍은 오아하카 시에 가깝게 살며 친족이나 공동체 연결망을 통해서 직접 이주하며, 멕시코 북서부의 계약농업 노동자로 역할보다는 기업체 취업 경험을 가져 장차 LA의 서비스 분야 종사와 적응에 성공할 가능성을 높였다. 이들은 주로 LA의 피코 유니언Pico-Union과 사우스 센터럴 특히 한인타운인 코리아타운과 좀 떨어진 곳에도 정착했다.

중앙계곡 사포텍의 이주와 노동시장 접근과정에서 가장 중요한 연결망은 무엇이었나? 그것은 바로 가족과 친구관계 같은 사회적 연결망이었다. 틀라코룰라 지역에는 사포텍 말을 하는 전문밀입국주선자 일명 '코요테coyotaje'가 희망자를 LA로 인솔했다. 1980년대가 되면 남캘리포니아에 개인과 가족의 성공선례를 따라 이주자들이 정착하고 동향의 이웃끼리 결속paisanazgo의 정신에 따라 노동시장 연결망에서 상호부조 정신을 발휘했다. 2000년대 초에는 12개의 오아하카 이주민 공

---

24 Marije Hulshof, *Zapotec moves : Networks and remittances of U. S.-bound migrants from Oaxaca, Mexico*, University of Amsterdam Press, 1991; Jeanine Klaver, *From the land of the sun to the city of angels; The migration process of Zapotec indians from Oaxaca, Mexico to Los Angeles, California*, University of Amsterdam Press, 1997.

동체가 성립되었고, 그 가운데 3개는 압도적인 사포텍 공동체였다. 제 프리 코헨이 이주가 주로 친족적 결속관계와 연관시켜 추진되므로 공동체적 요소의 작용은 확인하기 어려운 초국가적 현상으로 평가한 것은[25] 친족관계의 작동에만 주목하여 공동체의 사회문화적 양상을 폭넓게 간파하지는 못한 것으로 볼 수 있다. 이런 공동체들은 함께 '오아하카 원주민 이주자 공동체 조직(OCIMO)'으로 대표되는 상호연대 풀뿌리 조직을 만들었다. 남캘리포니아에 정착한 이주민 다수(54%)는 LA로 이동했고 일부는 주요도시 레스토랑에 취업했다. 테오티틀란, 틀라코룰라, 산 루카스San Lucas Quiaviní 출신들이 서비스분야와 레스토랑에 취업하면서 저임금이지만 안정된 직장을 얻고 일부는 저축으로 소기업을 차렸다. 1992년에는 산타 모니카에 최초로 오아하카 출신이 운영하는 레스토랑을 개업하더니, 2003년에는 LA에 28개로 늘어났고, 그 가운데 18개는 틀라코룰라 출신 사포텍 소유다.[26] 코헨의 연구는 미국에서 오아하카 중앙산악지대 출신들은 48%가 레스토랑, 호텔, 가스충전소, 편의점 등 서비스업에 종사하고, 오직 16%만이 농업, 14%는 건설과 미숙련노동, 13%는 개인가구나 조경회사 정원사, 8%는 가사노동자로 고용된 것을 보여준다.[27]

---

25 사포텍 공동체가 두 번째로 규모가 큰 곳은 시카고이고, 최근 북 뉴저지, 남동펜실바니아로도 진출했다. Cohen, *The Culture of Migration in Southern Mexico*, pp.53 · 78 · 127~128.

26 Felipe López and David Runsten, "Mixtecs and Zapotecs in California", Fox and Rivera-Salgado (eds.), *Indigenous Mexican Migrants in the United States*, p.267. 1994년 코리아 타운에 개업한 상호명 Guelaguetza는 Santiago Matalán에서 온 남매 소유이다.

27 Cohen, *The Culture of Migration in Southern Mexico*, p.79. 일부는 수퍼마켓, 약국, 창고, 공장 등에서 시작하여 운영자로 올라가는 경우도 있다. 멕시코인 이주민은 필리핀인과 더불어 자영업 비율이 5%대로 낮고 원주민출신은 더욱 낮다. Robert W. Fairlie & Christopher Woodruff, "Mexican Entrepreneurship : Self-employment in Mexico and the U. S", George J. Borjas(ed.), *Mexican Immigration to the United States*, The University of Chicago Press, 2007,

한편 믹스텍은 역사적으로 사포텍보다는 높은 비율로 원주민 단일 언어를 오랫동안 사용하여 스페인어에 서툴고 교육 수준도 낮다.[28] 사포텍이 믹스텍을 약간 낮추어 보는 이유도 여기 있다. 믹스텍은 이주지에서 불안정한 계절농업노동과 고립노동 거기에다 임금체불과 미지급 및 노동법 위반의 주요 희생자였다. 사회적 이동에서도 소수의 감독직은 먼저 온 메스티소 이주민들이 집요하게 차지했고 기업농으로 자립은 너무 어려웠다. 그 결과 40년이 넘도록 북서멕시코와 멕시코시티 주변 및 캘리포니아 평원에서 힘든 농업노동자 역할을 담당했다.[29] 이들도 90년대 들어서면 공장노동, 건설직, 서비스직, 심지어 LA에서 항공기유지보수직 등에 종사하여 직종의 다양성이 확대되고 있다. 그럼에도 수확기에 남캘리포니아와 본향을 오가는 농업노동자인 경우가 더 많고, 그 과정에서 인력모집업자enganchadores와 고용주의 전횡과 횡포, 심지어 메스티소의 멸시와 권위적인 행정당국의 인권침해로 고통을 겪었다. 이들이 겪은 차별과 고난, 열악한 거주환경과 언어적 차이는 도리어 일정한 자의식의 형성을 자극했다는[30] 평가를 받는다.

믹스텍의 이주가 급증한 것은 2001년 곡물가격이 1994년 대비 70% 수준으로 하락하고 빈민의 주식인 토티야 가격 1kg이 1999년에는 3배로 뛰면서 농촌공동체가 붕괴지경에 도달한 것과 연관 있다.[31] 신자유

---

p.124. 한국인과 그리스인은 30%대 안팎이다.

28 Ortiz, *Mixtec Transnational Identity*, pp.31 · 54; Stephen, *op. cit.*, p.121.

29 멕시코 남부 오아하카 주 북부와 서부, 인접한 게레로Guerrero주와 푸에블라 Puebla주에 사는 원주민으로서 역사적으로 아즈텍 시대 이전부터 고도의 문명을 유지했다. 믹스테카는 빈곤하고 광범한 토양 침식과 변덕스런 폭우로 농업생산이 순조롭지 않아서 멕시코에서 원주민이 가장 많이 사는 지역이 되었다.

30 ichael Kearney, "Transnational Oaxacan indigenous identity : The case of the Mixtecs and Zapotecs", *Identities* 7-2, 2000, pp.173~195.

주의 구조조정 전선의 최우선 희생자였던 이들은 개방경제의 파고를 피해서 미국 서부해안은 물론 애리조나에서 오레곤과 워싱턴 주까지 전례 없는 노동이주를 감행했다. 바하 캘리포니아와 캘리포니아 전체에는 오아하카 원주민 이십만 가운데 믹스텍 부족 십만명 거주한다. 특징적인 것은 농업노동자 중심이었던 믹스텍의 위성공동체가 농업지역을 넘어 LA, 샌 디에고 같은 도시로 확산되어 도시와 농촌, 국가내부와 국가 간의 연결망을 가진 공동체로서 존립하는[32] 사실이다. 본래 위성공동체는 경작시기에만 존재했지만 정착화 경향이 그 성격을 변화시켰고, 비록 미국의 시민사회와 분리되어 있지는 않지만 내부의 다양한 조직들이 트랜스로컬 활동을 전개한다.

LA북쪽 산타 마리아에는, 믹스텍 공동체 산 아우스틴 아테낭고San Augustin Atenango 주민 2백여 명의 위성공동체 아테낭고가 있다. 샌 디에고 카운티 북쪽 소도시 비스타Vista에도 트랄코테펙 출신Tlacotepenses 2세대 이주민의 오랜 위성공동체 산 미겔 트랄코테펙San Miguel Tlacotepec이 있다.[33] 오아하카 시에서 273km 6시간 거리 떨어진 본향 트랄코페

---

31 Gonzalo Fabjul and Arabella Fraser, "Dumping without borders : How U.S. agricultural policies are destroying the livelihood of Mexican corn farmers", *Oxfam Briefing Paper* 50, www.mindfully.org/ WTO/2003/US-mexican-Oxfam27aug03.htm(검색일 : 2012.9.11).

32 캘리포니아 거주 믹스텍 75%는 농업에 종사하고, 이는 주 전체 농업노동력의 5%로 추정된다. Ortitz, *Mixtec Transnational Identity*, p, 52, p.99. 멕시코의 소노라, 시나롤라, 바하 캘리포니아 농업지역과 멕시코시티, 과달라하라, 노갈레스, 멕시칼리 등 도시에도 위성공동체가 존재한다. 농업노동자들은 과거의 이주 경험을 많이 따라서 정착지를 선택하는 경향이 많다. Anita Alves Pena, "Locational choices of the legal and illegal : The case of Mexican agricultural workers in the U. S.", *International Migration Review* 43-4, 2009, p.874.

33 비스타 시의회는 2006년 6월 일용노동자를 고용할 때 시 당국에 등록하도록 결정했다. 이는 주로 원주민으로 구성된 이주민 일용노동자를 견제하려는 정책이었다. Michael 3. Danielson, "All immigration politics is local : The day labour ordinance in Vista, California", Monica W. Varsanyi(ed.), *Taking Local Control : Immigration policy activism in U.S cities and states*, Stanford University Press, 2010, p.241.

텍은 2005년 인구센서스에서 698가구 가운데 주민 30% 정도가 캘리포니아와 멕시코시티에 거주하는 가운데 젊은이는 드물고 빈집이 196(28%)가구이며 2007년에는 217(31%)가구로 증가했다. 그 결과 본향의 공동체는 성인노동력 부재로 공동화로 치닫고 있다. 반면 샌 디에고의 트랄코테펙은 미국에서도 가장 활동적인 멕시코 원주민 공동체 가운데 하나이며, 믹스텍 부족이며 오아하카 주민이고 캘리포니아 주민이라는 이중 정체성을 가졌다. 위성공동체는 어떻게 생겨났는가? 그 계기는 먼저 온 이주민들이 뒤에 온 이들에게 일정기간 주거지를 제공하면서 발생했다. 위성공동체를 어떻게 볼 곳인가? 드 제노바는 이 공동체는 미국이란 국민국가 공간과 단절된 공간이기 보다는 '진정 새로운, 급진적으로 다른 사회구성체'의 가능성을 구현한다고 평가한다.[34] 9월 말 본향과 위성공동체에서 동시 개최되는 연례축제는 그것을 잘 볼 수 있는 계기이다. 2008년 캘리포니아 쪽에서는 1천명이나 모여 하루 종일 잔치를 벌이며 본향의 축제를 인터넷으로 접속하여 함께 즐겼다.[35] 이주민들은 일반전화와 휴대전화는 물론이고 비디오테입, 컴퓨터 등 각종 정보통신 도구로 안부를 전한다. 위성공동체 형성에서 정보통신 기구의 역할은 이주의 정착화를 자극한 주요 요소 가운데 하나이다.

그러면 이들이 정착을 선택한 계기는 무엇인가? 첫째 경제적 문제이다. 북미자유협정 이후 미국은 경제호황으로 고용기회를 증대시켜 잠

---

34 Nicholas De Genova, *Working the Boundaries : Race, Space, and "Illegality" in Mexican Chicago*, Duke U. P., 2005, p.190.

35 Richard Kiy & Naoko Kada, "Building a case for cross-border service provision for transnational Mexican migrants in San-Diego", Kiy & Christopher Woodruff(eds.), *The ties that bind us : Mexican Migrants in San Diego County*, Lynne Rienner Pub., 2005, pp.190~195.

재적 이주자들에게 강한 흡인력으로 작용했다. 한편 미국과 멕시코 사이에 사회경제적 불균형의 심화와 폐소화 위기는 멕시코가 이주민의 송금에 사회경제적 의존을 더욱 심화시키도록 이끌었다.[36] 더 심각한 문제는 이주민이 미국의 생산체계에 최하 저임금 노동력으로 투입되면서 미국 생산품의 비교우위를 계속 보장하여 이주민이 결국 본국의 경제기반을 더욱 침식하는데 일조한 측면이다. 이것은 원주민 비율이 높은 오아하카, 게레로, 푸에블라, 모렐로스Morelos 이달료Hidalgo 등 전통적 농업지역이 경쟁력을 상실하고, 이주민들이 캘리포니아, 오레곤, 워싱턴 주 등에서 글로벌농업생산 구조에 계속 편입되어간 결과와도 맞물린다.[37] 둘째는 국경경비강화의 산물이다. 1994년부터 도시지역 국경입국에 통제가 강화되자 산악과 사막지역으로 밀입국에서 강도·강간은 물론 생명의 위협이 커지고, 밀입국 비용이 3천불 정도로 대폭 상승하면서 정착이 증가했다. 세 번째 요소는 농업노동자로 시작한 원주민 이주민들이 농업노동력에서 탈피하여 점차 서비스나 건설업의 전일제 노동에 종사하며 미국경제에 깊숙이 통합되는 경향과 연관 있다. 대부분의 이주민들은 비록 주택 구입은 어렵지만 미국경제의 다양한 보험금융 체제에 편입되었고 케이블 TV, 인터넷, 자동차 할부구입 등으로 소비의 증가가 생계비용을 대폭 상승시켜 저축이 쉽지 않은 조건으로 내몬 결과 정착이 증가했다. 네 번째 요소는 세계화가 가져온 빈부격차의 패러다임 안에서 반복되는 불경기에 노동자나 자영업자들

---

[36] Raúl Delgado-Wise and Humberto Márquez Covarrubias, "The reshaping of Mexican labour export under NAFTA : Paradoxes and challenges", *International Miration Review* 41-3, 2007, pp.656~679.

[37] Lynn Stephen, *op. cit.*, p.122.

의 빈곤이 증대하여[38] 비정착 이주민은 상대적으로 불리한 고용 대우
를 받게 된 사실이다. 불경기가 지속될수록 본국귀환은 고용상실이나
노동정체성에 변화를 가져오는 부담스런 일이 된 결과 귀환보다는 정
착을 선택하고 귀환하는 경우에도 단기체류를 선호하게 되었다.

3. 오아하카 주 원주민의 이주 경로와 문화정체성

멕시코에서 가장 주변부이며 척박한 자연조건의 오아하카 주 중앙산
악지대 원주민들은 현재 불법이주의 주체이며 대상이다. 이들은 오랫
동안 메스티소의 멸시를 받으며 로컬 간 경쟁, 사회안전망 약화, 사회경
제적 불안 증가, 거기에 마약과 범죄조직의 폭력과 치안 혼란으로 희생
을 겪었다.[39] 이런 열악한 조건은 원주민들이 혼자 또는 코요테의 도움
으로 불법이주민 행렬에 가담하도록 자극했고 심지어 단순한 경제적 조
건의 추구를 넘어 이주가 제도화 되었다는 평가까지 받도록 이끌었
다.[40] 한편 북미자유협정 체결 이후 물자와 인적 교류의 활성화로 국경
의 다공성이 증가하면서 자유무역을 강조하는 미국이 도리어 국경통제
를 강화하는 역설이 발생했다. 신자유주의 전지구화가 차이와 구별의

---

38 Light, *op. cit.*, pp.73~78 ; Philp Martin, "Recession and migration : a new era for labour migration", *International Migration Review* 43-3, 2009, pp.688~689.

39 Charles H. Wood, Chris l. Gibbson, Ludmila Ribeiro & Paula Hamsho-Diaz, "Crime victimization in Latin America and intentions to migrate to the Unitd States", *International Migration Review* 44-1, 2010, p.19.

40 Katherine M. Donato, Branden Wagner,and Evelyn Patterson, "The cat and mouse game at the Mexico-U. S border : gendered pattern and recent shifts", *International Migration Review* 42-2, 2008, p.354.

철폐를 강조하면서 도리어 시민들의 차이, 이방인과의 구별을 강화하게 된 것이다. 이것은 북미자유협정이 도리어 국민화nationalization를 자극하여 월경자들을 '불법illegal'으로 낙인찍고 국민국가 경계를 강화하는 역설적 규제정책을 부추긴 셈이다.[41] 여기에는 1986년 '이민개혁 · 통제법'이 시민권 획득을 엄격히 하여 이민자 불법취업을 막고[42] 1996년부터 통제를 더욱 강화시킨 현실이 상승작용했다.

1993년부터 미국은 30억 불 이상을 투입하여 샌 디에고 / 티화나, 시우닷 후아레스 / 엘 파소를 시발로 거의 요새화된 수준의 국경 감시와 통제로 비공식 이주민들의 월경을 막고 있다. 그럼에도 월경시도자 체포가 감소하고 미등록 이주민은 세배로 증가하여 국경통제의 성과를 두고 많은 논란이 제기되었다. 트랄코페텍의 경우 국경통제 강화로 다수가 월경에 실패하지만, 월경시도 와중에 죽음을 맞는 경우를 제외하면 끝까지 좌절된 비율은 1~3%에 불과하다. 2005~2007년 사이에 월경시도에서 첫 번째 입국자는 58%, 두 번째 시도자는 20%, 세 번째 시도자는 20%가 성공하고 최종 실패자는 3%에 불과한 것을 보여준다.[43] 그러나 문제는 통제가 강화되면서 '코요테'[44]에게 지불하는 밀입국 비용

---

41 Joseph Nevins, "Dying for a cup of coffee? Migrant deaths in the US-Mexico border region in a neoliberal age", *Geopolitics* 12, 2007, p.240.

42 IRCA가 이주민의 불법취업을 자극하여 열악한 노동조건과 임금하락 초래했다는 비판과, 임금하락은 이 법의 탓이 아니라 그전부터 진행된 결과였다는 반론으로 나뉜다. Light, *Deflecting Immigration*, pp.31~32.

43 Parks, Lozada, Mendoza & Garcia Santos, "Strategies for success in border crossing", *op. cit.*, p.48. 미국에서 경험의 축적으로 위험이 감소된 경향에 관해서 Donato, Wagner and Patterson, *op. cit.*, p.352.

44 코요테는 통상 이주민을 등치는 부정적 존재로 묘사되었다. Jeffrey Kaye, *Moving Millions : How Coyote Capitalism fuels Global Immigration*, John Wiley & Sons Inc., 2010, pp.170~190. 그러나 국민국가가 장악한 인간이동의 독점을 깨트리는 사회적 관계망이며 사회적 자본이고 지식의 문화적 기금이라고 긍정하는 해석도 있다. David Spencer, *Clandestine*

이 급상승한 것이다. 그 결과 본향으로 귀환은 줄어들고 미국에 숨어 지내는 경우가 늘어났다. 한 연구는 기존에는 60~70%이던 귀환율이 45%로 감소한 것을 보여준다.[45] 한편 최근 미국 경제위기가 가져온 고용전망 악화가 월경시도자 자체가 감소에 영향을 미친 것을 보여준다. 2009년 발생한 서브프라임 경제위기도 역시 상호연관성을 보여준다.[46]

경제적 압박과 폭력을 피해 불법월경한 원주민 이주자들의 정체성은 무엇인가? 이들은 고난을 겪는 존재인 동시에 새로운 모색을 멈추지 않고 모험하는 이중적 존재이다. 이들의 직업은 해당 지역의 산업적 특성과 일차적 관련이 크고, 그들의 경험은 멕시코의 다른 지역 출신 '불법' 이주민들이 겪은 고난과 크게 다르지 않다. 예컨대 트랄코테펙 원주민들의 사례에서 이들은 처음에는 불법 미등록 이주민으로서 직장에서 폭력의 희생물이 되는 경우가 일반적 현상이다. 영어는 물론 스페인어조차도 서툴러서 멕시코 '방언' 사용자로 규정되어 불리한 법적 고용조건과 횡포에도 변변한 항변조차 못했다. 멕시코 출신 노동자들이 일반적으로 백인보다 낮은 취급을 받았다면, 이들은 종족적으로 더욱 천시 당했다. 흔히 오아하카 꼬마oaxaquitas, 추잡한 인디오indios sucio라 불리며 노동착취를 겪는 이들은 이중으로 인종주의적 경멸을 받는 복합적 주변화 대상이다.[47] 하지만 원주민 이주자들은 그런 취급

Crossings : Migrants and Coyotes on the Texas-Mexico Border, Cornell U. P., 2009, p.163.

[45] Fernando Riosmena, "Return versus settlement among undocumented Mexican migrant : 1980~1996", Jorge Durand & Douglas A. Massy(eds.), *Crossing the Border : Research from the Mexican Migration Project*, Russell Sage, 2004, p.275.

[46] Wayne A. Cornelius, David Fitzgerald, Pedro Lewin Fisher & Leah Muse-Orlinoff(eds.), *Mexican Migration and the U. S. Economic Crisis : A Transnational Perspective*, Center for Comparative Immigration, 2010, p.10.

[47] Ortiz, *Mixtec Transnational Identity*, p.48. Renee Reichi Luthra, "Into the mainstream? Labour

에 좌절하지 않았다. 종족적 자의식에 바탕을 두고 전통적인 직조 작업을 복원시켰고, 자치와 독립을 요구하는 원주민의 주체적 사상 인디아니스모를 발전시키면서 오아하카와 캘리포니아의 경계를 넘나드는 활동을 전개한다.

구체적 사례로 사포텍 출신 기업가 마테오스Fernando López Mateos가 1999년부터 발간하여 멕시코와 미국에 배포하는 격주신문 오아하카인El Oaxaqueño은 오아하카에서 그래픽 디자인하여 LA에서 35,000부를 발간한다. '원주민전선'도 1991년부터 월간 엘 테퀴오El Tequio를 발간하고 온라인판도 도입했다. 거기에 믹스텍 언어와 스페인어로 '믹스텍인의 시간La Hora Mixteca'을 송출하고, 문화적 생존을 위한 원주민 언어 번역 및 보존 서비스에 노력하며, 경계를 넘는 감성을 지닌 작가와 비주얼 아티스트의 양성을 장려한다. 이들 대중매체는 이민자 시민사회에 덕성의 공동체 구현을 호소한다.[48] 여기에는 60~70년대 남부캘리포니아에서 발생하여 멕시코인의 정체성을 강조하는 독자적 문화운동이며 지금도 영향력이 유지되는 치카노chicano 운동이 이주노동자 노동조합을 비롯한 다양한 이주민의 복지와 자립을 지원하는 사회단체를 만든 사례가 중요하게 작용한다. 이들은 현재도 활동하는 대학생

---

market outcomes of Mexican-origin workers", *International Migration Review* 44-4, 2010, p.835.

48 Jonathan Fox and Gaspar Rivera-Salgado, "Building civil society among indigenous migrants", Fox & Rivera-Salgado(eds.), *Indeginous Mexican Migrants in the United States*, La Jolla, CA : Center for U.S-American Studies USCD, 2004, pp.21~22. 믹스텍의 트랄코페텔의 경우 언어를 비롯한 원주민 유산을 비교적 강하게 유지한다. Cota-Cabera, Hildreth, Rdriguez, and Canseco Zárate, *op. cit.*, p.4. 사포텍 505,992 / 777,253 vs 믹스텍 510,8010 / 726,601이다. 실제로는 젊은이들은 원주민 언어에 관심이 크게 떨어진다. 예컨대 브라세로 프로그램의 영향을 많아서 대부분 계약농업노동자로 이주한 믹스텍의 후스틀라우아카Santiago Juxtlahuaca는 전인구 73%가 원주민언어의 사용이 가능하고, 28%가 원주민 단일언어를 사용한다. 사포텍의 틀라코룰라는 63%가 원주민언어를 사용가능하지만, 9%만 원주민 단일언어를 사용한다.

조직들과 함께 미등록 이주민 시민권 획득과 투표권 행사 캠페인으로 교육, 고용 및 종족적 차별에 항의하고 사회경제적 발전을 요구한 투쟁역량이 축적되어 있다.[49] 이주민들의 집단행동은 미국의 공공영역을 변화시키는데 영향을 끼쳤고 이들에게 '문화적 시민권'을 부여하는 결과를 가져온 것은 이주민 사회의 성숙에 크게 기여했다.

'문화적 시민권' 개념은 이민자들이 인종, 종교, 계급, 젠더 혹은 성적 취향에서 차이를 유지할 권리를 요청하면서도 모든 시민에게 민주주의, 사회정의와 형평을 실현하는 참여민주주의 의미를 인정한다.[50] 이런 측면에서 경계넘기를 중심으로 사유하는 초국가 공동체 개념을 넘어서, 전지구적 맥락에서 지역과 지역, 로컬과 로컬의 연결망과 관계 맺기를 사고하는 트랜스로컬 공동체의 문화적 권리와 정체성 논의에 길잡이로 삼기에 유리하다. 나아가 사회적 활동자로서 이주민이 정착지 공동체의 능동적 구성원인 동시에 본향 공동체의 구성원이 되는 '트랜스로컬 공동체 시민권' 개념으로 논지를 심화시킬 토대를 제공한다.[51] 그렇다면 초국가적 공동체 시민권 개념과 트랜스로컬 공동체 시민권 개념의 차이는 무엇인가? 이들이 기존의 사회영역에 현존하는 경

---

49 Richard Griswold Castillo, "A border region and people", Castillo(ed.), *Chicano San Diego : Cultural Space and the Struggle for Justice*, The University of Arizona Press, 2007, pp.1~11. 치카노들은 오래전부터 미국남서부에 거주해온 멕시코계 미국인으로서 이주민들과는 가족 구성, 생활스타일, 언어생활 등에서 차이가 있고 불법이주민들에게 적대적인 양상을 보이기도 한다. 임상래, 「라틴아메리카의 국경과 이민—맥스아 메리카와 치카노」, 『라틴아메리카 연구』16-2, 2003, 199~233쪽.

50 문화적 시민권 개념도 차이를 긍정하는 자유주의와 동화를 강조하는 공화주의 사이에 입장 차이가 있다. 전자는 Wil Kymlicha. *Multicultural Citizenship : A Liberal Theory of Minority Rights*, Clarendon Press, 1995; *Politics in Vernacular : Nationalism, Multicularism, and Citizenship*, Oxford University Press, 2001. 후자는 Judith Vega, "A Neorepublican cultural citizenship : Beyond Marxism and Liberalism", *Citizenship Studies* 14-3, 2010, pp.259~274.

51 Fox & Rivera-Salgado, "Building civil society among indigenous migrants", pp.26~27.

계를 넘어서는 것을 목표로 삼는 것은 같지만 트랜스로컬 공동체 시민권 개념은 적어도 두 가지 방식에서 초국가적 공동체 시민권 개념과 다르다. 첫째 구성원의 권리와 의무의 결정에 훨씬 더 정확한 기준을 포함한다. 둘째 공적영역에서 구성원의 자격을 더 분명하게 명시하므로 지리적으로 분산된 공동체, 곧 탈영토화된 공동체의 공적인 일에서 구성원의 경계와 역할을 더욱 분명하게 정립한다.

문화적 시민권 개념과 공동체 시민권 개념은 공통점과 차이점이 있다. 그것이 자주 집단행동을 통해서 성립된 사회적으로 형성된 구성원이란 의미에서는 공통적이다. 그러나 이것은 세 가지 측면에서 차이가 있다. 첫째 '공동체 시민권'은 사회적 행위자 스스로 실제로 사용하는 용어를 그들 구성원의 경험과 결합하는 것을 말하고, 오아하카 원주민 공동체에서는 한 구성원이 특정 의무를 수행하고 권리를 행사할 때 '공동체'의 시민이라고 말할 수 있다. 둘째 '문화적 시민권' 개념은 포함되는 영역이 영토적으로 로컬, 지역 혹은 국가든 또는 일정한 문화적 부문이든 보다 더 신중하게 개방된 반면, 트랜스로컬 공동체 시민권 관념은 그 안에서 구성원이 실행하는 공적공간을 구체적으로 명기한다. 세 번째는 '문화적 시민권' 개념의 최종 목표가 기본적으로 이주민이 미국사회로 편입되는 것을 전제로 새로운 조건에서 경쟁적인 협상을 지원하는 과정이라면, 트랜스로컬 공동체 시민권 관념은 경계를 넘는 다중공간규모multiscalar의 공동체에서 양국가의 구성원이 되는 도전적 위상을 인정한다.

샌 디에고의 산 미겔 트랄코테펙 위성공동체의 현실은 믹스텍 정체성에 이주민이라는 정체성이 작용하는 방식과 남캘리포니아와 오아하카 주에서 시민참여를 자극하는 방식의 탐색에 유용하다. 사실 위성 공동체 트랄코테펙은 본향 공동체와 다른 점이 많다. 아직 멕시코 전통 반다banda를 들을 수는 있지만[52] 멕시코 말은 듣지 못한다. 토티야와 커피원두 냄새를 맡을 수 있지만 담배는 피울 수 없다. 십대는 교복을 입지 않고 유행하는 캘리포니아 패션은 따른다. 할머니들은 별로 많지 않지만 가정에는 트랄코테펙의 수호성인 산 미겔 대천사 제단이 설치되어 있다. 축제Guelaguetza 특히 9월의 샌 디에고와 트랄코테펙에서 동시 축제는 같은 춤과 의상, 음악, 음식을 볼 수 있다. 비록 현재 자녀들이 미국의 교육체계에 편입되면서 교육수준의 상승과 함께 언어와 생활 스타일이 크게 동요하지만 이주가 전통적인 문화적 실천들을 완전히 쇠퇴시켰다고 인정할 증거는 별로 많지 않다. 고유문화의 어떤 요소들만은 유지하고 고향의 가족들과 결속을 강조하는 혼종성은 이들의.특징이다.[53] 이들의 문화적 정체성은 오아하카와 남부 캘리포니아 이주민공동체가 트랜스로컬 연대를 유지하는 중요한 토대이며 부르디외의 말을 사용하면 '문화자본'이다.[54]

트랄코테펙 주민들에게 이주와 종족성 및 시민참여의 상호관계는 무엇인가? 다시 말하면 시민조직에서 다양한 수준의 시민참여가 언어, 종교, 사회문화적 경계로 형성된 종족성과는 어떤 관계인가? 이주민이 경계를 넘는 순간 공동체에서 개인의 사회적 결합의 원천이 되는 시민

---

52 반다는 브라스 밴드에 바탕을 두고 기타 치며 노래 부르는 Rancheras를 비롯하여, Corridos, Cumbias, Baladas 그리고 Boleros 로 구성된다.

53 Cohen, *The Culture of Migration in Southern Mexico*, p.145.

54 Pierre Bourdieu, "Les trois états du capital culturel", *Actes de la recherche en sciences sociales 30*, 1979, pp.3~6.

권, 소속 및 종족성은 즉각 도전받는다. 멕시코인의 일반적 종족성은 메스티소이지만 특별히 사포텍이나 믹스텍 원주민 집단들의 인디오 종족성은 국민국가 또는 그것을 넘어서 집단적 권리와 인정을 요구하는 정치적 조직 형성의 기초로 작용한다.[55] 샌 디에고의 트랄코테펙에서 믹스텍 종족성은 공동체 구성원의 통합요소이고 원주민 자치권을 요구할 수 있는 실천적 토대이다. 그 결과 원주민 공동체는 독자적 거버넌스 체제를 갖추고 특별히 이주민 공동체를 형성할 때 그들의 고유 문화 요소들이 관계망의 발전에 점진적인 힘과 권리를 부여한다. 그렇다면 원주민들이 메스티소가 갖지 못한 공동체 관계망을 형성할 수 있는 배경은 무엇인가? 오르티츠는 다음과 같이 말한다.

고향 구성원들의 지리적 분산은 종족적 경계와 종족의 기본적 엠블렘(언어, 시민-종교 축제, 영토)의 재구성을 요구한다.[56]

그러나 이런 위성공동체의 경계가 강고한 것은 아니다. 시간이 가면서 경계도시의 다른 공동체의 성장으로 지리적 경계가 무너지는 것이 일반적인 현상이다. 트랄코테펙 위성공동체도 다른 믹스텍 공동체를 포함하도록 경계선을 확장했고 다른 종족 집단과도 협력관계를 이루었다. 이와 같은 이질적이고 역동적인 로컬 정치가 가능했던 것은 본래 오아하카 주에서 1995~98년 간에 '오아하카 주민의 정치제도와 절

---

55 그렇다고 메스티소 종속성과 인디오 종속성에 선명한 구분이 가능한 것은 아니다. 수송택, 「멕시코 원주민 정책과 종족성－메스티소와 원주민의 관계」, 『라틴아메리카 연구』 18-4, 2005, 237~270쪽.
56 Ortiz, *Mixtec Transnational Identity*, p.127.

차에 관한 선거법(CIPEO)'을 제정하여 시행 한 이래로 지방자치 지도자를 선출하는 두개의 합법적 로컬거버넌스 체계가 존재한데서 기인한다. 오아하카의 570개 지방자치 단체 가운데 400개 이상 원주민공동체가 한편은 정치적 정당 체계, 다른편은 관습법usos y costumbres을 따른 공식자치권agencias을 누려왔다.[57] 관습법의 적용문제는 원주민 공동체와 남부캘리포니아 소재 위성공동체의 관계를 트랜스로컬 관계로 판단하게 이끄는 중요한 요소이다. 관습법은 공동체마다 크고 작은 차이가 적지 않지만 통상 주민의 공동체 집회에서 '종교' '정치' 및 '사회적'인 공적 봉사직cargo이 의무적으로 배당된 계서적 체계를 형성하고, 트랄코테펙 공동체의 경우는 이 세 가지 유형을 결합했다.[58] 그러나 이 제도를 처음에 채택할 때는 오랜 여당이었지만 오아하카 주에서 헤게모니와 통제력을 상실해가던 제도혁명당이 원주민 지도자가 당연직 당원이 되도록 요구했기에 많은 격론과 반대를 불러 일으켰다. 그럼에도, 시민단체와 원주민 지도자들의 전폭적 찬성으로 원주민 공동체의 자율권 확장을 목표로 관습법이 시행되었다. 오아하카 주의 공동체 자치정책은 기본적으로는 원주민 회유정책인 인디헤니스모의 산물이다. 그러나 1994년 인접한 치아파스 주에서 사파티스타민족해방군Ejército Zapatista de Liberación Nacional 봉기가 일어나면서 정책적 성과의 평가를 두고 큰 관심을 끌게 되었다.

---

57 관습법은 스페인 식민지 이전부터 있었고 식민지 시기에도 만들어져 뒤섞인 것이다. 2007년 현재 오아하카 주 570개 지방자치 단체 가운데 418개 자치단체가 관습법에 따라 통치되고 있다.

58 Ortiz, *Mixtec Transnational Identity*, p.33; Perry, Doshi, Hicken & Méndez Garciá, "Between Here and there : Ethnicity, civic participation, and migration in San Miguel Tlacopetec", pp.211~212.

관습법에 따르면 원주민 공동체 구성원은 원칙적으로 공동체 운영을 관장하는 지역협회cofradías에 속하여 통상 3년 정도 시민적·종교적 의무cargo, téquio를 수행해야하고 불가능할 경우에는 벌금으로 대체한다. 그 밖에도 공동체 구성원의 결혼과 제사에 재화, 돈, 봉사의 상호교환 곧 품앗이(servicio, cooperación 등)[59]에 참여한다. 가장 중요한 것은 음악과 춤의 축제Guelaguetza 품앗이에 참여하고, 성인축일 후원금mayordomías을 순환과 무상 원칙에 따라 자진 분담하는 것이다. 이것은 로컬공동체 소속이라는 정체성 부여에 기여하는 문화정치라고 말할 수 있고 거기에는 공동노동과 공동부담에는 여러 요소가 작용하지만 중요한 토대는 구성원이 공동체의 공유재산 용익권을 누리는데 있다.[60] 축제의 역할은 이주지에서도 그대로 작용한다. 특히 겔라겟차 축제는 캘리포니아에서도 매년 4곳에서 열려 범-종족적으로 오아하카 원주민의 정체성을 표현한다. 물론 그 내부에는 종교적 측면과 함께 본향의 여러 촌락들의 개별적 정체성도 포함되어 있다. 새로운 정착지에서 사회적, 시민적, 정치적 조직들은 원주민 이주자들이 '공적 제례의식'을 통해서 이전에 보유했던 집단적 정체성이 새로운 맥락을 경과하면서 행위자로서의 역할이 변화하는 환경을 만들었다. 문제는 도리어 본향 공동체에서 발생했다. 노동연령기 남성의 이주가 급속하게 늘어나면서 관습법적 직책을 수행할 인적 자원의 고갈로 일부공동체는 이주민에게도

---

59 공동체에 봉사 노력tequio 모든 가구가 공동체 정부에 제공해야하는 자발적 봉사servicio 이는 정치적 직책cargo처럼 다양한 시민, 징지, 종교위원회에서 세서적 시위를 가신나. 협소 cooperación는 년간 지역발전과 공동체 축제를 위해서 자발적으로 내는 비용을 말한다.

60 T. Muterbaugh, "Migration, commom property, and communal labour : cultural politics and agency in a Mexican village", *Political Geography* 21, 2002, p.474.

시민 및 종교적 책임의 수행을 요구하는 현실이다. 심지어 만일 의무 수행에 소홀하면 공동체 구성원의 용익권 심지어 공유재산권도 잃을 위험을 경고하는 경우도 나타났다. 대체로 공동체 마다 차이는 적지 않지만 이주민 가구의 절반 정도는 직책 의무 수행에 가족 가운데 누군가 참여하는 것을 보여준다.[61]

그러나 이것도 현재 공동체마다 대응방식에서 다르고 일반화가 어렵도록 변화하는 양상을 보여준다. 본향 트랄코테펙의 경우는 공동체 구성원 자격요건을 완화하여, 직책을 수행하도록 귀환을 요구하지 않으며, 공동체 사업에 자금지원을 요청하지도 않았다. 그 결과 사실상 이주민들은 공동체 참여에서 많이 배제되었다. 멀리서 투표할 수도 없고, 최근에는 지방자치 직책 선거에 입후보할 수도 없게 되었다. 위성 공동체 트랄코테펙 이주민 일부는 고향의 선거에서 투표권을 요구했지만 실패했다. 그럼에도 공동체 구성원 3 / 4는 이주민이 계속 고향의 직책에 봉사할 의무가 있다고 자각한다. 로컬 거버넌스 참여에 관한 전통적 규칙과 이주민들이 처한 현실의 한계는 또 다른 문제를 야기했다. 이주민들이 점차 고향의 공동체 사업과 의무에서 배제되고, 이중 국적인 이주민들이 세계화의 하인으로 정착하고 본향으로 귀환이 감소하면서, 본향을 지키는 이들에게 직책과 봉사 및 품앗이 부담이 계속 증가했다. 아울러 공동체 구성원에게 마을의 집단생활을 유지할 책임 부과가 증가하면서 공동체를 지켜온 주민들이 역설적으로 이주민 되기를 고려하는 자극을 주었다.[62] 이것은 공동체의 존립을 위태롭게

---

61 Cohen, *The Culture of Migration*, p.44.
62 Perry, Doshi, Hicken & Méndez Garciá, "Between Here and there : Ethnicity, civic participation,

만들고 있다. 현재 정부는 공적 봉사직에 참여를 자극하고자 월 4,000 페소(미화 400불) 정도의 재정을 지원 하지만 큰 성공을 거두지 못했다. 다만 이주자들의 이중적 정체성을 포용하고 이중국적을 인정하는 정책을 널리 알리는 계기로는 작용했다.

4. 오아하카 주 이주민의 트랜스로컬 연대와 로컬리티의 재구성

현재 오아하카 원주민 공동체의 존립에서 이주문제가 끼치는 영향에 관한 평가는 크게 엇갈린다. 가장 많이 논의된 쟁점은 흔히 미그라돌라레스migradólares라고 불리는 이주민의 송금이 끼치는 영향의 문제이다.[63] 지금까지는 국가차원에서 송금수입의 증대에도 불구하고 공동체가 외부시장을 지향하면서 내부균형이 무너지고 로컬노동과 노동시장을 형성할 공동체의 하부구조를 약화시켰다고 평가하는 종속모델 관점과, 송금 수익이 국가와 로컬의 경제성장을 자극할 자본을 축적하는 긍정적인 잠재적 결과를 초래했다고 긍정하는 발전모델 관점이 경쟁하고 있다.[64] 현재 오아하카에서 원주민 이주의 증가는 공동

---

and migration in San Miguel Tlacopetec", p.215.

[63] Fitzgerald, *op. cit.*, p.25. 멕시코는 2006년 250억불 이상으로, 인도와 중국 다음으로 많은 송금수입국가이다. 송금의 경제적 유용성을 강조하는 입장과, 과잉소비를 자극하여 경제를 위축시켜 이주로 이끈다는 비판적 관점으로 나뉜다. 그러나 관습과 도덕 같은 문화에 끼치는 부정적인 영향은 대부분 동의한다. p.128.

[64] Jim Airola,"The use of remittance income in Mexico", *International Migration Review* 41-4, 2007, pp.850~859; Pablo Acosta and Pablo Fajinzylber, "How important are remittances in Latin America?", Pablo Fajinzylber and J. Humberto López(eds.), *Remittances and Development*,

체의 약화를 가져오는 과정적 측면이 분명히 전개되고 있다. 그러나 공동체가 재정적 자원을 장기적 전망에서는 축적이 가능한 계기도 제공하는 이중성이 작동하므로 단순한 평가는 유보한다.

필자의 관심은 사회경제적 차원을 넘어 원주민의 자치권 투쟁이라는 정치문화적 차원에 있다. 오아하카 주에서 오랫동안 공동체의 자치에 적극적으로 참여해 온 원주민들의 자율성 쟁취 투쟁은 정당 특히 20세기의 오랜 집권당인 제도혁명당의 부패한 지배와 압력을 더 이상 받지 않는 자치권 획득을 의미한다. 그러한 투쟁은 이주민들의 거주지에서도 나타났다. LA에는 멕시코 이민자들이 참여한 광범한 비형식적, 비당파적 정치참여 조직이 나타났고 그것은 형식적 경계를 넘어서는 정치의 탄생 가능성을 예고했다. 이러한 로컬 공동체의 시민 및 정치조직 참여에서 독특한 것은 오아하카 주 이주민과 고향에서 필요한 사항을 충당하는 것을 목표로 삼고 범-오아하카 정체성을 강조하는 사회적 연결망으로 역할하는 양국가적binational 조직이 많이 출현한 점이다. 본향의 조직이 기본적으로 지역-종족적 자치공동체의 요구를 직접 대변한다면, 양국가적 조직은 집단적인 원주민 종족적 정체성을 둘러싸고 융합되어 있다. 코헨이 오아하카 주민들은 결코 본향을 포기하지 않는 것이라고 말한 지적은[65] 정확하다.

이들 조직은 그 안에서 이주민들이 오아하카 주민이고 원주민이라고 인

lessons from Latin America, The World Bank, 2008, pp. 21~49; 주종택, 「멕시코의 국제노동이주와 송금」, 『라틴아메리카연구』 22-1, 2009, 99~128쪽.

65 Cohen, *The Culture of Southern Mexico*, p. 144.

정되는 집단적 실천의 제도화를 통해서 사회적 정체성들이 창조되고 재창
조되는 개방된 공간을 열어 준다. 즉 이들 다양한 집단적 실천들은 그들의
특수한 문화적, 사회 및 정치적 정체성을 인정하는 담론을 발생시킨다. 그
들이 이런 실천들을 발전시키는 실제의 그리고 상상의 공간은 '오아하카
캘리포니아'라고 불리워진다.[66]

이들 조직은 집단적 행동주의와 문화정치적 실천을 통해서 특정 공
동체를 넘어 경계선을 확장했다. 그 역할은 이주민으로서 겪은 경험에
서 비롯된 산물로서 종족적 정체성을 더 광범하게 확정하는 새로운 시
도와 더불어 집단적 실천을 강화하는 도구로 작용하면서, 공동체 건설
과 문화 교환 및 정보 교류를 장려한다. 특히 양국가간 조직의 활성화
는 원주민 이주민들이 미국과 멕시코의 특정지역에서 고용과정에서
겪은 부당한 차별과 폭력의 경험을 둘러싸고 응집할 계기를 제공했다.
이들은 다양한 시민 및 정치 조직을 구성하고 집단행동으로 의사를 표
현하는 새로운 기회를 창조했다. 믹스텍 이주민들은 이미 1980년대에
멕시코와 캘리포니아에 비슷한 독자조직들을 만들었고 특히 '트랄코
테펙 시민 위원회(CCTP)'가 합법적 지위 획득, 송금, 불법처우 문제 등에
대응하며 종족성, 계급정체성, 인권과 사회적 권리 같은 민주주의를 의
제로 삼은 것은 원주민 출신 이주민들이 각성된 의식을 보여준다.[67]
믹스텍과 사포텍이 결합한 결정적 계기는 1991년 캘리포니아 187조

---

66 Fox and Rivera-Salgado, "Building civil society among indigenous migrants", p.14.

67 Fox and Rivera-Salgado, "Building civil society among indigenous migrants", p.16. (Tlacotepec Popular Civic Committee)

Proposition 187[68] 반대시위이다. 이들은 반대시위가 촉발시킨 이주민의 급진화와 오아하카 바깥에서 경험한 차별에 각성하여 '아메리카 발견 500주년' 축제 반대운동을 계기로 통합 조직 '믹스텍-사포텍 양국 전선'을 건설했다. 이것이 점차 '원주민전선'으로 성장하여 오아하카 원주민 종족집단의 공통적 쟁점을 대변하는 조직이 되었다.[69] '원주민전선'은 원주민 공동체의 자결권, 양국가간 인권·정의·젠더 평등의 촉진을 목표로 삼고 미국과 바하 캘리포니아에 설립된 양국가간 조직으로서 가장 혁신적 월경을 감행하는 잡종적 조직 형성의 가능성을 보여주었다.[70] 인종차별과 노동착취를 경험한 원주민의 인권, 노동권을 비롯한 권리문제에 고심하는 '원주민전선'은 멕시코 국가체제보다는 오아하카 주 정치에서 이주민이 직면하는 이중정체성과 그것이 가져오는 연대관계에 관심을 가진다. 이는 결국 국가중심주의에 의문을 제기한 셈이다. 신자유주의 세계화로 경계의 다공성이 증가된 멕시코가 국민행동당(PAN) 출신 빈센테 폭스Vincente Fox 대통령(2000~2006) 시기에 신연방주의를 수용하고 이중국적과 이주민 참정권 허용 정책을 선택하게 된 배경에는 이주, 특히 원주민의 이주가 가져온 투쟁과 연대에 대응이란 성격이 강하다.[71]

---

68 미등록 이주민에게 지출되는 예산을 절감하고자 건강치료, 공교육 및 사회서비스 제공을 금지하는 조항으로 1994년 11월 59% vs 41%로 통과되었다.

69 Stephen, *op. cit.*, p.294.

70 원주민전선 외에도 오아하카 원주민 위원회 양국간 동맹(COCIO) 외에도 오아하카인 지역 조직(ORO) 오아하카 고지대공동체 연합(UCSO), 오아하카 원주민이주자 공동체 조직 Organizació de Comunidades indígenas Migrantes Oaxaqueños(OCIMO) 등이 있다.

71 David G. Gutiérrez, "Migration, emergent ethnicity, and the 'third space : The shifting politics of nationalism in greater Mexico", Paul Sickward(ed.), *Race and Immigration in the United States : New Histories,* Routledge, 2012, p.284.

'원주민전선'이 급속한 발전을 이룬 결정적 계기는 민주혁명당(PDR)과 느슨한 동맹을 맺고, 1998년 오아하카 주의회에 최초의 의석을 확보하여 로컬거버넌스에 참여한 것이다. 이들은 제도혁명당을 비롯한 정치적 당파들이 원주민의 이해관계를 표현에 소홀하다고 비판하고, 지방자치와 공동체 당국자 임명에서 관습법의 적용을 지지하고 나섰다. '원주민전선' 구성원은 현재 믹스텍 지역에서 15개 지방자치체 정부에 참여하고 있다.[72] 이들은 먼저 이주민으로서 겪은 경험을 통해서 사포텍과 믹스텍이라는 종족적 차이와 계급, 사회정치적 참여의 경험을 넘어 결합한 점에서 원주민 종족성의 재구성 뿐 아니라 로컬리티의 재구성을 진행시키고 있다. 이들은 비록 양 국가에 걸치는 조직이지만 활동이 멕시코와 미국이라는 국가적 틀보다는 오아하카 주와 남부캘리포니아에 국한되는 점에서 트랜스로컬한 사회정치적 조직 활동으로 평가할 수 있다.[73]

서론에서 소개한 교사파업 투쟁은 그런 사례로서 대표적인 의미가 있다. 2006년 8월 LA와 프레스노Fresno에서 온 일단의 '원주민전선' 회원들은 오아하카 시에서 민중회의와 22구역 지도자들과, 후스틀라우아카Santiago Juxtlahuaca 와와팡Huajupan de Léon의 다른 지도자들을 직접 만났다. 당시 '원주민전선' 총조정자 도밍게스Rufino Domínguez는 교원

---

72 Ortiz, *Mixtec Transnational Identity*, p.86. FIOB 창설 주역 모랄레스Algimiro Morales가 조직의 부패를 비판하며 1990년대에 세운 '오아하카 원주민 공동체 동맹The Coalition of Indigenous Communities of Oaxaca(CICIO)'은 주민의 문화적 지향과 정체성 강화에 주력하며, 정부지원 없이 겔라겟차 축제를 열어 오아하카 문화를 알리고 기금을 모금한다. 이주민 조직의 역동성은 최근 창설한 '캘리포니아 소재 오아하카 원수민 공농체와 조직연맹Oaxacan Federation of Indigenous Communities and Organizations(FOCOICA)'에서도 목격한다.
73 이러한 조직의 구성원들은 주로 경제적으로 더 부유하고, 나이 많고, 결혼한 남성, 이중 언어 사용에 유리하며 캘리포니아에 이주한 기간이 더 오랜 이들이다.

조합 지도자 파체코Enrique Rueda Pacheco를 만났고, 여성문제 조정자 로메로Odilia Romero 또한 공공 TV와 라디오 방송국과 상업방송국들을 점령한 여성들을 만났다. 이런 활동에서 '원주민전선' 지도자들이 직면한 과제는 먼저 원주민과 이주민의 권리 투쟁과, 다른 광범한 쟁점들 사이를 구분하는 일이었다. '원주민전선'의 모든 회원들이 오아하카 민중회의와 22구역지부 지지에 전면 동의하지는 않았기 때문이다. 그 결과 '원주민전선' 회원들이 참여할 수 있는 분리된 민중회의가 결성되었고, 이 조직이 LA 민중회의이다. 새로 형성된 LA 민중회의 회원들은 오아하카의 저항운동이 직면한 억압에 관심을 촉구하고자 2006~2007년 초까지 일련의 대중 동원을 감행했다.[74] 행진과 항의시위, 집회, LA 주재 멕시코 영사관에서 회합은 오아하카 출신 커뮤니티의 다른 분파들 뿐 아니라 오아하카 출신 주민들과 멕시코 출신 다른 주민들과 LA의 라틴계 사이에 관계망을 강화했다. 시위와 행진을 조직하는 활동은 양국민의 조직과 동원에서 원거리 의사소통과 전자통신 정보의 힘을 보여주었다. 특히 휴대폰은 민중회의 지도자들이 오아하카의 다른 지역과 의사소통하는 핵심 도구였고 오아하카 민중회의와 LA 민중회의의 국경을 넘는 조직화 과정에서 극적인 정서적 유대를 획득하는 순간들을 만들었다. LA 행진 기간에 LA민중회의 지도자들은 오아하카 민중회의 지도자들과 휴대폰으로 통화하며 지지와 감사를 천명하고 공원에서 음량을 증폭시켜 방송했다. '원주민전선' 활동가 리베라-살가

---

[74] 오아하카 사태로 죽은자를 표상하는 관을 들고 행진하는 죽은자의 날과 같은 행동을 포함시켰고, 민중회의APPO의 지원으로 전통적으로 성탄 이전에 마리아와 요셉이 안전한 은신처를 찾는 것을 나타내는 포사다posada와 결합시켜 12월의 'APPOsada'를 개최하였다.

도[75]와 오딜리아 고메로는 이 휴대폰 방송 순간을 기억하며 그것이 모든 참석자들에게 큰 충격을 주었다고 밝힌다.

LA민중회의는 2010년 주지사 선거에서 유권자 조직과 선거운동에 중요한 역할을 담당했다. 2006년 야당동맹(PRD-PAN-연합) 후보였고 현대 들어서 최초의 비-제도혁명당 출신 주지사였던 감비아노 쿠에Gambiano Cué는 '원주민전선'을 통하여 교원노조 22구역지부와 민중회의를 비롯한 오아하카 주민조직의 도움을 받았다. 쿠에는 '원주민전선' 창설자 가운데 한 사람인 산토스Rufino Domínguez Santos를 주정부 산하 오아하카 이주민 연구소Oaxacan Institute for Attention to Migrants 이사로 초빙하여 양국간 조직과 유대관계 설정에서 신기원을 열었다. 이런 '원주민전선'과 오아하카 주정부의 문화적이며 정치적인 새로운 관계는 2011년 개최된 양국 회의에서 확고하게 선언되었다.[76] 주목할 것은 이 회의에서 6명의 지도자단에 캘리포니아에서 온 두 젊은 여성을 새로 포함시킨 것이다.[77] 이

---

[75] "한 밤중에 맥아더 공원에서 오아하카로부터 그들의 보고서를 듣는 것은 매우 흥미로웠다. 오아하카로부터 지도자들이 말할 때 사람들은 매우 조심스런 관심을 기울였기 때문에 군중들을 거대한 침묵이 그들은 덮었다." "군중은 오아하카의 지도자들이 말하는 모든 말을 흡수하였고 오아하카에서 움직임에 관한 서슬을 매우 조심스럽게 청취하였다" 이것은 집회에 참석한 사람들을 진정으로 통합시켰다. 이것은 멕시코 영사관 앞 공원에서도 일어날 것이었다. 물론 그들은 이렇게 말할 것이다. "LA에서 당신들의 연대에 매우 감사 합니다." Lynn Stephen, "Oaxaca in Los Angeles, Los Angeles in Oaxaca : Transborder organizing in California", *LASAFORUM*, vol. xlii, issue 2, spring 2012.

[76] Lynn Stephen, *op. cit.*, p.58. 2011년 원주민전선은 새지도자를 뽑고 일련의 토론과 전체회의plenary assembly를 거쳐 양국에 걸치는 정책과 전략을 발전시켰다. 개막식에서 오아하카 주 진보정부가 원주민전선을 공개적으로 포용했다. 이전의 민중회의에서 원주민전선 참여자들이 은밀한 적대감이나 억압 받은데 비해서 제7차 회의는 감비아노 쿠에 주정부의 원주민전선 지지를 공개적으로 알렸다. 원주민전선은 쿠에 주지사 내각에 핵심인물 알비노Gerardo Albino를 사회발전국장Secretary of Social Development으로 파견하는 정치적 영향력을 발휘했다. 이러한 파견이 정치적 야심의 표현이라고 비판할 수도 있지만 2001년 테오티틀란Teotitlán 읍에서 자치단체장이 귀환한 이주민의 경험을 존중하여 중요 직책에 임명한 경우가 있다.

것은 지금까지 오아하카에서 지방자치는 물론이고 양국 간 조직의 연대
와 활동이 국경넘기가 상대적으로 용이한 '합법' 남성 이주민 연장자 중
심 활동gerontocracy으로 전개된 것을 교정하는 계기가 마련되었다는 의
미를 가진다.

  이것이 가능하게 된 것은 여성이주의 증가로 위성공동체에 제2세대
가 출현하여 합법이주민이 증가하고 여성의 사회경험이 확장된 것과
연관 있다. 트랄코테펙에서 상당수의 이주민 가족은 적어도 부모 가운
데 하나는 미등록이지만 자녀는 미국에서 출생한 '혼합적 지위의 가족'
이 증가하고 있다. 이들은 비-혼합적 지위의 가족보다는 본국방문이
줄고 특히 어린이가 미국에 정착하면 교육문제 등으로 귀향은 더욱 줄
어든다. 여성이주와 정착에서 가족관계의 중요성이 강조되지만 그것
이 경제적 동기를 능가하는 것은 아니었다. 그러나 최근 이주가 본향
공동체에서 경제적 동기를 넘어서 일정하게 제도화하면서 여성이주
도 같은 경향의 궤도를 따르고 이주동기도 교육문제 등 새로운 가치를
지향하는 것을 보여준다.[78] 조사에 따르면 남성은 귀환을 꿈꾸는 경우
가 많지만 여성은 공통적으로 고용과 소비 그리고 자녀교육의 기회를
따라서 영구정착을 더 선호한다.[79] 그 결과 여성들은 새롭고 다양한
사회경험의 영역에서 시민적 업무에 종사하게 되었고 이러한 경험은

---

77 Centolia Maldonado & Patricia Artía Rodríguez, "'Now we are awake' : Women's political participation in the Oaxacan indigenous binational front", Fox & Rivera-Salgado(eds.), *Indigenous Mexican Migrants in the United States*, pp.497・508~509.

78 Applby, Moreno and Smith, "Setting down roots in the United States", pp.64~74.

79 정착과정에서 가장 애로를 느끼는 것은 미국의 의료체계이다. 멕시코인들의 의료관련 단기귀국에 관해서 Heading South, "Why Mexican immigrants in California seek health services in Mexico", *Medical Care* 47-6, 2009, pp.662~669.

양국간 조직의 트랜스로컬 연대에도 참여의 기회를 제공했다. 한편 그동안 전개된 성인 남성 위주의 이주경향은 본향에 남은 여성들이 공동체의 선거에서 투표권 행사는 물론이고 공동체의 시민적 직책을 비롯한 공적업무에 참여할 기회를 제공하는 부수적인 측면이 있다.[80] 이런 현상은 양국가 조직의 트랜스로컬 활동에 여성의 참여를 긍정하는 분위기를 조성하는데 기여했다.

이런 활동들을 '트랜스로컬 공동체 시민권'의 구현으로 볼 것인가? 멕시코인들의 재외국민 투표권 운동이나 오아하카 주민의 범종족적 집단 정체성과 원주민과 인간의 권리에 관한 '원주민전선'의 캠페인과 같은 영토화(혹은 탈영토화)에 바탕을 둔 공동체에서 광범한 시민적 민주주의와 권리에 바탕을 둔 전망의 모색을 어떻게 평가할 것인가? 필자는 물론 이런 활동이 일정한 보편적 참여와 권리를 언표하는 것은 사실이지만, 그 토대는 각 공동체의 로컬리티가 경계를 넘어 작동하는 트랜스로컬 공동체 시민권의 모색이라고 판단한다. 지난 몇 년간 '원주민전선'은 오아하카 주 정부의 아젠다를 이해하고 동맹과 협력을 모색하는 과정에서 여성과 젊은이의 가입이 늘어나면서 이주민의 정치경제적 권리, 인권, 노동권과 더불어 원주민성에 관한 트랜스로컬 담론으로 호소력을 확장하고 있다. 이제 오아하카캘리포니아Oaxacacalifornia라고 불리는 곳, 오아하카 주, 바하 캘리포니아 그리고 남부캘리포니아에서 이들의 활동은 지역의 정치권력 수립과 사회경제적 쟁점에 새

---

80 Stephen Lynn, *Zapotec Women : Gender, Class and Ethnicity in Globalized Oaxaca*, Duke U. P., 2nd ed., 2005, pp.312~323. 그 외에 여성 참여가 확대된 요인에 관해서는 이순주, 「지방정부에서 여성정치 리더십—멕시코의 사례」, 『라틴아메리카연구』 23-3, 2010, 221~245쪽.

로운 관점을 제공한다. 그 결과 로컬, 지역 및 국가 차원에서 경계를 넘는 트랜스로컬 조직과 참여를 통해서 새로운 사회 분위기를 생성하고 있다. 예들 들면 시민의 자치적 권리와 의무를 새롭게 조명하고, 공중보건, 환경오염, 노동착취 등의 문제를 인식하는 활동은 중요한 성과이다.

위성공동체 트랄코테펙 사람들은 80%가 귀향을 상상하고, 정착한 경우에도 61%는 본향으로 귀환을 꿈꾸었으며 거기서 은퇴생활의 향유를 바란다.[81] 대부분의 이주민들은 끊임없이 '상상의 귀환'을 하고, 고향집으로 귀향을 곧 '낙원으로 귀환'으로 상정하는 측면이 있다. 이것은 본향 트랄코테펙의 생활 스타일과 전통에 강한 친밀성 의식과 연관 있다. 그러면 이들이 감행하는 트랜스로컬 연대는 바로 그런 정신의 표현인가? 실제로는 이주민들이 고향에 영구귀환을 꿈꾸는 자들은 많지 않고, 점차 그것이 현실화될 가능성도 별로 없다. 그렇다면 이러한 연대는 무엇을 말하는가? 그것은 불법이주자로서 차별과 멸시를 받으며 획득한 긍정적 차원의 시민의식, 다시 말하면 시민과 권리의 이름으로 획득한 새로운 투쟁정신의 표현이지 않을까! 그러나 이것은 언표의 측면만 강조하는 것 일 수도 있기에 신중한 접근이 필요하다. 그 내부에는 지역발전과 수익을 바라는 이주민들의 투자욕구, 이주로 말미암은 인적자원 고갈이 역설적으로 이주자의 트랜스로컬 참여를 자극하는 측면도 있다. 이주민들이 대부분 적어도 얼마 동안은 귀향과 출향을 반복하는 것이 그 증거이다. 그러나 이주동기가 협력에 바탕

---

81 Applby, Moreno & Smith, "Setting down roots in the United States", p.83.

둔 가족과 공동체의 가치 실현에 있는 원주민 이주민들은 오아하카의 고향을 결코 잊지는 못한다. 이들이 세계화의 하인으로 정착하면서 인구차원에서 인적 자원 고갈과 이주지 경제의 노동경쟁력 강화에 기여하여 본향 공동체의 사회경제적 역량을 약화시키는 것이 사실이다. 그러나 경제활동으로 축적한 돈을 본향에 송금하거나 토지, 가축, 농기구 구입에 투자하여 전기, 도로, 수로 확장 같은 지역경제 활동을 자극하는 측면도 공존한다. 더 정확한 평가는 공동체 사례 별로 검토할 문제이지만 적어도 중요한 전통적 지방자치 제도에 참여하여 로컬거버넌스의 성취를 요청하는 의식은 트랜스로컬 공동체 시민의식의 발로라고 판단한다.

5. 트랜스로컬 참여와 새로운 정치문화

나프타 이후 거의 제도화 경향까지 보이는 멕시코인의 비합법 이주와 정착은 미국사회에서 노동과 정치의 지형도를 바꾸었을 뿐 아니라, 이주민 송출국가 멕시코 자체에서도 이중국적 허용과 신연방주의 정책이라는 새로운 국민국가 운영원리 표명이 불가피하도록 이끌었다. 이 연구는 특별히 2006년 교사파업에서 진보적 연대와 행동주의를 표명한 남캘리포니아 거주 멕시코 오아하카 주 원주민 이주자들의 변화하는 사회문화적 조건과 정치활동 의식의 형성 배경을 검토했다. 여기에는 1990년대부터 발생한 계기적 사건들 곧 ① 나프타 협정 이후 농업노동과 농업경영 시장의 경쟁력 급속 악화, ② 멕시코의 경제위기

—특히 1994년 이후 페소화 위기 ③ 사파티스타 봉기와 멕시코에서 원주민의 입지에 관한 헌법적 수정에 관한 논의 ④ 미국과 멕시코의 이주민 정책 변화—곧 이주민에 대한 캘리포니아의 국경경비 강화 특히 9 / 11이후 테러와의 전쟁으로 보안 강화 ⑤ 멕시코의 재외국민 투표권 인정 및 이중국적 인정 정책 ⑥ 최근 서브 프라임으로 대표되는 미국의 경제위기가 중첩해서 작용했다.

북미자유무역협정 이후 공유지 해체와 커피원두 가격폭락으로 대표되는 심화된 경제위기가 농민의 이주를 자극한 결과 오아하카 주 중앙산악지대 사포텍과 믹스텍 원주민 공동체는 고밀도의 비합법 노동 이주를 발생시킨 대표적 사례이다. 주로 바하 캘리포니아를 거쳐 LA 와 인근 연결 지역으로 진출한 젊은이들은 저임금 미숙련노동자로 취업했지만, 미국인 고용주의 횡포에 겹쳐 먼저 이주한 메스티소의 차별까지도 받는 이중의 열악한 환경을 겪었다. 그러나 이것은 도리어 종족적 자의식과 집단 정체성 형성을 자극했고, 자립을 도모하는 이주자들이 연결망 교차지에 혼종적 문화의 위성공동체들을 성립시키는 계기를 제공했다. 원주민 이주자의 급증은 본향 공동체를 유지할 노동력과 두뇌를 고갈시킨다는 부정적 평가와 송금된 자금이 공동체 재건에 유용하다는 긍정적 평가로 구분된다. 사실 세계경제 주도국가에 값싼 노동력을 제공하고 인적자원 결핍과 경쟁력 약화로 농업을 비롯한 산업 발전에 제약을 받는 오아하카 주 원주민공동체가 직면한 상황은 발전모델보다는 종속모델에 더 가깝다. 그러나 정치문화에서 남캘리포니아 소재 원주민 이주민들은 치카노 운동의 영향을 받으면서 집단행동으로 미국의 공공영역을 변화시켰고, 위성공동체와 오아하카 본향

공동체 사이에 트랜스로컬 원주민 공동체 시민권이라는 혼종적 연대로 새로운 정체성의 정치를 생성시켰다. 이 시민권은 차이를 인정하는 문화적 시민권을 넘어서 공동체 시민권 개념을 출현시킨 점에서 확장된 정체성을 기반으로 통합을 지향하는 공화주의적 시민권의 요소를 가진다.

남캘리포니아에 새로 형성된 원주민 이주자들의 연대와 정치의식이 생성되고 작동하는 과정에서 가장 중요한 것은 다양한 양국간원주민조직의 활동이다. 대표적으로 1990년대 이후 사포텍과 믹스텍의 연대를 기반으로 종족적 외연을 계속 확장시킨 '원주민전선'은 오아하카주 원주민 이주운동의 산물로서 잘 알려져 있다. 이들은 교사파업에서 트랜스로컬 연대활동을 거쳐 주 행정부 로컬거버넌스에 참여하고 있다. 이러한 조직의 활동 무대를 제공하는 트랜스로컬 공동체 관념의 출현에는, 공식적 행정 체계와 더불어 식민지 이전시기부터 형성되어 온 오랜 관습법 체계가 크게 기여했다. 이것은 구성원에게 부과하는 시민적·종교적 직책과 상호부조 의무가 위성공동체는 물론 본향의 로컬거버넌스에 이주민들의 참여를 의무적으로 요청하도록 이끌었다. 그 결과 이중의 합법적 로컬거버넌스 체계는 본향공동체에 트랜스로컬 참여를 긍정하는 새로운 정치문화 창출에 기여했다. 원주민들이 이주의 경험에서 비롯된 투쟁과 연대활동을 통해서 종족적 자치의 권리와 의무를 새롭게 인식하는 한편 공중보건, 환경오염, 노동착취, 여성참여 등 보편적 인권 문제를 자각하게 된 것은 이런 조직 활동의 중요한 결실이다. 그 결과 오아하카 원주민 조직들의 연대와 원주민 종족성의 외연확장과 재구성은 오아하카에 새로운 로컬리티 형성을 자극하고 있다. 원주민성을 강조하는 오아하카 원주민들의 양국간 조직 연대는 전멕시코 원주민 연대와 시민민주주의가 지향하는 보편성의 전망, 그리고 국가가 로컬 차원에서 작동하는 복합수준의 관계를 연구하는 토대로서 유용하다. 그러나 이 사례는 일반화에는 한계가 있으므로 신중한 접근이 필요하다.

참고문헌

이순주, 「지방정부에서 여성정치 리더십-멕시코의 사례」, 『라틴아메리카연구』 23-3, 2010.

임상래, 「라틴아메리카의 국경과 이민-맥스아메리카와 치카노」, 『라틴아메리카연구』 16-2, 2003.

______, 「미국 남서부Southwest의 문화·지리적 이해-멕시코성과 국경성을 중심으로」, 『라틴아메리카연구』 22-1, 2009.

주종택, 「멕시코 원주민 정책과 종족성-메스티소와 원주민의 관계」, 『라틴아메리카연구』 18-4, 2005.

______, 「멕시코의 국제노동이주와 송금」, 『라틴아메리카연구』 22-1, 2009.

______, 「미국의 이주정책과 멕시코의 국제노동이주의 형태」, 『라틴아메리카연구』 24-2, 2011.

Brone, Irenne(ed.), *Latinos and African woman at work : race, gender and economic inegality*, Russell Sage Foundation, 1999.

Castañeda, Alejandro, *The Politics of Citizenship of Mexican Immigrants*, New York : LFB Scholarly Pub., 2006.

Castillo, Richard Griswold(ed.), *Chicano San Diego : Cultural Space and the Struggle for Justice*, The University of Arizona Press, 2007.

Cohen, Jeffrey H., *The Culture of Migration in Southern Mexico*, Uni. of Texas Press, 2004.

Cornelius, Wayne A., David Fitzgerald, Jorge Hernández-Díaz, and Scott Borger(eds.), *Migration from the Mexican Mixteca : A Transnational Community in Oaxaca and California*, San Diego : University of California, 2009.

_________________, David Fitzgerald, Pedro Lewin Fisher, Leah Muse-Orlinoff(eds.), *Mexican Migration and the U. S. Economic Crisis : A Transnational Perspective*, Center for Comparative Immigration, 2010.

Cornellius, W. A. · D. A. Fitzgerald and Scott C. Borger(eds.), *Four Generation of Norteños : New Research from the Cradle of Mexican Migration*, San Diego : University of California press, 2009.

Fajinzylber, Pablo and J. Humberto López(eds.), *Remittances and Development, lessons from Latin America*, The World Bank, 2008.

Fitzgerald, David, *A Nation of Emigrants : How Mexico manages It's Migration*, Uni of California Press, 2009.

Fox, Jonathan and Gaspar Rivera-Salgado(eds.), *Indeginous Mexican Migrants in the United States*, La Jolla, CA : Center for U.S-American Studies USCD, 2004.

Genova, Nicholas De, *Working the Boundaries : Race, Space, and "Illegality" in Mexican Chicago*, Duke U. P., 2005.

Grimes, Kimberly M., *Crossing Borders : Changing Social Identities in Southern Mexico*, University of Arizona Press, 1998.

Kaye, Jeffrey, *Moving Millions : How Coyote Capitalism fuels Global Immigration*, John Wiley & Sons Inc., 2010.

Kiy, Richard, and Christopher Woodruff(eds.), *The ties that bind us : Mexican Migrants in San Diego County*, Lynne Rienner Pub., 2005.

Klaver, Jeanine, *From the land of the sun to the city of angels; The migration process of Zapotec indians from Oaxaca, Mexico to Los Angeles, California*, University of Amsterdam Press, 1997.

Kymlicha, Wil, *Multicultural Citizenship : A Liberal Theory of Minority Rights*, Clarendon Press, 1995.

Lynn, Stephen, *Zapotec Women : Gender, Class and Ethnicity in Globalized Oaxaca*, Duke U. P., 2nd ed., 2005.

__________, *Transborder Lives : Indigenous Oaxacans in Mexico, California, and Oregon*, Duke U. P., 2007.

Massy, Douglas S.(ed.), *New Faces in New Places : The changing geography of American imigration*, Russell Sage, 2008.

McWilliams, Carey, *Factories in the Field : The Story of Farm Labour in California*(1939), Hemden : Archon Books, 1969; Uni. of California Press, 1999.

Schrag, Peter, *Not fit for our Society : Immigration and Nativism in America*, Uni. of California Press, 2010.

Spencer, David, *Clandestine Crossings : Migrants and Coyotes on the Texas-Mexico Border*, Cornell U. P., 2009.

미래를 향한 경쟁[*]

레지빌리티, 저항 그리고 다라비 재개발

니할 페레라

아시아에서 가장 악명 높은 슬럼들 중 하나가 그 안에서 금방이라도 무너져 내릴 듯한 수 천 채의 가옥들을 지워버리고 세계 최신의 빌딩 구역들을 만들어내기 위한 23억 달러 규모 프로젝트에 어제(2007.5.30) 매각에 접근했다. (The Daily Star, 2007)

---

[*] 이 글은 부산대학교 로컬리티의인문학연구단이 2012년 6월 21~22일 양일간 개최한 국제학술회의 '내안의 가치로서의 로컬리티―서항·혼종·사율'에서 발표한 논문을 연구단의 배윤기 HK연구교수가 번역한 것이다. 이 글은 『로컬리티 인문학』 제8집(2012.10)에 게재된 것을 전재하였다. 참고문헌에 대한 주석은 본문에 저자명, 출판년도 순서로 약식한다.

1. 슬럼 '다라비'

다라비Dharavi는 지구상 가장 큰 '슬럼가' 중 하나이다. 4세기 전 이곳
은 당시의 봄베이Bombay이며 현재는 뭄바이Mumbai의 변두리에 위치하
던 자그만 어촌 마을을 의미하는 '콜리와다koliwada'가 형성되어 있었다.
현재의 다라비는 도시의 광역 성장으로 인해 뭄바이의 신흥 비즈니스
구역 반드라 쿠를라Bandra Kurla 인근인 "중심부에 위치하게" 되었다. 오
랜 세월을 거치면서, 다라비 역시 많은 변화를 겪어왔지만, 특히 1940년
대 말 이후부터의 변화들이 주목된다. 이 변화들은 새로운 이주자들의
자가 주택 건립의 노력과 불어나는 인구에 의해 유발되었을 뿐만 아니
라, 국가가 실행하는 '슬럼 격상slum upgrading' 프로젝트들에 의해 생겨
났다. 최근에는 다라비가 "우리의 슬럼들을 지원하라"는 구호 하에 이
른바 "아시아 최대 도시재생 프로젝트"로 인해 뉴스에 등장하고 있다.
 '슬럼'이라는 용어는 인도에서 특히 중산 계급, 전문직 종사자, 관료
들 사이에서 저소득층 인구에 의해 '자체 생성된' 근린 마을들을 지칭
하는 가치중립적 단어로서 차별 없이 사용된다. 그런데 다라비의 경우
에 있어, 이 지칭은 특히 중산 계급과 권력자들에게 현재의 '개발 모델'
에 따라 공식사회에 수용 불가능하다는 의미 평가를 함축하고 있다.
재개발을 위한 가장 최근의 제안은 개발 프로젝트 전문 기업M.M. Project
Consultants Pvt. Ltd의 회장 무케쉬 메타Mukesh Mehta에 의해 이뤄졌다. 이
프로젝트는 낡은 '슬럼'을 허물고 주거형 고층건물, 산업단지, 골프코
스, 스포츠 종합단지, 호텔 등으로 대체함으로써, 그 더러운 곳을 화려
한 공간으로 변화시키려고 한다. 계획이 제시하는 숫자들이 바로 그

규모를 드러낸다. 60만 명, 500에이커, 매매를 위한 상업지구 4천만 평방피트, 7년 너머의 공사기간 동안 소요될 900억 루피(미화 20억 달러) 등이다. 이 제안은 대단한 장악력을 가지게 되었고, 해당 지역사회조차 재개발의 아이디어를 수용할 정도에 이르렀다.

오늘날 도시들은 점차적으로 연구자들과 실무자들 모두에 의해 경합하는 공간들로 간주되고 있다. 다라비 또한 그러기는 마찬가지다. 마하라슈트라Maharashtra 주 정부의 제안 수용은 그 정착지의 미래를 두고 실질적인 논쟁에 열기를 드높였다. 이 논문은 재개발 제안, 그 논쟁에 연루된 주요 역할자들의 비전들, 다라비의 잠재적인 변화들 등을 검토한다.

나는 그 재개발 제안과 그것에 경합하는 입장들을 간략히 그려내고자 하는데, 특히 NSDFNational Slum Dwellers' Federation(전국슬럼거주자연맹)의 의장 조킨 아루푸탐Jockin Arputham, NSDF와 긴밀하게 협력하는 NGO인 SPARCSociety for the Promotion of Area Resources(지역자원개발촉진협회)의 설립자이자 회장인 쉐엘라 파텔Sheela Patel의 입장에 주목한다. 이 논의는 칼파나 샤르마Kalpana Sharma, 웃팔 샤르마Utpal Sharma, 아니루드 폴Anirudh Paul 등과 같은 기자, 학자, 도시계획가, 그리고 인도의 주요 프로젝트들에서 광범위한 경험을 쌓은 도시계획가 프라카쉬 압테Prakash Apte 등의 견해들을 함께 가져와서 더욱 깊이 점검될 것이다. 그럼으로써, 나는 다라비를 위해 경쟁하는 비전들과 다라비의 현존재를 두고 협상되어야 할 방법들을 조사할 것이다. 이 연구는 문헌과 기록들에 대한 고찰, 직접 관찰, 일련의 인터뷰에 기초해 있다.

논의를 통해서, 나는 다라비에 대한 지식과 이해가능성legibility(독해

가능성)이 그 논쟁 및 잠재적인 결과들과 관련하여 중심을 이룬다는 사실을 분명히 밝힐 것이다. 다수의 반대자들은 그런 개발 제안들에 어떤 실질적인 개입의 토대로 삼을 수 있는 그 지역에 대한 지식이 있는지 하는 문제를 제기해왔다. 상이한 이론적인 틀들과 유리한 입장들을 채택함에 따라, 이 논쟁의 참여자들은 다라비의 다른 측면들과 제안들을 보고 우선시하며, 그것들의 다른 의미들을 주장했다. 공유지 무단 거주자들의 도시*Shadow Cities*에 대해 말하기를 꺼리는 한 비평가는 짧은 기간 동안의 다라비 생활이 그 지역공동체를 알 수 있도록 만들어주지 않는다고 주장했다. 동시에 거기서 살아보지도 않은 사람들이, 어떨 때는 뭄바이나 인도 거주자들이라는 이유를 내세우는 사람들이, 전문가로 되어 나타났던 것이다. 그런 점들이 바로 이곳의 복잡성이고, 그래서 다라비에 대한 어떤 포괄적 이해의 담론도 없다. 그 정체는 잘 알려진 동시에 알려지지 않은 것이다. 가장 중요한 문제로서, 이해불가능성*illegibility*이 외부 대행자들, 특히 국가에 의해 시도되는 변화들에 대항하는 다라비의 공동체들의 주요한 항변의 근거로 되어왔다.

2. 다라비 맥락화하기

1) 다라비의 물리적이고 역사적인 성격들

저널리스트 칼파나 샤르마(Kalpana Sharma, 2000)가 바로 그녀의 연구 초입에 알았던 바와 같이, 다라비는 그곳 거주민들에게조차 하나의 통일된 성격의 장소가 아니라, 공간들, 장소들, 연결들이 복합되어 있는 하나의 네트워크이다. 214ha(535에이커) 지역에 걸쳐 펼쳐지는(Property Bites, 2007), 다라비는 약 57,000개 주택에 살고 있는 600,000명 이상의 인구가 ha 당 45,000명의 밀도로 생활하고 있다. 이런 통계는 어림잡은 수치이다. 다른 통계에 따르면, 100,000개 주택에 최대 1백만 명까지 거주한다(projectdharavi.org, 2008). 다라비는 지자체 소유지, 사유 개활지 및 선 점유자가 없는 땅을 보유하고 있는 일반인에게 임차된 토지도 포함하고 있다(Menon, 2007). 다라비는 여러 근린지구의 복합체로서, 일부 지구는 전적으로 인도의 한 지방에서 온 사람들로만 구성되어, 그 특정 지방색이 강한 특징적인 외관과 생활 방식을 만들어내는가 하면, 다른 곳들은 북부인, 남부인, 이슬람인, 힌두인, 기독교인들이 섞인 형태를 만들어낸다. 많은 자체 생성된 정착지들은 다양한 지역 출신의 문화 집단들이 혼합되어 있는 형태인 반면, 소수의 지역들만이 이곳에서의 독특한 혼합 형태를 만들어낸다(Sharma, 2000). 따라서 다라비(그 이름과 이름이 상징하는 것)는 외부인들에 의해 문화정치적으로 탈색되어 구성된 추상적 인식이다. 다라비를 지각할 때, 외부인들이 사회문화적 가치들을 그곳에 투사하기 때문이다. 그 장소와 거주민들을 더욱 통일된 실체로 규정함에 따라, 관찰자들은 실제 주민들이 살아가는 이웃 모습과 그들의 이해 사이의 격차를 증대시킨다.

봄베이 보다 더 오래된 다라비는 마힘 강Mahim Creek 주변 일곱 개 섬으로 그 도시가 구성되었을 때 존재하였다. 어부들kolis은 가장 오래되었다고 알려진 군도의 거주민들이며, 그들의 정착은 최소한 400년을 거슬러 올라간다. 『다라비 시와 섬의 지명사전Gazetteer of Dharavi City and Island』(1909)

에는 다라비가 아라비아 해로 흘러내려가는 마힘 강 끝머리에 놓인 "봄베이의 여섯 개 대단위 어촌계들koliwadas" 중 하나로 언급된다(Sharma, 2000). 현재 이 지역 약 38개의 어촌계들은 13세기 말 힌두 식민화, 16세기 중엽까지의 이슬람 통치, 포르투갈과 영국의 식민 통치, 근대 뭄바이의 폭발적인 확장 등의 시기들을 거치면서도 살아남았다(Savchuk, 2009). 현재의 다라비는 원래 있었던 어촌계 형태의 마을에 비하여 훨씬 광대해지고 복잡해졌다.

지난 400년 너머 동안, 이 변두리 정착지는 도시의 중심지로 변모해왔다. 어업, 도기 제조업, 직물 가공 등에 바탕을 둔 다라비 경제는 뭄바이의 다양한 지역에서 나오는 폐기물을 가공하는 대규모 재활용 산업이 주류를 이루는 양상으로 바뀌어왔다. 공식적 규범들에 견주어 그곳의 불안정한 존재 자체가 '불법적'으로 여겨질 뿐만 아니라 산업들의 입지와 노동 환경 또한 부합하지 않음에도 불구하고, 그 기업들과 산업체들은 지금까지도 번성하고 있다(Sharma, 2000). 뭄바이의 표준으로 본다면, 인도 도시지역에서 비공식적인 정착지의 상징이긴 하지만, 다라비는 하나의 조그만 정착지에 지나지 않는다. 참고로 뭄바이 인구의 55%가 '슬럼'이라고 지칭되는 곳에서 살지만, 다리비는 그 슬럼민들의 겨우 4%만이 거주하는 곳이다.

다라비는 또한 독특하고 활기 있고 번성하는 '가내 공업' 복합체이다(Apte, 2008). 어림 잡아 15,000개 정도의 원룸형 공장들과 함께(McDougall, 2008) 57,000개 주택 거의 2 / 3이 가족 소유의 가내 공업을 이루는데, 여기서는 유리 장식물, 빈디bindi(기혼자가 이마에 붙이는 점)부터 플라스틱 양동이, 장난감, 외과용 수술 봉합 솔기, 파파드papads, 사탕과자까지 놀라울 정도로 다방면의 제품들을 생산하고 있다. 경제적 규모 지수도 놀랍다.

그 경제적인 규모도 깜짝 놀랄 정도였다. 무수히 많은 기업들의 연간 거래액은 150억에서 300루피 정도로 다양하다. 공식 자료를 따르면, 다라비에는 4,902개 산업 단위가 있는데, 직물업 1,036개, 도기 제조업 932개, 가죽업 567개, 플라스틱 가공업 478개, 자리Jari(인도여성옷) 바느질업 498개 등에 이른다(Menon, 2004). 300개가 넘는 유형의 사업체들이 75,000개 이상의 일자리를 제공하고 있으며, 노동력의 80%가 이 동네에서 산다. 다라비는 하나의 완벽한 자급자족의 동네 혹은 지구인 것이다. 이곳의 막대한 생산 규모와 불안정한 존재에도 불구하고, 토지사용의 분포 상태는 꽤 효율적이다. 76%는 주거지, 17%는 상업지역, 2%는 공업지역, 5%는 기타 용도였다(On the Road to Mumbai, 2008).

2) 모호한 경합의 공간으로서 다라비

공식 사회의 생각으로는 뭄바이 안에서 다라비는 하나의 모호한 위치에 있다. 그 도시에 수용되는 동시에 거부당하는, 그리고 중심에 있으면서도 변두리이기도 한 위치이다. 이런 구별 지점들은 이를테면 "도시 안의 도시"라는 널리 통용되는 문구로 표현된다. 그 독특한 정체성에도 불구하고, 다라비는 고립되지도 않고 또 독립되어 있지도 않다. 도시의 사회적이고 물리적인 구조 안에 긴밀히 걸려들어 있다. 다라비는 뭄바이의 서부철도와 중앙철도라는 두 개의 주요 통근노선 사이에 위치해 있고, 두 개의 주요 고속도로가 그것을 경계 짓는다. 이곳을 가로지르는 몇몇 주요도로들 중에는 Sixty-Foot Road와 Ninety-Foot Road도 있다. 다라비 인근에는 급속히 성장하고 있는 비즈니스 지구인 반드라 쿠를라가 있다. *Los Angeles Times*의 헨리 추(Henry Chu, 2008)는 반드라 쿠를라를 "뭄바이의 가장 화사한, 새로운 비즈니스 단지들 중 하나이며, (…중략…) 열대의 열기 속에서 질서와 진보의 신기루와 같이 어른거리는 콘크리트와 유리의 디오라마, 슬럼 거주자들 다수가 변소로 사용하는 맹그로브의 악취가 진동하는 습지대를 벗어나면 불현듯 나타나는 지역"이라고 묘사하였다. 다라비는 또한 뭄바이의 국내공항 및 국제공항과도 가깝다.

그런 중앙 위치에도 불구하고, 다라비는 외부인에게 이해될 수 없고, 대부분의 중산층 사람들은 접촉은 물론 감히 들어가지도 않는다. 에드워드 사이드E. Said가 자신의 『오리엔탈리즘*Orientalism*』에서 밝히고 있는 정복 과정의 일환으로서 나폴레옹의 군사들이 개발했다는 이집트에 대한 프랑스인들의 지식(2004)과는 달리, 다라비의 경우 중산층과 관계 당국들은 파악할 능력도 없었을 뿐더러, 외부 기관조차 이곳을 장악할 (설득력 있는) 담화를 개발할 수 없었다. 다라비는 그러한 시도를 피해왔고, 정부나 사회 주류의 이 지역에 관한 지식은 거의 없다고 해도 과언이 아닌 것 같다.

이와 같은 지식의 결여는 물리적 환경에만 국한되지 않는다. 생산과 재순환을 통해 뭄바이의 경제에 기여해왔음에도 불구하고, 도시 내에서 수행하는 다라비의 경제적 역할에 대한 어떠한 정확한 자료조차도 없다. 이곳을 알려는 열망에도 불구하고, 어떤 외부인도 거기서 얼마나 많은 사람이 살고 있는지, 어떤 종류의 재산권을 갖고 있는지, 혹은 그런 재산권 체계가 어떻게 조직되는지조차 실제로는 모르고 있다. 다라비의 사회, 공간, 문화 역시 사회 주류의 이해 양식 바깥에 있는 것이다.

그러나 사회 주류의 지식의 결여는 인정되지 않는다. 오히려 이런 결여가 활력과 생산성 같은 특성을 주변화시키는 과정을 통해 위험성 및 불결성과 이해불가능성을 결합시킴으로써 거꾸로 투사된다. 관계 당국들과 중산층은 그런 정착의 공간적 배치와 인구 밀도는 그야말로 사회적 긴장들을 악화시키는 것으로 가정되는 공간 배치로서 결국에는 말 그대로 사람들이 서로를 밟고 올라서서 살아가도록 만든다고 단정한다(Sharma, 2000). 이러한 '슬럼'이라는 지위는 일반 대중으로 하여금 그 구역이 범죄자들과 여타의 '반사회적' 요소들을 위한 양성 터전이라고 가정하도록 만든다. 기업가들에게 그곳은 비효율적으로 활용되는 땅이 되고, 도시 계획가들에게는 비즈니스 지구 바로 옆에 있는 하급의 토지가 된다. 그럼에도 불구하고 다라비는 이런 신화들을 타파한다.

높은 인구밀도와 혼잡 사이의 연결은 전원도시 계획Garden City Planning 이라는 이상적인 관념으로부터 유래해온 만들어진 당혹스러움이라고 제인 제이콥스(Jane Jacobs, 1972)가 강조한 말은 유명하다. 그곳 거주민들에게 있어, 다라비는 자기들에게 친숙한 체계적인 공간이다. 건설이 완료된 상태도 아니며, 다양한 사회적 활동들을 위한 환경을 제공해온 가장 큰 열린 공간인 홀리 마이단Holi Maidan의 출발은 18세기까지 거슬러 올라간다(Savchuk, 2009). 복잡하게 얽힌 환경 속에서 살아가는 상이한 공동체들의 격정적인 뒤섞임에도 불구하고, 그들 사이에서는 폭력적 사건이 상대적으로 극히 적게 일어났었다. 1992년까지 뭄바이에서 공동체들 간의 의미 있는 충돌이 목격되지 못했던 한 곳이 바로 다라비였다.

다라비는 실제로 어떠한 공식 기관도 복제할 수 없는 어떤 독창적인 창조물로서, 이는 모든 구성원이 그 창조 과정에서 역할을 수행할 때 도시가 모두를 위해 무엇인가를 제공할 역량을 갖게 된다는 제이콥스(Jacobs, 1972)의 주장에 부합하는 하나의 현상이다. 동시에 다라비에 대한 (중산층) 외부인들의 이해불가능성은 이곳을 외부 세계로부터 보호해 주는 어떤 것인 셈이다. 제임스 스콧(James Scott, 1998)이 주장한 바와 같이, 이해불가능성은 권력 없는 사람들의 정치적 자치를 위한 신뢰할 만한 원천이었으며, 지금도 여전히 그렇고, 다라비의 상황은 이와 전혀 다를 바가 없다. 다라비의 이해불가능성은 그것이 생겨난 이래로 줄곧 바깥 세계로부터 그것을 보호해왔던 것이다.

관계 당국들과 사업체들은 유사한 것을 본다. 바로 땅과 땅의 가치이다. 한때는 변두리에 불과했다고 하더라도, 반드라 쿠를라의 개발들은 다라비의 토지에 가격을 매기도록 만들어왔다. 헴리 추(Chu, 2008)는 "(이런 위치에 있는) 아시아 최대 슬럼가를 가능하게 하는 것은 이상적인 것과 들어맞지 않는다. 특히 상업적 임대료가 평방피트 당 2,000달러에 달할 수도 있는 도시의 프리미엄 지대를 슬럼이 차지하고 있는 경우에 말이다." 따라서 이 알려지지 않고, 이해할 수 없으며, 불법적인 '도시 안의 도시'는 비정상적이다.

그러나 다라비는 탄력 있는 공간이며, 인도의 물리적, 은유적 공간들 속에서 자기의 존속을 위해 지속적으로 협상해왔다. 밤낮으로 가동되는 기업들 유형에 대하여 심각하게 불평하는 이들이 많지 않은데,

그 이유는 이어지는 농촌 이주민들의 물결에 일자리를 제공하는 까닭이다. 많은 사람들이 근로자로 시작하여, 일부는 마침내 작은 공장의 '주인'이 된다(Sharma, 2000). 국가조차도 이런 기업가들에 적대적으로 대하지 않는다. 오히려 국가는 그들의 불법성을 눈감아 준다. 왜냐하면 수많은 사람들에게 벌이가 되는 일자리를 제공한다는 사실을 알고 있으며(Sharma, 2000), 정치인들 또한 대규모 표밭을 방해하고 싶지 않기 때문이다. 다라비는 어떻게 활기찬 하나의 동네가 끊임없이 자기 존속을 강력히 주장하고 또 불법 행위로 보이는 것을 국가가 계속 수용하고 '장려하도록' 국가를 '강요하는' 지를 예증한다.

3. '슬럼' 재개발안

1) 제안

포루스 쿠퍼(Porus Cooper, 2008)의 표현을 따르면, 다라비 재개발과 관련하여 대담한 제안을 했던 메타Mehta는 미국 롱아일랜드에 호화로운 주택들을 건설했던 자칭 '사회적 기업가social entrepreneur'이다. 그는 1990년대 중반 다라비의 비참한 국제적 차별을 종결짓겠다고 약속하면서 인도의 가업family business으로 복귀했다. 메타Mehta는 1995년 이래로 다라비 개조에 대한 구상에서 우위를 점해왔으며, 재개발에 대한 매우 강력한 개인적, 감정적, 사회적 근거들을 인용한다(Indian Environment Portal, 2007). 그는 자신의 30억 달러 규모 재개발 계획에 대한 마하라슈트라 정부의 수용을 이끌어냈을 뿐 아니라, 자기를 그 공공 프로젝트의 자문역으로 만드는 데에도 성공했다.

그 프로젝트는 약 144헥타르 지역을 다섯 개 구역으로 개발하도록 목표를 맞추고 있다. 이것은 콘도미니엄, 조합식 공동주택, 학교, 의원, 공원, 근사한 상점 따위들로 불안정한 벽돌 구조물들의 미로를 대체하려는 계획이다(Cooper, 2008). 전체적으로 예전 슬럼가를 철거하고, 거기에 주거형 타워, 산업 단지, 골프 코스, 스포츠 복합시설, 호텔 등을 세우는 것이다. 7천만 평방피트 이상 규모의 건설 구역 내 3천만 평방피트는 학교, 공원, 도로를 포함하는 거주와 여가 편의시설 공간으로 계획된다. 나머지 4천 평방피트는 거주 및 상업 공간으로 매각 대상이다. 다라비의 각 세대는 헥타르 당 650 세대가 밀집하는 7층에서 14층 규모 건물에 225평방피트 콘도미니엄을 제공받도록 되어 있다(Menon, 2007). 또한 이 프로젝트는 다섯 개의 새로운 도로망 건설도 포함되며, 완공까지 5년에서 7년이 소요될 것으로 예상된다.

무케쉬 메타Mehta가 '상생win-win' 해법이라 부르는 계획을 통해(2008), 그 '슬럼 거주자들'은 '쾌적한' 아파트를 받을 것이다. 그가 제안한 여가 편의시설에는 최첨단 기술의 건강관리 및 엔터테인먼트 시설도 포함된다(Mehta, 2008). 그는 생활과 노동이 동일한 환경 안에서 일어나는 지속가능한 개발 구상을 파급시킨다. 이러한 계획은 건강, 소득, 지식, 환경, 사회문화적 발전을 의미하는 'HIKES'를 통해 성취된다.

재정적으로 이 프로젝트는 자체 자금을 조달하도록 되어 있다. 무케쉬 메타Mehta는 모든 비용을 결과적으로 상당한 수익을 얻게 될 개발자들이 부담하는 상호보조 전략을 채택한다. 이 프로젝트는 사기업-시민

사회 제휴 형태이지만, 이를 실체화하기 위해 정부의 정치력이 필요하다. 이런 혁신적인 사업 계획에 따라, 현 거주민의 주택 무료 건설의 100평방피트 당, 개발자는 시장 가격으로 판매할 수 있는 건평 133평방피트를 추가로 허용받는다(Mehta, 2008). 그 시장 가격은 매우 높을 것으로 기대되며, 최소 공개 입찰가는 100억 루피로 고정된다(Menon, 2007).

메타(Mehta, 2008)는 이 프로젝트에 대한 개인적인 애착과 책임감을 강조한다. 그는 자기 아버지의 삶의 여정에, 그리고 어느 정도 '아메리칸 드림'에 이 프로젝트를 연결시킨다. 자기 아버지는 구자라트Gujarat의 작은 마을에서 손에 겨우 몇 루피를 쥐고 뭄바이로 왔고, 처음 몇 해는 촐chawl(단칸방 임대 건물)에서 살았다고 한다. 나중에 그는 산타크루즈에 수영장과 테니스장이 딸린 넓게 뻗은 대저택을 지었다. 이런 사례는 고된 노동으로 누더기에서 부자로 그 / 그녀가 자수성가할 수 있다는 뜻에서 아메리칸 드림을 연상시킨다. 그 재개발 계획은 장애를 제거하고 중산층이 되려는 다라비 사람들의 꿈을 촉진하는 도구이다.

이런 의미에서 메타Mehta는 건축의 모더니즘(Holston, 1989를 보라), 특히 거기서 논의되는 환경적 결정론을 신봉한다. 그는 건조되어 있는 환경 변화가 사회적 변화를 일으킬 수 있다고 믿는다. 자신의 협력자들이 공 들인 구상과 같이, 고층 건물에서의 생활이 슬럼 거주자들을 '중산층'으로 승격시킬 것이다(Mehta, 2008). 다른 맥락에 있는 아파두라이(Appadurai, 1996, 182)의 견해를 인용하자면, 이 프로젝트는 "그 취약함뿐만 아니라 기질도 사회적 삶의 한 특성으로 인정하지 않는 인식에 근거하여 그 로컬리티를" 차지해왔다.

메타Mehta가 그곳의 거주자 또는 활동가 입장에서 다라비를 이해하지 않을 수도 있지만, 자기 제안의 잠재력을 알고 있는 것은 분명하다. 그는 국가와 시장을 잘 이해하고 이를 활용해왔으며, 자신의 개입 시점을 잘 선택했던 빈틈없는 관찰자이다. 그는 다라비를 위한 중추적인 지식과 담화를 개발했다. 비록 완전한 패권이 아니더라도, 정부를 포함하여 이 논쟁에 연루되는 이외의 모든 주체들이 그의 견해에 반응하고 있다.

2) 국가

마하라슈트라 정부는 2004년 2월 그 프로젝트를 채택했고, 메타Mehta 는 정부 자문역 겸 뭄바이슬럼재건국 컨설턴트로 임명되었다(Menon, 2004). "우리 슬럼을 지지하라"는 양가적인 명칭에는 '지지'가 포함되지 만, 그럼에도 '슬럼'이란 단어와 그와 연계되는 불쾌함을 보유하고 있 다. 중앙 정부 역시 그 기반시설에 할당된 50억 루피의 교부금을 발표 함으로써 이 프로젝트에 기여했다(Menon, 2004). 그러나 그 프로젝트는 거듭되는 논쟁, 연기, 협상의 주제가 되어왔고, 그런 과정에서 변화를 겪었다. 예를 들어, 개방 공간을 위한 보류지가 8%에서 15%로 증가되 었고, 학교와 같은 문화적 편의시설 공간은 10%인 2배로 넓혀졌다(Menon, 2007). 이러한 협상 내용은 또한 그것이 일종의 국가 프로젝트로 되어 왔음을 가리킨다. 공공 영역의 증대와 다른 유사한 협상들의 진행에 따라, 제안에 포함되었던 교차보조와 사업 등 애초 계획이 온전히 유 지될 수 있기는 힘들어 보인다.

그러나 다라비는 국가가 무자비한 프로젝트를 수행하지 않는다면 전반적으로 변형될 수 없다. 인도에서 도시 개발이 유토피아적인 계획들과 해당 지역 주체들의 가치, 욕망, 이의제기에 대한 권위주의적인 무시와 사실상의 인간 복지에 대한 치명적 위협이 압도적으로 지배하던 몇몇 역사적인 계기들이 있다(cf Scott, 1998). 이런 계기들은 비록 약간의 타협이 있었다고 하더라도 국민들의 견해 또는 반대 의견들에는 거의 관심도 없이 찬디가르Chandigarh와 같은 곳의 대규모 도시 건설 프로젝트와 나르마다Narmada 댐과 같은 거대한 기반시설 프로젝트들을 포함한다. 이런 강도 높은 프로젝트들의 실행 사이에서, 인도는 부유층과 빈민층 모두가 자기들의 주관성과 공간들에 대해 협상하면서 강한 영향력을 구사함으로써 차츰 더 결단력 없는 국가와 일상의 민주주의를 이루어왔다. 각각의 중요한 역사적 계기들은 그런 계획을 민족 정체성이든 발전이든 더 거창하고 외부적인 패권적 담화 안에서 구체화하는 반면 그 대상을 오리엔탈화orientalizing함에 따라 지지되었다. 현재 상태로는 다라비에 대한 어떠한 합의된 담화도 없으며, 국가가 무자비한 프로젝트를 수행하지 않는 한, 비록 개발자들에게 단순히 의미있다고 하더라도 유의미한 방식으로 다라비는 변형될 수 없는 상황이다. 지금까지 국가는 다라비 재개발에 그런 방침을 내세운 적이 없는 까닭이다.

그 프로젝트는 다라비를 중산층의 공식적인 도시로 규율화하여 구체화하려는 뚜렷한 목적을 갖는다. *The Hindu*의 보도와 같이, 메타Mehta는 분명한 목적을 내세운다. "나는 다라비를 주류 뭄바이에 통합하여 문화, 지식 및 사업의 중심지로 변모시키고 싶다. 주된 생각은 2010년까지 전체 인구가 중산층 수준의 소득을 얻는 지역사회로 만드는 것이다.”(Menon, 2004) 이런 생각에 따라, 다라비에 결여된 것은 거주민 스스로가 중류층으로 나아갈 수 없다는 무능력, 내부적인 문제이지만, 그 프로젝트는 이런 문제 해결을 도와줄 수 있다. 물리적인 환경의 격상을 통해 사람들을 중산층으로 상승시킨다고 가정한 궤도는 오류이다. 역사적으로 특정 장소들에 대한 중산층 영역으로의 변모는 그곳 거주민들을 추방해왔다. 일반적으로 거주민의 수입 증가 없는 토지 가치 증대는 그들을 그 동네 밖으로 밀어내는 경향을 갖는다. 현존하는 산업체들을 (정부의 규정에 따라) 무해한 형태로 변경하거나 추방시켜야 한다는 충족요건 역시 이것들을 배제하는 것이 된다(Menon, 2007). 따라서 그 프로젝트는 계급적 차이들, 거주민들의 자체 구축에 호소하도록 유인할 수도 있는 구조들, 그리고 그들이 만들어왔던 것들의 취약성 등을 간과한다.

선전되는 사기업-시민사회 제휴 형태에도 불구하고, 그 프로젝트는 개발자의 관점을 채택한다. 닐 스미스(Neil Smith, 1996)는 20세기 말에 자본이 미국의 내부 도시들을 길들이기 위해 관심과 정력을 쏟아왔다고 미국 도시재생gentrification에 관한 그의 연구에서 강력히 주장했다. 비록 역사적인 도시 중심에 있지 않았지만, 다라비는 반드라 쿠를라 근처에 위치하게 됨으로써 ‘효용도가 낮은’ 일등 부동산 지대에 상응하는 ‘낙후한’ 내부 도시로 재현되어왔다. 그래서 많은 중산층 뭄바이 사람들은 다라비를 길들여지고 문명화되어야 할 ‘타자’로 본다. 메타Mehta 자신은 이렇게 단언하였다. “사람들은 환상적인 어떤 장소를 이야기하고 있다. 이곳은 내가 불도저로 500에이커의 땅을 싹 밀어버리고 재설계할 수 있는 뭄바이에서 유일한 장소다.”(Chu, 2008)

4. 다라비를 둘러싼 투쟁 – 경합하는 목소리들

1) 로컬 주민들의 관심사

그곳 정부가 다라비의 미래를 계획하고 있는 동안, 거주민들은 그들의 발을 현재에 확고히 디디고 살아왔다. 외부인들이 다라비를 "독해할" 수 없는 한편, 거주민들 역시 낯선 언어로 고안된 이런 외부 시책을 거의 제대로 이해하지 못하고, 그들 관심사는 자기들이 믿는 것에 대한 반응들이다. 그들은 자기들 환경 개선의 가능성을 정당하게 평가하기는 하지만 추방될 것은 두려워한다. 2004년에 결성된 단체인 Dahravi Bachao Samiti는 재개발에 반대하지는 않는다고 말한다(Menon, 2007). 많은 거주민들은 더 큰 주택을 지어왔지만, 그들은 슬럼가 재건 계획 Slum Rehabilitation Schemes(SRS)하에 자신들이 225 평방피트 아파트를 어떻게 받게 될지, 특히 더 높은 층에 사는 것이 어떻게 자신들의 삶을 향상시키는지를 확신하지 못한다(Bunsha, 2004). 그들은 자기들의 생계 수단의 파괴를 경험하고 싶지 않은 것이다. Bachao Samiti의 라주 코레이드Raju Korade는 현존하는 사업체들의 지속이 금지되고, 그래서 새로운 다라비에서 자기들이 어떤 자리도 갖지 못하게 될까 걱정한다(Menon, 2007). 플라스틱 및 고철 거래상인 푸르쇼탐 바누샬리Purshottam Bhanushali는 이렇게 말한다. "나는 사람들이 이 지역을 조사하고 있는 것은 알지만, 그들은 그 프로젝트에 대해 우리에게 아무런 말도 하지 않았다. 플라스틱과 고철 상점이 약 1,200개 정도 있는데, 매우 오래됐다. 내 상점은 약 4,000평방피트이고, 같은 규모의 공간을 받게 될지 의심한다."

(Menon, 2004) 개발자들과 거주민들 사이의 거대한 간격이 있고, 거주민들은 자기들 생각을 전달할 공식적인 수단을 거의 가지고 있지 않다.

그러나 다라비는 외부 개입을 패퇴시킨 역사적 경험이 있다. 대부분의 거주민들은 자신들의 삶을 향상시킨다는 그 계획의 역량에 대해 회의적이다. 콜리와다 토착민이자 관세국 직원인 라빈드라 케니Ravindra Keny는 많은 풀뿌리운동 지도자들 중 한 사람이다. 자신의 68명 가족 성원은 한 세기 지난 낡은 집에 거주하며, 자기 생활환경과 관련된 여하한 개선도 환영한다. 그러나 그런 특별 사례를 취급하도록 설정되지 않은 현재 DRP 조항 하에서, 그 전체 가족은 225평방피트 아파트 하나만 받을 자격이 있다(Dharavi.org, 2008). 56세로 31년 동안 다라비에서 거주했으며 다라비 구조 운동에 동참한 철도 노동자 주베르 아흐메드Zuber Ahmed와 같은 반대자들은 더 큰 주거 공간을 원한다. '우리는 400평방피트의 공간을 원한다.'

비단 생활 문제만이 아니더라도, 고층 아파트에서 자기들의 기업 활동을 하는 것이 지역민들에겐 이해할 수 없는 일이다. 각자의 아파트에는 활용할 수 있는 바깥 공간이나 지붕도 없다. 지방의 정당 활동가인 샤쉬칸트 카울리Shashikant Kawle에 따르면, 파파드papads(콩으로 만들고 큐민과 향신료가 가미된)를 만들어 생계를 유지하는 다라비 내 가정이 15,000세대가 있다. 인디라 간디 나가르Indira Gandhi Nagar와 쉬브 샥티 나가르Shiv Shakti Nagar에서는 일련의 파파드 생산 활동이 여성들에 의해 활발하다. 그들은 파파드를 지붕과 실내에서 뒤집어 놓은 원형의 큰 수수 바구니에다 널려 말리곤 한다. 22년 간 파파드를 생산한 바고바이 쉐르카레Bhagobai Sherkare는 "건물 안에서 일을 할 수는 없다"고 말한다. "그렇다면 파파드를 어디서 말려야 한단 말인가? 그 사람들은 테라스에서 해보라고 말하지만, 파파드 더미를 어떻게 위 아래로 나를 수 있겠는가?"(Menon, 2004) 소형 상점 소유주인 라빈드란S. Ravindran은 다음과 같이 묻는다.

> 그들이 우리 공장과 창고를 어떻게 배치해 놓았는가? 어떤 사람들은 이곳에 대형 창고를 갖고 있다. 그들이 동일 지역에서 그런 구획을 가지리라는 보장이 있는가? 파파드를 만들며 집에서 일하는 사람들은 또 어떻게 할 것인가? (Bunsha, 2004)

2.5에이커의 쿰바르와다Kumbharwada(도기제조 마을)에 거주하는 10,000명의 도공들에게도 공간이 큰 관심거리이다. "우리는 진흙을 보관하고, 도기를 만들고, 굽고, 건조시킬 공간이 필요하다"고 왈리바이 제트와Waljibhai Jethwa는 강조한다. 도공조합의 고빈드바이 치트로다Govindbhai Chitroda는 "이 구역이 개발되면, 일을 잃게 되지 않을까를 걱정한다"고 말한다(Menon, 2004).

그뿐 아니라, 재개발을 위한 적격성 기준 역시 논쟁거리가 되어왔다. 그 기준은 1995년 1월 1일 이후로 다라비에 정착하거나 거주하는 사람들을 불법 행위자로 간주한다. 그 문서에 따르면 약 57,000세대가 자격을 갖지만, 지역민들은 이 수치를 무효로 간주한다. "정부는 57,000세대가 재정착할 것이라고 결정하였다. 그러나 1987년, 총리의 프로젝트 허가가 시행되고 있었을 때, 그 수는 55,000세대였다. 인구가 십년 동안 정체되어 있다는 주장은 믿기 불가능하다"라고 샤르마Sharma는 말한다(Indian Environment Portal, 2008). 더욱이, 이 지역민들은 실질적인 증거도 없이 자신들의 생활을 바꾸어놓겠다는 약속을 믿을 마음의 준비가 되지 않았다. 그들은 차라리 자기들 스스로 재개발하기를 원한다. "정부가 토지를 건설업자들에게 주지 말고 인민들에게 주어야 하지 않겠는가? 그러면 인민들이 자기네 원하는 방식대로 개발할 수 있다. 그리고 그 수익은 건설업자가 아니라 인민들에게 돌아갈 것이다"라고 셀바라지Selvaraj는 말한다(Bunsha, 2004).

분명히, 주민들의 견해는 폭넓고 다양하며, 도시 계획자들과 같은 말을 하지 않는다. 그들은 토지 사용의 적합성과 토지 가치의 관점에서 말하지 않지만, 그들이 만들어낸 것은 토지 사용, 경제적 수행, 생계의 견지에서 균형이 잘 잡혀 있다. 도시 계획자들에게 있어서는 이것이 불충분하다. 설사 그 결과가 비록 우월하다 하더라도, 주민들에게 낯설 뿐이다. 주민들의 목소리를 대변해온 조킨 아르푸탐Jockin Arputham은 그 계획과 직접적으로 경합하고 '슬럼 거주민들'을 대변할 방법을 찾아온 사람으로서 그들의 주요한 지도자로 부상해왔다.

2) 슬럼가 거주자 조직

조킨 아르푸탐Jockin Arputham은 이 지역사회가 외부자의 침범에 저항하고 그 자체의 현재를 두고 협상할 수 있도록 해주는 중심적 인물이다. 다라비의 현 거주민들 권리를 대변하는 막사이사이상 수상자이자 '슬럼 거주자'인 그는 자신들의 영역에서 관계 당국 및 중산층과 소통할 역량을 갖고 있다. 그는 메타Mehta의 계획에 회의적이다. 메타Mehta를 목표 대상으로 삼는 그는 그 제안에, 더 구체적으로는 그것의 고급주택화 계획이란 측면에 반대 입장인데, 토지가 아니라 사람을 보는 것이다. 전국 슬럼 거주자연맹National Slum Dwellers' Federation(NSDF)의 지도자이기도 한 아르푸탐Arputham(2008)에게, 다라비는 부당하게 이용할 수 있는 빈 땅이 아니라, "사회적 자본과 자영업"으로 가득 차 있는 경제적으로 활기찬 공동체다.

다라비와 관련 가장 중요한 점은, 그것이 주민들에 의해 건설되었고, 공동체가 언제나 연루되어 왔다는 사실이다. (…중략…) 메타Mehta는 다라비를 재건하려는 것이 아니라, 다라비에서 상하이를 꿈꾸고 있다. (…중략…) (인민들의 다라비 건설은) 국제적으로 공인되는 모든 규범들과 반대로 아래로부터의 계획이다. (…중략…) 메타Mehta는 그저 건축가일 뿐이다. 거주민들의 필요에 토대를 두고 설계해야지, 거꾸로 해서는 안 된다. (Menon, 2004)

아르푸탐Arputham은 자기 비전을 사람-지향적people-oriented이라고 부르고, 사람들의 권리에 초점을 두어야 한다고 주장한다. 그는 생활 조건 개선의 필요를 알지만, 다라비의 사람들이 그 계획에 의해 능력을 충분히 발휘하지 못하게 된다고 생각한다. 문제는 과정에서 인민들이 목소리를 갖지 못한다는 점이다. 아르푸탐Arputham은 이것이 바로 주민들을 고려하지 않은 채 입안되는 '상명하달식 계획'이라고 말한다. "정부는 에어컨 있는 시원한 사무실에서 그 계획을 만들었다. (…중략…) 사람들은 그저 들어 맞추어질 뿐이다. 일찍이 사람들은 SRS에 참가를 원하는지 아닌지에 대한 선택권을 가졌다. 이 새로운 계획과 관련하여서는, 선택권이 하나도 없을 것이다."(Bunsha, 2004) 계획실행 당국이 그랬던 바와 같이, 국가도 DRP에 대한 동의 조항을 없애버렸다.

재건 과정 동안 사람들이 어떤 식으로 이동될지 등과 같은 운영상의 세부 대책들의 결여는 그를 포함한 많은 사람들이 그 계획에 결함이 있거나 아니면 사기에 불과하다고 생각하게 만든다. 600,000명이 넘는 거주민들을 이동시키는 과업은 상상할 수도 없는 일이다. "임시 거주지를 건설할 장소는 어디인가?" 하고 아르푸탐Arputham은 묻는다. "재개발 과정에서, 더 많은 슬럼들을 만들어낼 것이다"(Bunsha, 2004)라고 그는 말한다.

그런 개발 제안들에 대항한 계속적인 논쟁 과정은 아르푸탐Arputham으로 하여금 재개발 특히 메타 계획의 관념이 가지는 특이한 양상들을 자세히 살펴보도록 했다. 그 제안을 섣불리 해체하는 대신, 글로벌 차원의 감시와 신중한 정밀 조사를 요청하였다(Arputham, 2008). 그와 같이 그는 제3자적인 위치를 채택했다. 그는 논의, 이의 제기, 토론 등을 다라비 재개발의 방향과 세부적 요소들을 협의하는 것과 결합시켰다. 몇몇 산업들이 오염을 일으키고 있으므로, 정부 차원에서, 국가는 그 산업들을 교체할 계획을 세운다. 대규모 지하창고와 산업체의 소유주들은 그러한 움직임에 저항할 가능성이 많다고 아르푸탐Arputham은 말한다(Bunsha, 2004). 제네바 회의에 호소하여, 가구당 300평방피트 이상 보장할 것을 요구한다(Arputham, 2008). 그는 해외 몇몇 국가에서 이런 프로젝트 투자에 대항하는 캠페인을 벌여오고 있다. 또한 현장에서도 항의 집회가 결성되었는데, 반드라 쿠를라에 있는 프로젝트 사무실 앞에서 2007년 6월13일 시위행진을 포함하여 다양한 저항들이 실천되어오고 있다(Menon, 2007).

다라비 문제는 또한 정치화되어왔다. 중요한 표밭으로서 주목을 받는 것을 넘어, 다라비는 공식적 정치 분야의 중요한 쟁점으로 부각되어왔다. 전 총리인 바이파이에A. B. Vajpayee는 선거운동 기간 뭄바이를 방문, 도시기반시설 개발에 50억 루피를 약속하였다. 그러나 새로 선출된 이곳 국회의원은 이 자금이 중앙 정부에서 지원되지 않았다고 설명한다. 정부가 임명한 티나이카르S. S. Tinaikar 위원회가 벌써부터 이 쟁점을 조정해왔다. "이 지역은 지형상 적절한 도시기반시설을 건설하는 것이 사실상 불가능하다."(Bunsha, 2004) 그 위원회는 또한 슬럼 거주민을 위한 주택 건설을 건설자들에게 의존하는 프로젝트는 실패할 운명이라고 결론내렸다.

2008년 10월, 쉬브 세나Shiv Sena 지도자들은 이 프로젝트의 경로를 변경하기로 결정했다. 집권 정부가 새로운 다라비를 위한 공약들로 환심을 사고 있는데 화가 난 우파 세나는 재개발 고안자의 입장에서 저항자로 바뀌었다(Priyanka). "어떻게 우리가 우리의 오래된 주택을 떠나 이토록 작은 아파트에 재정착할 수가 있겠는가?"라고 쉬브 세나의 로컬 지도자 람크리슈나 케니Ramkrishna Keni가 묻는다. "정부는 최소한 이 프로젝트에 대해 우리에게 알리기라도 했어야 했다. 이 프로젝트에 반대하고 싶지는 않지만, 조상들이 물려준 땅에서 추방당할 수만은 없다"고 그는 말했다(Menon, 2004). 쉬브 세나의 계열사가 된 Koli Mahila Sangharsh Samiti 부사장 테레사 킬레카르Teresa Killekar는 묻는다. "왜 우리는 우리

땅을 다른 누군가가 개발하도록 허락해야 하는가? 우리 스스로 개발자에게 판매할 수도 있다. 4대에 걸쳐 우리는 이곳에 살아왔다. 그런데 왜 우리가 떠나야 하는가?"(Menon, 2004)

이들 정치 조직들이 자신들의 의제를 내놓고 있는 동안, 그 쟁점의 정치화는 정당들이 그것을 주의 깊게 다루지 않으면 안 되도록 만들었다. 더욱이 정치화, 특히 그 쟁점이 공중에 알려지고 하나의 공적인 쟁점으로 부각되면서, 다라비 사람들의 보호를 위한 또 다른 방어막을 제공할 수 있었다. 이러한 상황은 정부와 다라비 사람들 간에 중재 역할을 떠맡은 다수의 다른 중산층 행위자들을 만들어낸다. 이제 몇몇 핵심 행위자들의 입장들을 탐색해보자.

3) 학교

예상하는 바와 같이, 설계와 도시계획 전문가와 학자들 또한 그 논쟁에 가담해왔다. 주거환경 연구의 진보적인 TVB 학파의 전임 이사였던 메논A. G. K. Menon은 그 계획과 관련한 기본적인 가치에 의문을 제기한다. "도시계획은 돈이 아니라 사람을 취급하는 문제와 관련된다. (…중략…) (그러나) 다라비는 건축가가 땅을 경제 자원으로 여기고 이를 극대화하려는 완전히 자본주도적인 전략에 휩쓸려 있다."(Indian Environment Portal, 2008) 아흐메다바드Ahmedabad에 있는 CEPT(School of Planning of Centre for Environmental Planning and Technology)의 학장 웃팔 샤르마Utpal Sharma는 그 계획의 기술적인 세부 사항들을 쟁점화 한다. 그의 접근은 양적이고, 초점은 물리적 조건에 맞춰지며, 저층 고밀도 개발을 요구한다.

샤르마Sharma는 다라비 재개발에 전혀 이견이 없으나, 그 규범에는 의문을 제기해왔다. 그의 학생들은 다라비를 변모시킬 몇몇 프로젝트를 수행했다. 그는 기존 제안들이 고밀도 개발 같은 도구들을 가지고 실제로 수행될 수 있다고 생각하지 않는다. "만약 국가가 원래 계획을 채택한다면, 고밀도 개발은 홍콩 수준을 넘어설 것"이며, "이건 지속 가능하지 않다"고 샤르마Sharma는 말한다(Jai, 2007). 다라비는 현재 헥타르 당 600~700 주택 단위가 밀집되어 있다. 일반적으로 도시 계획가들은 그 허용 수치 한계를 500으로 못 박고 있다. "(메타Mehta의) 제안은 밀도를 헥타르 당 1,700단위까지도 추진하였다"라고 그는 보충했다(Jai, 2007).

정부는 다라비를 특별 사례로 취급해왔고, 한 층의 공간 지침을 4 FSI(용적률 : FSI는 건물의 총면적 대 건설되는 구획의 토지 면적 비율)를 허가했다. 그 섬 도시의 일반적인 FSI는 1.33이다. 이 FSI를 개발규제규칙에 통합시키기 전에, 정부는 도시계획 절차에 대한 반대의사와 제안들을 수렴해왔다(Jai, 2007). SPARC의 도움을 받은 뭄바이의 CEPT와 KRVIA (Kamala Raheja Vidyanidhi Institute of Architecture)는 대항적인 계획을 개발하였고, 2007년 3월에는 내각의 유력한 위원회committee of Secretaries에 이를 제출했다. 이 계획은 다라비를 위해 4층이나 5층 건물들로 구성되는 저층 고밀도 재건을 제안한다. 메타(Mehta, 2008)는 이 제안에 극히 비판적이다.

샤르마Sharma의 제안에는, 숙소가 지상에 더 가깝고, 건물들은 근로작업과 공동체 활동 공간을 제공하기 위해 높은 기둥 위에 경사로 혹은 건축물들을 통해 연결되는 넓은 외부 복도를 갖기 때문에 현재의 기능들이 더 훌륭하게 수용된다. 동시에 건설자들이 재건축 용적률로 허용되는 수익의 40%에 상당하는 개발권을 인센티브로 제공받는다. 그 인센티브는 16층의 주거용 건축물과 매매용으로 다라비 토지 14% 활용을 허용하여서, 공식적인 사업체들을 끌어들인다는 계획이다.

비록 정부가 샤르마Sharma와 다시 논의하겠다고 약속했으나, 아직 진행되지 않았다(Indian Environment Portal, 2008). 도시 개발을 담당하는 수석 장관 라마난드 티와리Ramanand Tiwari는 두 건축 학파가 제시한 제안을 고려하고 있다고 말했다. "우리는 또한 메타Mehta가 개발한 이전 계획과 새 계획을 혼합할 수도 있다"고 그는 말했다(Jai, 2007). 여기서 정부는 분명히 그 프로젝트의 소유권을 가져갔지만, 적극적 개입의 능력이 극히 제한되는 것 같다.

4) 한 언론인의 견해

『다라비의 재발견Rediscovering Dharavi』(2000)에서 언론인 칼파나 샤르마 Kalpana Sharma는 다라비의 복원력을 강조한다. 그녀의 견해에 따르면, 다라비는 습지에서 가죽 무두질 공장으로, 그리고 '슬럼'으로의 변화의 장소이다. 그런 과정에서 '성숙한' 정착지로 발전해왔다. 언제든 다른 사람들이 자기들 터전에 대해 일으키는 논란에 거주자들이 꾸준히 주의 깊게 관심을 기울이도록 하는 것은 바로 이런 미래에 대한 믿음 때문이다. 개발과 추방이 불길한 조짐일지도 모르지만, 정당성과 항구성에 대한 희망이 지속적으로 강한 해독제가 된다. 도시 기반시설이 존재하지 않았던 곳에서, 현재 많은 세대가 전기와 실내 수도 시설을 갖추고 있다. 또한 달라진 것이 없는 것도 많고, 사람들의 밀도와 여타 환경적 조건들 때문에 개선하기가 극히 어려운 지역들의 거주할 수 없는 조건들에서 수천 명이 여전히 살고 있다. 주된 쟁점들 중 하나는 수용 가능한 거주 환경을 만드는 문제이며, 『다라비의 재발견』은 다라비의 다양한 영역들을 재개발하기 위해 여러 집단들이 수행해온 많은 계획들 중 몇몇을 추적한다(Sharma, 2000). 그녀의 설명은 다라비의 개별 거주자들의 다수의 이야기들로 풍성해진다.

다라비의 특징은 놀라운 생산성이다. 이 장소는 규제받지 않는 광대한 산업적 자산이자 거기서 사는 거의 모든 사람들이 가죽 공장, 주물 공장, 빵집, 의류 공장, 비누 공장, 기타 기업 등에서 일하고 있다. 이들 중 다수는 작은 가내 생계형 수공업에서 주요 벤처 사업으로 성장해왔다. 비록 근무 여건이 유해, 비위생적, 착취적일 수 있다 하더라도, 수천 명이 여기서 번성해왔다(Sharma, 2000). 샤르마Sharma는 또한 다라비를 방문하는 두 개의 다른 사람들 집단을 간략하게 인용한다. 현지 장인들로부터 물품을 구매하는 상인(재판매자)들과 재활용 산업에서 일하게 된 여성들과 노동자들이다.

만약 이 프로젝트가 실행되면, 가장 큰 수혜자는 중상의 소득 수준인 아파트 소유자들이 될 것 같다. 다라비로 이주해 온 그들을 강조함으로써, 다라비가 실제로 빈 땅이었다거나, 혹은 다라비 거주민들이 뭄바이의 다른 곳 사람들이 생활하는 도시 생활에 온전하게 참여할 수 없거나 하지 못하고, 그래서 중산층들이 유입되고 그들을 위해 일 할 필요가 있는 그런 게으르고 빈곤한 사람들이라는 관념을 제공한다(Sharma, 2008). 다른 의미에서, 그 제안들이 과연 다라비 거주민들의 삶과 생계에 대하여 어느 정도라도 이해에 토대를 두고 있는지 의심스럽다. 샤르마Sharma는 다라비와 같은 복잡한 장소의 쟁점들에 대한 해법은 멈추어 살펴보고 경청하는 데서 최상의 결론에 이를 것이라고 주장한다(Sharma, 2000).

5) 비정부 기구들

특히 NGO들과 같은 여타의 단체들 역시 투쟁과 아울러 이런 논쟁에서 적극적인 역할을 수행했다. SPARC 설립자 쉬엘라 파텔Sheela Patel은 정치화된 접근에 기반을 두는 사회적 정의를 택하는데, 이는 다라비 거주민을 향해 어느 정도의 감정 이입적이다. 그녀는 메타Mehta와 투쟁하는 것이 아니라, 현재 Mehta 계획과 나란히 서서 이를 수행하거나 하지 않을 선택의 권력을 가지는 정부와 투쟁하고 있다(Patel, 2008). "이처럼 개발의 영향을 받는 사람들의 공동체가 조직화되고 자기들이 원하는 것, 즉 과정에서 참여 행위자들을 납득시킬 어느 정도 비판적인 요소들을 나타내는 것을 협상하는 능력을 개발해냈을 경우라야 한다"고 파텔(Patel, 2007)은 강조한다. 그녀는 특히 아르푸탐Arputham 및 KRVIA와 함께 노력함으로써 자기 말을 실천에 옮긴다.

파텔Patel의 비판은 메타Mehta 및 정부의 다라비에 대한 지식의 결여에 초점을 맞춘다. 그녀에게 다라비는 외부인이 자신들의 견해를 투사할 수 있는 한 장의 '백지tabula rasa'가 아니라, 적절하게 이해될 수 있기 위해서는 조사, 도해, 기록되어야 하는 하나의 광대한 '미지의 땅terra incognita'이다. 그녀는 다라비가 재개발될 필요가 있다는 견해를 공감하지만, 그 이전에 공식적으로 다라비가 이해되고 전체상이 세밀하게 나타내어져야 한다고 생각한다. 그런 자료들을 통한 적절한 이해의 기반 없이는 재개발을 올바르게 계획할 방법이 없다.

SPARC 역시 다라비에 대하여 자체 지식을 세워가고 있으나, 이것은 개입주의자들이 찾고 있는 그런 지식이 아닐지 모른다. 그녀는 토지에 대한 권리에 초점을 맞추는데, 이는 곧 시민권이며, 그리고 그런 전제는 권한 부여이다(Patel, 2008). 이 지역 90,000개의 건조되어 있는 구조물 파괴는 도시의 실업 안전망에 대한 사실상 재난을 초래할 것이라고 그녀는 강조한다. 파텔Patel의 경우에, 필수적인 지식은 다라비의 토지가 그 거주민에게 귀속된다는 정치적 입장과 결부되는 것이다.

6) 기타 개입

그 논쟁은 양측 사람들의 목소리와 그것들의 객관화를 위한 공간을 열었다. 객관화를 위한 가능성은 슬럼 관광과 영화 촬영에서부터 보존적 개입 등 다양하다. 2009년 〈슬럼독 밀리어네어Slumdog Millionaire〉의 개봉과 그에 대한 큰 주목이 우연의 일치일지도 모른다. 그러나 다라비의 상업화에 대한 관심은 밀접하게 관련지어진 '신자유주의'와 재개발 프로젝트를 증대시켜왔다. 관심의 고조는 또한 '슬럼가 관광'을 일으켰고, 이로 인해 상이한 종류의 객관화, 이해가능성, 이야기를 제공한다. 한 예는 Reality Tours and Travel(일자 불명)이 조직한 다라비 슬럼가 관광이다. 타지마할Taj Mahal이나 생태 지역들과 같은 공식적인 역사적 장소들이 아니라, 이런 관광은 크로포드 시장Clawford Market, 칼바데비Kalbadevi와 불레슈와르Bhuleshwar 저잣거리와 같은 장소들의 '무질서chaos'를 통과해 걸어 다님으로써 그 도시(뭄바이)의 삶과 활력에 대한 하나의 응시를 제공하게 되었으며, 자마 마스지드Jama Masjid 모스크 및 뭄바데비Mumbadevi 성전 같은 '평화로운 안식처들'을 직접 접해 볼 수 있는 기회를 준다. 이 여행을 조직한 사람들은 다라비, 인도 슬럼들, 그리고 그곳들의 거주민에 대한 부정적인 이미지를 타파한다고 주장한다. 또한 그들은 이런 슬럼 관광으로부터 얻은 세금 후 수익금의 80%를 현지 자선단체에 기부한다고 주장한다. 2007년 5월, Reality Tours and Travel은 다라비에 지역사회 및 교육 센터를 개설했다. 이런 일은 다라비를 한층 더 객관화하였고, 그 거주민이 빈궁하다는 고정관념을 더 강화했으며, 그리고 돈을 이유로 기꺼이 그들을 관광하는 사람들은 도울 수 있게 되었다.

중산층의 다라비에 대한 포괄적인 지식은 없지만, 그들의 지지자들은 현존하는 유사한 견해들을 강하게 유지하고 있다. 이 담론에서 외부인들이 가지는 더 유력한 견해는 에드워드 사이드(Edwards Said, 2004.7)가 위치적 우월성positional superiority이라고 부른 것에 의존한다. 이는 외부인들을 자신들의 상대적인 특권을 잃지 않는 가운데 전체적으로 가능한 다라비와의 일련의 관계 속으로 넣어준다.

5. 행위자로서의 민중

다라비 거주민들의 삶과 관습에는 다라비에 대한 대부분의 설명들보다 더 가혹한 현실이 있다. 그들은 외부 개입과 투쟁해 왔고, 이런 프로젝트의 가장 그럴 듯한 결과는 각 진영의 역량에 의거하는 특이성들과의 절충이다. 다라비는 정체되지 않았지만, 외부 개입에 의해 그려진 경로들을 따라오지도 않았다. 외부 영향력과 협상하고 현지화하는 가운데, 자기 존재를 지속할 능력을 입증해왔던 것이다. 여기서 다라비의 이해불가능성은 커다란 도움이 되어왔다.

역사적으로, 어민들은 자기들 주거환경을 지워버리려 하거나 지속가능하게 변모시키려 위협했던 지방의 재개발 계획들을 숱하게 물리쳐왔다. 초기의 한 예는 1944년 다라비에 대한 지방 재개발계획이었다. 여기서 2／3를 어민들 주거지로, 1／3을 어시장으로 하는 것을 둘러싸고 어촌계는 둘로 나뉠 뻔 했다. 이 계획은 결코 시행되지 못했다(Savchuk, 2009). 1964년, 어민들은 도시계획령(Town Planning Act of 1954) 하에 지자체에서 제안한 또 다른 계획을 '패퇴'시켰다. 거주민은 또한 현재의 재개발 프로젝트도 극복해왔다. 외부로부터의 압력을 여러 해 동안 견뎌낸 후, 어민들은 그 프로젝트로부터 일종의 면제권을 얻어냈다. 그들의 주장은 거주민들이 마하슈트라 정부가 만들어지기 오래전에 그 지역을 차지해오고 있다는 것이다. 만약 자기들이 무단 거주자라면, 인도의 모든 마을이 무단 거주자 정착지가 된다. 그 공동체 사회는 영국 조사원들이 작성한 초기 지도도 포함하여 자신들 권리를 입증할 많은 문서자료를 확보하고 있다(Dharavi.org, 2008). 원래 현재 프로젝

트의 5구역의 일부로 등록되었던 어민들은 2007년 다라비 정부에 의
해 사면권이 주어졌다. 이들은 현재 주택협회들을 형성하여 자체 개발
을 위한 계획을 준비하고 있다(Savchuk, 2009).

이러한 승리는 결정적으로 당국자와 중류층에게 다라비의 이해불
가능성이 있었기 때문에 가능했다. 이렇듯 다양성을 가지는 정착지에
대한 지식의 부족은 외부 세력이 강제력 없이 그것을 정복하도록 허락
하지 않는다. 오늘날 다라비는 하나의 어촌계보다 더 크고, 더 조밀하
고, 다양해졌다. 그 논쟁에의 참가자들은 다라비 자체의 시야로 바라
볼 능력도 없이 내부와 외부 사이 경계를 계속 넘나들고 있다. 이러한
의미에서, 그들은 역시 다라비를 외부의 시선으로부터 이해불가능하
고 보이지 않도록 하는 데 기여하고 있는 것이다.

웃팔 샤르마(Utpal Sharma, 2009)는 낙관적이다. 그는 "프로젝트들이
인도에서 시행되지만, 그 속도는 느릴 것이다"라고 말한다. 이런 시나
리오로 본다면, 다라비의 경관과 그 생계수단이 변하겠지만, 너무 뿌
리 채 그리고 급속도로 바뀌지 않을 것이다. 따라서 가장 가능성 있는
결과는 프로젝트의 부분적인 시행이다. 이는 아파트 단지들이 띄엄띄
엄 들어 서 있는 단층 건물의 자체 건축된 주거지가 대부분을 차지하
는 현재 경관에서 볼 때 명백하다. 그 고층 건물들은 거주민들이 형성
한 더 큰 공간 내에 장기간에 걸쳐 진행된 간헐적이고 마지못해 실행
한 개입들을 재현한다. 메타Mehta 계획과는 대조적으로, 현재 아파트
거주자들이지만, 그들이 자동적으로 중산층이 되지는 않았던 것이다.

그 제안은 두 가지 경합하는 모델 위에 전제된다. 즉, 반드라 쿠를라
의 상업적 모델과 다라비 거주민들의 모델이다. 국가와 기업들이 근대

화하고 이해가능하게 만드는 기획으로 다라비로의 진출을 시도하는 가운데, 중산층을 위해 이해가능한 모델에 기초해 건설되었던 반드라 쿠를라는, 매각과 같은 필수적인 비공식적인 활동에 의해 빠르게 잠식되어감에 따라, 오히려 '다라비'의 특징을 닮아가고 있다. 일본의 한 속담에 따르면, 자본(도시)은 그것의 질서가 있고, 마을은 그것의 관습이 있다(Scott, 1998). 국가와 자본이 다라비의 질서를 수립하고 상업화하려고 애쓰는 반면, 마찬가지로 거주민들은 '다라비'를 반드라 쿠를라 속으로 확장해 가고 있다. 다라비에서 확인되는 바와 같이, 측정의 로컬 표준은 일상적인 관행들과 관련이 있으며, 질서의 공식적인 구성 형태들은 그것들이 무효화하는 경향이 있는 어느 정도의 실질적인 지식의 요소들 없이는 지지받을 수 없다(cf Scott, 1998).

KRVIA의 이사 아니루드 폴Anirudh Paul은 보다 실용적이고 중도적인 입장을 취한다. 정부가 이미 그 계획을 수락한 상태이기 때문에, 그는 그것에 단순히 반대하는 것은 헛되다고 생각하며, 이러한 개입을 중재할 최선의 방법이 뭔지를 고민하고 있다. 다라비를 철저히 점검하는 대신, 그는 몇몇 실질적인 개선점을 이끌어 냄으로써 정부가 일부 전략적인 개입들에 관여하도록 납득시키는 것이 더 낫다고 믿는다. 그는 20세기 초 패트릭 게디즈Patrick Geddes가 제안한 '보존적인 외과수술 conservative surgery'이라는 생각을 비판적으로 채택한다.

경험이 풍부한 도시계획가 프라카쉬 압테Prakash M. Apte에게는, 다라비의 개발 모델이 그 나름의 장점들을 가지고 있다. '슬럼'이라는 일반적인 묘사에도 불구하고, 그는 다라비를 독특하고, 역동적이며, 번성하는 일종의 '움막'형태의 산업단지로 보고 있다(McDougall, 2008). 생산

활동이 거의 모든 가정에서 일어나고 있고, 하나의 독특한 성격이 매우 인접해 있는 일터이다. 결과적으로 다라비의 경제 활동은 분산되고, 가정에 기반해 있으며, 기술 수준은 낮고, 노동 집약적이며, 규모도 인간적이다. 이것은 혼합적인 이용의 고밀도 저층 가로들과 함께 보행자 위주, 지역사회 중심, 네트워크 기반 위에서 유기적이고 점점 더 변화하는 도시 형태를 창조해왔다.

물론 압테(Apte, 2008)도 그 단점들을 모르지 않고, 적절한 물리적 기반시설의 제공이 필요하다고 생각한다. 그에게 있어, 이것이야말로 대부분 도시계획가들이 세계 전역의 도시들에서 창조하려고 노력해오고 있는 하나의 모델이다. 따라서 그것은 개량으로 복제되어야 한다. 계획의 관점으로부터 나오는 이들 활동들에 대한 극도로 단순한 구역 재정비와 분리하기는 현재와 같은 매우 독특한 도시 형태를 확실히 해치게 될 것이다.

6. 잠정적인 결과들

요약하자면, 다라비는 외부인에게 복잡하고 이해불가능하다. 질서의 결여와 이해불가능성은 상대적이다. 다시 말해, 다라비는 그것을 계속 새롭게 지어가고 있는 거주민들에게는 잘 돌아가고 있다. 그곳은 상이한 공간들과 공간의 질서들을 창조하면서 자기네 일상 활동을 수행하는 거주민들에 의해 계속 지각되고 재해석되는 하나의 복합적인 '다중 코드화된 공간'이다. 표준적인 토지사용 계획의 관점에서라도,

고도로 기능적이고, 효율적이면서, 또한 바람직하다.

다라비의 공간들의 의미와 공간적 질서를 완전히 꿰뚫을 수 있는 하나의 우월적인 담론은 존재하지 않는다. 아르푸탐Arputham은 주민들을 대변하면서도, 물론 바뀌고는 있지만, 현재로서는 반대적 담론에 포박되어 있다. 웃팔 샤르마Utpal Sharma는 기술적으로 실행 가능한 해결책을 탐구하며, 메논Menon은 사람들과 공공선을 취급하는 것과 관련되는 계획의 더 큰 사명을 거듭 주장하고자 한다. 거주민들과 밀접히 협력하는 파텔Patel은 근본적인 권리를 덧붙인다. 즉 토지에 대한 권리는 바로 시민권이다. 스토리텔링의 입각점으로부터, 칼파나 샤르마Kalpana Sharma는 다라비를 이해하기 위해 멈추어, 살펴보고, 경청하기의 중요성을 생각한다. 폴Paul은 국가가 다라비를 파괴하지 않기를 바라며, 정부가 보존적인 외과수술로 개입하도록 도울 필요를 강조한다. 압테Apte는 거주민들에 의한 다라비 개발 모델의 의미와 관련하여 대담한 태도를 가지며, 필요한 개선에 다라비의 응답을 요청한다. 따라서 그 논쟁은 풍부하며, 광범위한 입장들을 포함한다.

현재 상태로 다라비의 재개발 방식에 대한 의견 일치를 이뤄내기는 어렵고, 국가가 찬디가르Chandigare의 경우와 같이 무자비한 프로젝트를 수행하기로 결정하지 않는 한 완전히 변형시킬 수는 없다. 이런 정황은 국가의 허약함, 인도에서 작동되는 민주주의의 유형, 인민들의 사회적 힘을 분명히 드러낸다. 이것은 1960년대 미국의 도시 재개발 및 1980년대 이후 지금까지 중국에서 진행 중인 도시 변형과는 아주 다른 양상이다. 둘 모두의 경우 미국에서는 자본 권력이, 중국은 국가 권력이 무도한 힘을 행사하며 수행했다. 이 둘은 힘없는 국민들을 더욱 쉽게 주변화했다. 인도에서는, 상대적으로 약한 국가 때문에, 고도로 기능적이고 전례 없는 민주주의가 존재한다. 가장 큰 최근의 외부 작용의 자국인 찬디가르는 그것이 종결된 후임에도 불구하고 계속하여 사람들에 의해 광범위하게 협상이 진행되고 있다. 다라비 거주민은 더 나은 생계를 꾸려갈 권리가 있으나, 발전 담론이 가리키는 것처럼, 국가 또는 자본이 자기들의 시대적 사상 안에서 그런 발전을 이루어가도록 놔둘 수는 없다.

그런 모델 외에도, 이해불가능성은 다라비의 강점이다. 거주민의 사회적 유동성과 그 장소에서 일어나는 변화는 그것을 이해가능하게 만들려는 중산층과 관계 당국들의 능력을 좌절시킨다. 여기서 개연성 있는 결과는 절충안이다. 국가가 이 프로젝트를 인수하고 거주민들 중에서 어촌계가 면제권리를 받았다는 사실은 많은 사람들로 하여금 그 프로젝트가 절충점을 향해 나아가고 있다고 믿게 만들었다. 이전의 '슬럼 재개발' 프로젝트들처럼, 이것 역시 어쩌면 거주민들에 의해 생성된 다라비의 더 넓은 경관 안에 그저 고층 아파트 단지 몇 개 들어서는 수준의 상처만 남기게 될 것이다.

참고문헌

Appadurai, A., *Modernity at Large*, Minneapolis : University of Minnesota Press, 1996.

Apte, P. M., "Dharavi : India's Model Slum", *Planetizen : The Planing and Development Network*, 29 September 2008, available at http://planetizen.com/node/35269 (retrieved on 16 November 2008).

Arputham, J., Meeting with CapAsia participants, Dharavi : Mumbai, 5 March 2008.

Bunsha, D., "Developing Doubts : A New Plan Is on to Develop Dharavi, Asia's Largest Slum, but Its Residents are Skeptical", *Frontline*, Volume 21, Issue 12, 5–18 June 2004, available at http://www.hinduonnet.com/fline/fl2112/stories/ 20040618002704400(retrieved on 28 November 2008).

Chu, H., "Dharavi, India's Largest Slum, Eyed by Mumbai Developers", *Los Angeles Times*, 8 September 2008, available at http://www.latimes.com/news/nationworld/world/ la-fg-dharavi8-2008sep08,0,1830588.story(retrieved on 1 December 2008).

Cooper, P.P., "In India, Slum May Get Housing : A "Social Entrepreneur" Plans to Help Mumbai's Industrious Homeless", *The Philadelphia Inquirer*, 22 September 2008, available at http://www.philly.com/inquirer/front_page/20080922_In_India_slum _may_get_housing (retrieved on 28 November 2008).

Goss, J., "The Built Environment and Social Theory : Towards an Architectural Geography", *Professional Geographer*, 40 : 392–40, 1988.

Jacobs, J., *The Death and Life of Great American Cities*, Harmondsworth : Penguin, 1972.

Jai., "(Forum thread) New Dharavi Redevelopment Plan in the works!", *The SkyscraperPage Forum*, 14 March 2007, available at http://forum.skyscraperpage.com/showthread. php?t=126768 (retrieved on 4 December 2008).

Mcdougall, M., "Waste not, want not in the £700m slum", *The Guardian*, 4 March 2007, available at http://www.guardian.co.uk/environment/2007/mar/04/india. recycling (retrieved on 15 November 2008).

Menon, M., "Dharavi residents wary of new project", *The Hindu*, 8 August 2004, available at http://www.hinduonnet.com/2004/08/08/stories/2004080800101100.htm(retrieved on 29 November 2008).

__________, "Rs. 9,000-crore 'slum-free' Dharavi Redevelopment Project runs into roadblock", *The Hindu*, 6 June 2007, available at http://www.hinduonnet.com/2007/06/06/stories/2007060617161500.htm (retrieved on 29 November 2008).

__________, (2008) Presentation on Dharavi Redevelopment Plan. MM Consultants office, Mumbai, 4 March 2008.

Patel, S., "Redevelopment of Dharavi", *Civil Society Voices*, March-June 2007, 13-14.

__________, Meeting with CapAsia participants, Mumbai, 7 March 2008.

Paul, A., Meeting with CapAsia participants, Dharavi, Mumbai, 7 March 2008.

Perry, A., "Life in Dharavi : Inside Asia's Biggest Slum", *Time Asia*, 12 June 2006, available at http://www.time.com/time/asia/covers/501060619/slum.html(retrieved on 16 November 2008).

Priyanka, P., "Mumbai Makeover", no date available at http://www.karmayog.org/mum baiprojectsbygovt/mumbaiprojectsbygovt_14058.htm(retrieved on 29 November 2008).

Said, E.W., *Orientalism*, New York : Vintage Books, 2004.

Savchuk, K., "About Koliwada-Dharavi : A Snapshot", 30 October 2009, available at http://www.dharavi.org/X._Urban_Typhoon_Workshop_Koliwada-Dharavi/* About_Koliwada_-_Dharavi : _A_Snapshot (retrieved on 29 November 2009).

Scott, J. C., *Seeing Like a State : How Certain Schemes to Improve Human Condition Have Failed*, New Haven, Yale University Press, 1998.

Sharma, K., *Rediscovering Dharavi : Stories from Asia's Largest Slum*, New Delhi : Penguin Books, 2000.

__________, "Presentation on her book", Mumbai : Rachna Sansad College of Architecture, 6 March 2008.

Sharma, U., Meeting with CapAsia Participants, Mumbai, 9 March 2008.

__________, Personal communications, 15 November 2009.

Weiner, E., "Slum Visits : Tourism or Voyeurism?", *New York Times*, 9 March 2008.

Dharavi.Org., "Koliwada", 2008, available at http://www.dharavi.org/index.php? title= B._Communities_%26_Nagars_of_Dharavi/Koliwada(retrieved on 29 November 2008).

Indian Environment Portal, "Dharavi's real estate threat", *Down to Earth*, 30 November 2007, available at http://www.indiaenvironmentportal.org.in/node/25536 (retrieved on 5

December 2008).

Project Dharavi, 2008, http://projectdharavi.blogspot.com/ (retrieved 16 November 2008).

Property Bites, "Sobha-Puravankara consortium bids for Dharavi project", 10.

Reality Tours And Travel, "Dharavi Slum Tours", no date, available at http://realitytou rsandtravel.com/slumtours.html (retrieved on 17 November 2008).

September 2007, available at http://propertybytes.indiaproperty.com/?p=1436 (retrieved on 29 November 2008).

The Daily Star., Notorious Slum up for Sale, The Daily Star 5, 1065, May 31 2008, http://www.thedailystar.net/2007/05/31/d705311312131 (retrieved on 28 November 2008).

필자소개

하용삼 河龍三 Ha, Yong-sam은 부산대학교 한국민족문화연구소 HK연구교수이다. 독일 근대철학 전공이며, 독일 브레멘대학교에서 철학박사학위를 받았다. 후설의 현상학, 아감벤의 정치철학과 공동체의 관계를 연구하고 있다.

배윤기 裵潤基 Bae, Yoon-gi는 부산대학교 한국민족문화연구소 HK연구교수이다. 영미문화, 소설 전공이며, 부산대학교에서 문학박사학위를 받았다. 미국의 문화정치와 흑인문화, 로컬리티에서 로컬화의 공간정치 및 언어적 구성과 관련하여 영화, 문학, 문화정치적 담론을 주시하고 있다.

문재원 文載媛 Mun, Jae-won은 부산대학교 한국민족문화연구소 HK교수이다. 한국 현대문학 전공이며, 부산대학교에서 문학박사학위를 받았다. 로컬리티와 문화연구에 관심을 갖고 지역, 문화, 재현정치 등을 주요한 테마로 연구하고 있다.

박수경 朴修鏡 Park, Su-kyung은 부산대학교 한국민족문화연구소 HK교수이다. 일본어학 전공이며, 일본 탁쇼크拓植대학교에서 언어교육학박사학위를 받았다. 재일코리안의 언어권리와 다문화공생에 관심을 두고, 연구를 추진하고 있다.

조정민 趙正民 Cho, Jung-min은 부산대학교 한국민족문화연구소 HK교수이다. 일본 근현대문학 전공이며, 일본 규슈대학교에서 비교사회문화학박사학위를 받았다. 국민국가 '일본'에 국한하지 않고 동아시아 전체를 연구대상으로 삼기 위한 방법으로서 규슈, 오키나와, 홋카이도 등의 지역에 관심을 기울이고 있다.

이상봉 李尙峰 Lee, Sang-bong은 부산대학교 한국민족문화연구소 HK교수이다. 지역정치 전공이며, 부산대학교에서 정치학박사학위를 받았다. 문화정치, 공간정치, 공공성 등의 키워드를 중심으로 로컬리티의 의미와 가능성에 대해 연구하고 있다.

신지은 辛智恩 Shin Ji-eun은 부산대학교 한국민족문화연구소 HK교수이다. 문화사회학 전공이며, 프랑스 파리 5대학교에서 사회학 박사학위를 받았다. 일상생활의 사회학과 공간사회학, 문학사회학 등에 관심을 갖고 있다.

류지석 柳智錫 Ryu, Ji-seok은 부산대학교 한국민족문화연구소 HK교수이다. 프랑스철학 전공이며, 프랑스 샤를 드골–릴 3대학교에서 철학박사학위를 받았다. 로컬리티의 이론적 함축과 시공간성의 문제에 관심을 가지고 있다.

장세용 張世龍 Jang, Se-yong은 부산대학교 한국민족문화연구소 HK교수이다. 서양 근현대사상사와 역사이론 전공이며, 영남대학교에서 문학박사학위를 받았다. 서양 근현대사상의 한국적 변용과 지역적 변용에 관심을 가지고 있다.

니할 페레라 Nihal Perera는 미국 볼 스테이트대학교 교수이다. 도시계획 전공이며, 빙햄턴대학교Binghamton University(SUNY)에서 1995년 박사학위를 받았다. 지구화, 빈곤, 사회정의, 문화적 다양성, 젠더, 식민 / 탈식민 도시주의 등의 공간정치에 관심을 가지고 이를 민중지리학, 서발턴 연구로 확장하고 있다.